法学教育改革与法律人才培养研究

白文静 ◎著

中国出版集团 ｜ 全国百佳图书
中国民主法制出版社 ｜ 出版单位

U0721953

图书在版编目（CIP）数据

法学教育改革与法律人才培养研究 / 白文静著.—北京：
中国民主法制出版社，2023.12

ISBN 978-7-5162-3448-8

Ⅰ．①法… Ⅱ．①白… Ⅲ.①法学教育－教育改革－研究
②法学教育－人才培养－研究 Ⅳ.①D90

中国国家版本馆CIP数据核字(2023)第216024号

图书出品人：刘海涛

出 版 统 筹：石　松

责 任 编 辑：刘险涛　吴若楠

书　　　名/法学教育改革与法律人才培养研究

作　　　者/白文静　著

出版·发行/中国民主法制出版社

地址/北京市丰台区右安门外玉林里 7 号（100069）

电话/(010)63055259（总编室）　63058068　63057714（营销中心）

传真/(010)63055259

http://www.npcpub.com

E-mail:mzfz@npcpub.com

经销/新华书店

开本/16 开　787 毫米×1092 毫米

印张/14.25　字数/240 千字

版本/2023 年 12 月第 1 版　2023 年 12 月第 1 次印刷

印刷/廊坊市源鹏印务有限公司

书号/978-7-5162-3448-8

定价/78.00 元

出版声明/版权所有，侵权必究。

（如有缺页或倒装，本社负责退换）

前　言

　　法学教育承担着培养法律人才、传播法律知识、弘扬法律精神、涵养法律道德的重要任务，是提高公民法律素质的重要渠道，是培养法律人才的主要阵地，是构建和谐社会、推进民主法治进程的一项基础性工作。在构建社会主义和谐社会的新形势下，法学教育必然面临着许多新的机遇和课题。

　　法学是一门实务性很强的学科，客观要求其贴近现实，关注其在社会生活中的具体适用。我国高校法学教育与社会发展需求脱节的主要原因是在法律人才培养方面过于强调理论知识的灌输，缺乏对实践操作技能的训练。改革法律人才培养模式，在法学教育中加强实务化教学，强化学生的实践能力和实务技能，已成为高校法学教育改革和法律人才培养的重心。因此，适应国家教育改革的基本要求，以社会经济发展对法学人才的需求为导向，切实研究法律人才培养模式存在的问题，并对其进行改革与创新，已成为法学教育界最为急迫的问题。我们要从依法治国、建设社会主义法治国家的高度继续提升法学教育的地位；要从建立公正、高效、权威的社会主义司法制度的高度继续发挥法学教育的作用；要在观念和制度两个层面继续为法学人才施展才华创造更好的条件。

　　高校的教育承担着培养社会主义事业建设者与接班人的重任，进一步将法学教育与德育管理结合起来，更新观念，调整培养目标，拓宽专业口径，更好地适应社会发展对学校教育的要求。本书从法学教育综述介绍入手，针对法学教育教学实践、法学教学模式分析进行了分析研究。另外，对法学教育改革做了一定的介绍，还对法律人才培养方案、法律人才培养模式做了研究。本书重视知识结构的系统性和先进性，结构严谨，条理清晰，层次分明，重点突出，通俗易懂，具有较强的科学性、系统性和指导性。对法学法律专业的教师教学以及人才的培养有一定的借鉴意义。

目录

第一章 法学教育综述

第一节 法学基本理论

一、法的本质和概念

（一）法和法律的词源、词义

在论述法的概念时，需要先对法和法律的词源、词义做一些必要的考查。汉字中的"法"，古体为"灋"。东汉许慎的《说文解字》中说："灋，刑也，平之如水，从水；廌所以触不直者去之，从去。"我国奴隶社会，"法"统称"刑"。不过，这里的"刑"与"典型""范型"的"型"相通，含有常规、规范的意思。"平之如水"是说不高不低，不偏不倚，像水一样平。"獬豸"是传说中的一种神兽，体形大者如牛，小者如羊，类似麒麟，全身长着浓密黝黑的毛，双目明亮有神，额上通常长一角。生性公正，能辨曲直，古时审判案件，以被其触者为败诉。律，《说文解字》说："律，均布也"。清人段玉裁注释："律者，所以范天下之不一而归于一"。古代"法""律"二字原可互训。《尔雅·释诂》："法，常也。律，法也"。《唐律疏议》也说："律之与法，文虽有殊，其义一也"。可见，"法"和"律"都含有规范、划一、公平、公正的意思。我国在先秦时，"法"专指各个朝代和各个诸侯国的刑典。自战国李悝"集诸国刑典，造《法经》六篇……商鞅传授，改'法'为'律'后，我国封建社会各代刑典一般都称为"律"。如，《秦律》、汉《九章律》《唐律》等。把"法"和"律"合为"法律"一词，这在我国古代就有了。不过，广泛使用"法律"这个词则是近代的事情。

（二）法的概念

随着法律这一特定社会现象的产生，人们揭示其真正内涵的努力就未曾停止过。人们从不同的角度来界定法的概念。

1. 从法律的形式特征界定法律

（1）规则说

认为法律即规则。如管仲所言："法律政令者，吏民规矩绳墨也。"

（2）命令说

认为法律是国家或主权者的命令，英国的分析实证主义法学家奥斯丁（Austin John）指出："人们所说的准确意义上的法或规则，都是一类命令。"[①]

（3）判决预测说

认为法律是一种对司法判决的预测，认为对法院实际做什么的预测就是法律。

2. 从法律的本源界定法律

（1）理性说

认为法律是人类理性的体现。把法律与理性联系在一起是西方法学的一个主要传统。

（2）意志说

认为法律是人类对外部世界进行安排的愿望和实现这种愿望的具体行动。在不同的学者那里，法律所体现的意志是不同的，让－雅克·卢梭（Jean-Jacques Rousseau）认为，意志来自共同体，在卡尔·海因里希·马克思（Karl Heinrich Marx）看来，法律则是统治阶级意志的体现。

（3）民族精神说

德国法学家弗里德里希·卡尔·冯·萨维尼（Friedrich Carl von Savigny）认为，法律如同语言、行为方式，是民族精神的呈现。法律不依赖于国家权力的确定，而是铭刻在民族的共同信念之中。

3. 从法律的作用或功能界定法律

（1）正义说

法学史上，大多数的法学流派，特别是价值论法学，主张法律的正义理论。这类观点认为法律不仅体现正义，而且是实现正义的重要工具。法律是正义的化身和体现，正义说将法的本质与抽象的正义相联系，强调法律的合法性是奠定于正义、价值的基础之上，法是体现"永恒正义"的"健全理性"。

[①] 吕世伦主编. 现代西方法学流派 上 Volume1[M]. 哈尔滨：黑龙江美术出版社，2018.04.

（2）社会控制说

认为法律是依照一批权威性法令实施专门形式的社会控制。其代表人物是美国的社会法学家罗斯科·庞德（Roscoe Pound）。

4.马克思主义的法的概念

法是由国家制定、认可并由国家保证实施的，反映由特定物质生活条件所决定的统治阶级（或人民）的意志，以权利和义务为内容，以确认、保护和发展统治阶级（或人民）所期望的社会关系、社会秩序和社会发展目标为目的的行为规范体系。

（三）法的特征

1.法是调整人的行为的社会规范

法是调整人们行为或社会关系的规范，是指法规定人们的行为模式、指导人们的行为。法作为社会规范的具体表现为：①法对人们如何行为提出了明确的指示；②法的内容具有一般性和概括性；③法是反复适用的。

2.法是出自国家的社会规范

法是由国家制定或者认可的，体现了国家对人们行为的评价。国家的存在是法存在的前提条件。一切法的产生，大体上都是通过制定和认可这两种途径。法的制定，是指国家立法机关按照法定程序创制规范性文件的活动。法的认可，是指国家通过一定的方式承认其社会规范。法区别于道德、风俗、习惯等其他社会规范的首要之处在于，法是由国家创立的社会规范。

3.法是规定权利和义务的社会规范

法是通过规定人们的权利和义务，以权利和义务为机制影响人们的行为动机，指引人们的行为，调整社会的关系。权利意味着人们可以做或不做一定行为以及可以要求他人做或不做一定行为。法律通过规定权利使人们获得某些利益或者自由。义务意味着人们必须做或不做一定行为。义务包括作为义务和不作为义务两种，前者要求人们必须做出一定行为，后者要求人们不得做出一定行为。正是由于法是通过规定权利和义务的方式来调整人们的行为，因此，人们在法律上的地位体现为一系列法定的权利和义务。

4.法是由国家保证实施的社会规范

法的强制性不同于其他规范之处在于，法具有国家强制性。法是以国家强制力为最后保证手段的规范体系，具有国家强制性。法不同于其他社会规范，它具有特殊的强制性，即国家强制性。法是以国家强制力为后盾，由国家强制力保证实施的。在此意义上，法的国家强制性就是指法依靠国家强制力保证实施，强迫人们遵守的性质。也就是说，不管人们的主观愿望如何，人们都必须遵守法，否则，将招致国家强制力的干涉，受到相应的法律制裁。国家的强制力是法实施的最后保障手段。

5. 法律是一个等级体系

一项基本的法律原则是下位法服从上位法，问题是如何决定法律位阶？这个问题取决于国家性质。在君主制国家，皇帝意志高于一切。民主国家刚好相反，法律等级和人民的距离成反比。制定法律的主体越是接近大众，法律位阶越高。因此，议会立法高于行政立法，因为议员由各地区的人民选举产生，因而广泛代表不同地区和阶层的民意，议会制定的法律当然也相对准确地表达公共利益。行政只是法律的执行者，即便在有必要制定行政立法的情况下也必须以议会立法表达的公共利益为准则。

（四）法的本质

法的本质问题是法学中的一个根本问题。

1. 法是统治阶级意志的表现——法的阶级性

《共产党宣言》中剖析资产阶级形态时指出：你们的观念本身是资产阶级的生产关系和所有制关系的产物，正像你们的法不过是被奉为法律的你们这个阶级的意志一样，而这种意志的内容是由你们这个阶级的物质生活条件来决定的。法是统治阶级意志的表现。

2. 法是社会生活的共同需要——法的社会性

政府的监督劳动和全面干涉包括两个方面：既包括执行由一切社会性质产生的各种公共事务，又包括由政府同人民大众相对立而产生的各种特殊职能。既然国家有两种职能，那么作为国家意志表现形式的法也必然具有两种职能。也就是说，国家和法都既执行政治职能，又执行社会职能。在阶级对立的社会里，法的政治职能就是直接实现统治阶级专政、维护统治阶级利益的职能。表现为对社会生产、各种公共事务和公共秩序的管理。法的社会性也是由一定的社会物质生活条件决定的。

3. 法的本质是阶级性和社会性的统一

世界上从来就不存在只具有阶级性而不具有社会性的法，同样也不存在只具有阶级性而不具有社会性的法。法的阶级性的实现有赖于法的社会性的实现，法的社会性是法的阶级性的基础。

二、法的渊源

（一）法律渊源的概念

法律渊源，也就是法的效力渊源，指一定的国家机关依照法定职权和程序制定或者认可的具有不同法律效力和地位的法的不同表现形式，即根据法的效力来源不同，而划分的法的不同形式。如，制定法（包括宪法、法律、行政法规等）、判例法、习惯法、法理等。根据法的渊源的载体形式可以把法的渊源分为成文法渊源（表现为文字形式的制定法等）和不成文法渊源（不表现为文字形式的）；从法的渊源与法规范关系的角度，法的渊源分为直接渊源（制定法等与法规范、法条文直接相关的渊源）和间接渊源（学说等与法规范、法条文间接相关的渊源）。

根据是否经过国家制定程序，法的渊源分为制定法渊源和非制定法渊源。根据是否表现于国家制定的法律文件中的明确条文形式（实践中，法的渊源最主要的分类），法的渊源分为正式渊源（可以从体现于国家制定的规范性法律文件中的明确条文形式中得到的渊源，如，宪法、法律、法规等，主要为制定法，即不同国家机关根据具体职权和程序制定的各种规范性文件）和非正式渊源（具有法律意义的准则和观念，这些准则和观念尚未在正式法律中得到权威性的明文体现，如，正义标准、理性原则、公共政策、道德信念、社会思潮、习惯等）。

（二）当代中国法的渊源

在我国，对法的渊源的理解一般指效力意义上的渊源，主要是各种制定法。

1. 宪法

宪法是由全国人民代表大会依据特别程序制定的根本大法，具有最高效力，由全国人大及其常委会监督实施，并由全国人大常委会负责解释，对违反宪法的行为予以追究。

2. 法律

法律是指全国人大及其常委会制定的规范性文件，由国家主席签署主席令公布。分为以下两大类：一类为基本法律，即由全国人大制定和修改的刑事、民事、国家机构和其他方面的规范性文件,例如,全国人大制定的《中华人民共和国刑法》;另一类为基本法律以外的其他法律,即由全国人大常委会制定和修改的规范性文件,例如,全国人大常委会制定的《药品管理法》。在全国人大闭会期间,全国人大常委会也有权对全国人大制定的法律在不同该法律基本原则相抵触的条件下进行部分补充和修改。法律的解释权属于全国人大常委会。

3. 行政法规

行政法规是指作为国家最高行政机关的国务院根据宪法和法律所制定的规范性文件,由总理签署令国务院公布。

4. 地方性法规

地方性法规是一定的地方国家权力机关根据本行政区域的具体情况和实际需要,依法制定的在本行政区域内具有法律效力的规范性文件。省、自治区、直辖市的人民代表大会及其常务委员会根据本行政区域的具体情况和实际需要,在不同宪法、法律、行政法规相抵触的前提下,可以制定地方性法规。较大的市的人民代表大会及其常务委员会根据本市的具体情况和实际需要,在不同宪法、法律、行政法规和本省、自治区的地方性法规相抵触的前提下,可以制定地方性法规,报省、自治区的人民代表大会常务委员会批准后施行。

5. 民族自治条例和单行条例

民族自治地方的人民代表大会有权依照当地民族的政治、经济和文化的特点,制定自治条例和单行条例。自治区的自治条例和单行条例,报全国人民代表大会常务委员会批准后生效。自治州、自治县的自治条例和单行条例,报省、自治区、直辖市的人民代表大会常务委员会批准后生效。民族自治法规只在本自治区域有效。自治条例和单行条例可以依照当地民族的特点,对法律和行政法规的规定做出变通规定,但不得违背法律或者行政法规的基本原则,不得对宪法和民族区域自治法的规定以及其他有关法律、行政法规专门就民族自治地方所做的规定做出变通规定。

6. 部门规章

国务院各部、委员会、中国人民银行、审计署和具有行政管理职能的直属机构,可以根据法律和国务院的行政法规、决定、命令,在本部门权限范围内制定规章。涉及两个以上国务院部门职权范围的事项，应当提请国务院制定行政法规或者由国务院有关部门联合制定规章。部门规章应当经部门会议或者委员会会议决定，由部门首长签署命令予以公布。

7. 地方政府规章

省、自治区、直辖市和较大的市的人民政府，可以根据法律、行政法规和本省、自治区、直辖市的地方性法规制定规章。地方政府规章应当经政府常务会议或者全体会议决定，由省长或者自治区主席或者市长签署命令予以公布。

8. 国际条约、国际惯例

国际条约是指我国作为国际法主体同外国缔结的双边、多边协议和其他具有条约、协定性质的文件。我国的缔约权由全国人大常委会、国家主席和国务院共同行使。国际惯例是指以国际法院等各种国际裁决机构的判例所体现或者确认的国际法规则和国际交往中形成的共同遵守的不成文的习惯。

三、法的作用

（一）法的规范作用

1. 指引作用

这是指法律对个体行为的指引作用，包括确定的指引、有选择的指引。确定的指引一般是规定义务的规范所具有的作用，有选择的指引一般是规定权利的规范所具有的作用。

2. 评价作用

这是法作为尺度和标准对他人的行为的作用。

3. 预测作用

这是对当事人双方之间的行为的作用。

4. 强制作用

这是对违法犯罪者的行为的作用。

5. 教育作用

这是对一般人的行为的作用，包括正面教育和反面教育。

（二）法的社会作用

法的社会作用是指维护特定人群的社会关系和社会秩序。在阶级对立的社会中，法的社会作用大体上可归纳为以下两大方面：维护阶级统治和执行社会公共事务。

第一，维护阶级统治方面的作用主要表现在调整统治阶级和被统治阶级的关系，调整统治阶级和同盟者之间的关系，调整统治阶级内部之间的关系。

第二，维护社会公共利益，执行社会公共事务方面的作用。

四、法与其他社会现象的关系

（一）法与经济

1.经济决定法

法是由其经济基础和通过经济基础反映出来的生产力发展水平所决定的。当经济发展到一定阶段而使社会分裂为阶级的时候，作为一种特殊的社会规范的法，便成为必要而产生。一定生产关系的性质以及决定着该生产关系的生产力发展水平，决定着以该生产关系为基础的法的本质和基本特征。有什么性质的经济基础，就有什么性质的法。经济是第一性的、决定性的因素；法是第二性的、派生的现象。法随着经济生活的需要而产生，随着经济生活的变化而变化。

2.法作用于经济

法对其经济基础和通过经济基础对生产力的发展又有重大的反作用。主要表现为：法确认、保护和发展自己的经济基础（即统治阶级赖以生存的一定生产关系），限制、阻止不利于统治阶级的生产关系的出现和发展或者取缔和消灭这种生产关系。法对经济的反作用归结起来，有以下两种情况，即促进作用或阻碍作用。当法确认、保护和发展着适合生产力发展的生产关系时，法就起着促进生产力发展的进步作用；当法确认、保护和发展着不适合生产力发展、阻碍生产力发展的生产关系时，法就起着阻碍生产力发展的反动作用。但经济的发展最终会通过政治斗争为自己开辟道路，斗争的结局总是以起阻碍作用的旧的生产关系、法和国家的消灭或新的生产关系、法和国家的建立而告终。

（二）法与政治

在阶级社会中，政治主要是指阶级斗争和处理阶级关系。它既包括敌对阶级之间的斗争关系和同盟阶级之间的合作关系，也包括一个阶级内部各个阶层和各个集团之间的关系。政治的核心问题是政权问题。脱离政治的法是不存在的。

1. 政治对法的作用

由于政治在上层建筑中居主导地位，因而总体上法的产生和实现往往与一定的政治活动相关，反映和服务于一定的政治，但这并不意味着每一个具体的法律都有相应的政治内容，都反映某种政治要求。同时，法在形式、程序和技术上的特有属性，使法在反映一定的政治要求时必须同时满足法自身属性的要求。法的相对独立性不只是对经济基础，也表现在对上层建筑诸因素的关系中，在此意义上，更可能深刻理解所谓法治政治。政治关系的发展变化也在一定程度或意义上影响法的发展变化。

2. 法对政治的作用

法作为上层建筑相对独立的部分，对政治并非无所作为，特别是在近现代，可以说，法在多大程度上离不开政治，政治便也在多大程度上离不开法。表现在以下方面：

①法与政治体制。政治体制指政治权力的结构形式和运行方式。如果在集权型权力结构中，法的作用还只是作为人治这种权力运行方式的点缀或辅助，那在分权型权力结构中，权力的配置和行使皆须以法为依据；

②法与政治功能。政治的基本功能是把不同的利益交融和冲突集中上升为政治关系，对社会价值物进行权威性的分配和整合。法不仅贯穿经济关系反映和凝聚为政治关系的过程，而且将利益和价值物的权威性分配以规范、程序和技术性形式固定下来，使之具有形式上共同认同的性质，并因此具有形式上的正统性；

③法与政治角色的行为。法对于国家机构、政治组织、利益集团等政治角色行为和活动的程序性和规范性控制，以及20世纪初期开始的政党法制化趋势，都表明法对重要政治角色行为控制、调整的必然和必要；

④法与政治的运行和发展。政治运行的规范化，政治发展中政治生活的民主化（如政治过程的透明、公民政治参与的质感等）和政治体系的完善化，离开法的运作都无从谈起。

（三）法与道德

1. 法与道德的区别

法与道德的区别主要表现在以下六个方面。

第一，法通常由国家制定的宪法、法律、法规等规范性文件和国家认可的习惯表现出来，成为国家意志。道德通常存在于人们的意识中，是通过社会舆论确立的。

第二，法由国家强制力保证实施，违法行为会引起相应的法律制裁。道德依靠人们的信念、社会舆论以及习惯力量来维持。不道德行为会受到人们的谴责，从一定意义上说，这也是一种强制，但同国家强制有重大区别。

第三，法是阶级社会所特有的历史现象，始终具有阶级性。道德则贯穿于整个人类社会，在原始社会和将来的共产主义社会中，道德不具有阶级性，只在阶级社会中，道德才具有阶级性。

第四，只有统治阶级的意志才能成为法，因而一国内的法律是统一的。而道德则不然，不同的阶级有不同的道德。统治阶级的道德与被统治阶级的道德常常是相互对立的，而居于支配地位的总是统治阶级的道德。

第五，法具有鲜明性的特点。它是人人必须遵守的行为准则，依法作为或不作为就会产生法律上的权利与义务。所以，法所规定的许可、命令和禁止必须明确、具体。而道德规范往往只就人们行为做一般原则性的规定，不像法律规范那样明确、具体。

第六，法与道德调整的范围不完全相同。有些关系只宜由道德来调整，不宜由法来调整（如，爱情关系、友谊关系）。有些问题必须由法来规定，而不属于道德评价的范围（如，国家机关的职权划分，诉讼程序上关于计算期限等规定）。更多的社会关系由法和道德共同调整，但具体的要求可能又各有不同。

2. 法与道德的联系

法与道德的联系主要表现在法与统治阶级的联系，法与道德既有区别又有联系，离开了法与道德的经济基础和阶级本质，就不能正确说明二者之间的关系。法与道德（统治阶级的道德）都是建立在一定经济基础上的上层建筑，归根结底是受统治阶级的物质生活条件所决定的。法与被统治阶级的道德相对立，而与统治阶级的道德相一致，起着相互依存、相互促进、相互配合的作用。一般来说，凡是为法律所反对的行为，也是统治阶级道德所谴责的行为；凡是为法律所要求的行为，也是统治阶级道德所倡导的行为。

（四）法的运行

1.法的创制

指由特定主体依据一定职权和程序，运用一定技术，制定、认可和变动法律规范的专门性活动，简称为法律的立、改、废活动。法律的创制，就是把统治阶级的意志上升为法律的过程，这种过程是由在该社会中占统治地位的阶级通过国家机关来组织和实现的。在我国，全国人民代表大会是最高国家权力机关，它集中代表全国人民的意志和利益，行使国家的立法权。

2.法律规范与法律体系

（1）法律规范

法律规范，是指通过国家的立法机关制定的或者认可的，用以指导、约束人们行为的行为规范的一种。规范一般可分为技术规范和社会规范两大类。法律规范是社会规范的一种。

社会规范是调整人们社会关系的行为规则。在阶级社会中，调整人们社会关系的行为规则，除法律规范外，还有道德、习惯及其他共同生活规则等，但法律规范与其他社会规范有明显的区别：

①法律规范是国家制定和认可的，其适用和遵守要依靠国家强制力的保证。其他社会规范既不由国家来制定，也不依靠国家强制力来保证。

②在一定的国家中，只能有统治阶级的法律规范，其他的社会规范则不同。在同一阶级社会中，可以有不同阶级的规范，如，既有统治阶级的道德，又有被统治阶级的道德。

③除习惯法外，法律规范一般具有特定的形式，由国家机关用正式文件（如法律、命令等）规定出来，成为具体的制度。其他社会规范除某些社会团体制定的规章（不具有国家强制力保证的性质）外，一般没有正式文件的形式，而大都存在于人们的观念中或社会生活习惯中。法律规范和统治阶级的其他社会规范在社会生活中起着相辅相成的作用。其他社会规范在统治阶级认为必要时，也可以经国家制定或认可为法律规范，获得法律规范的属性。

法律规范是一般的行为规则。它所针对的不是个别的、特定的事或人，而是适用于大量同类的事或人。不是适用一次就完结，而是多次适用的一般规则。至于只适用于某一具体的事或人的具体命令或判决，虽然也具有必须遵守的性质，但它不是法律规范，是法律规范在具体条件下的适用，是非规范性的文件。强调法律规范与非规范性文件的区别，对防止行政、司法专横，维护法制具有重要意义。法律规范通常由三部分组成，即假定、处理、制裁。它们构成法律规范的三个要素。

（2）法律体系

法律体系在法学中有时也称为"法的体系"，是指由一国现行的全部法律规范按照不同的法律部门分类组合而形成的一个呈体系化的有机联系的统一整体。

①特征：法律体系是一国国内法构成的体系，包括被本国承认的国际法。

②它是现行法构成的体系。

③构成法律体系的单位是法律部门，法律部门是由若干相关的法律规范构成的，因此，法律规范是法律体系构成的最基本单位。

④法律体系不同于立法体系，立法体系的构成单位是规范性文件。

3. 法的实施

法的实施，也叫法律的实施，是指法在社会生活中被人们实际施行。包括法的执行、法的适用、法的遵守和法律监督。

法的实施简称执法，是指掌管法律，手持法律做事，传布、实现法律。广义的执法或法的执行，是指所有国家行政机关、司法机关及其公职人员依照法定职权和程序实施法律的活动。狭义的执法或法的执行，则专指国家行政机关及其公职人员依法行使管理职权、履行职责、实施法律的活动。

通常是指国家司法机关根据法定职权和法定程序，具体应用法律处理案件的专门活动。可以有广义与狭义两种含义。广义的法的遵守，就是法的实施；狭义的法的遵守，也叫守法，专指公民、社会组织和国家机关以法律为自己的行为准则，依照法律行使权利、权力，履行义务的活动。

法律监督是指有关国家机关依照法定职权和程序，对立法、执法和司法活动的合法性进行的监察和督促。

（五）民主、法制与法治

1. 民主与法制

民主代表着由人民统治，是指在一定的阶级范围内，按照平等和少数服从多数的原则来共同管理国家事务的国家制度。至于民主的统治方法及其

"人民"的构成范围则有许多不同的定义，但一般的原则是由多数进行统治。民主通常被人与寡头政治和独裁政治相比较，在这两种制度下政治权力高度集中于少数人手上，而没有如民主政治一般由广大人民控制。

在民主体制下，人民拥有超越立法者和政府的最高主权。尽管世界各民主政体间存在细微差异，但民主政府有着区别于其他政府形式的特定原则和运作方式。民主是由全体公民直接或通过他们自由选出的代表行使权力和公民责任的政府。民主是保护人类自由的一系列原则和行为方式，它是自由的体制化表现。民主是以多数决定、同时尊重个人与少数人的权利为原则。所有民主国家都在尊重多数人意愿的同时，极力保护个人与少数群体的基本权利。

"法制"在我国古代早已有之，而在现代，人们对于法制概念的理解和使用与古代是不一样的。其一，狭义的法制，认为法制即法律制度。详细来说，是指掌握政权的社会集团按照自己的意志、通过国家政权建立起来的法律和制度。其二，民主是法制的前提和基础，法制是民主的确认和保障。

2. 法治与法制

法治与法制既有联系也有区别。联系在于：实行法治需要有完备的法律制度。区别在于：法制相对于政治制度、经济制度，法治则相对于人治。法制内涵是指法律及相关制度，法治内涵则是指相对于人治的治国理论、原则和方法。法制一词，中外古今用法不一，含义也不尽相同，通常在两种意义上使用：①泛指国家的法律和制度。法律既包括以规范性文件形式出现的成文法，如，宪法、法律和各种法规，也包括经国家机关认可的不成文法，如：习惯法和判例法等。制度指依法建立起来的政治、经济、文化等方面的各种制度。中国古代的典章制度也属于这一类。②特指统治阶级按照民主原则把国家事务制度化、法律化，并严格依法进行管理的一种方式。这种意义上的法制与民主政治联系密切，即民主是法制的前提，法制是民主的体现和保证。只有使民主制度化、法律化，并严格依法办事，以确立一种正常的法律秩序的国家，才是真正的法制国家。

法治的实施必须建立在法制的基础上。与法治相比，法制侧重在法律的使用上。但如果仅就法律的目的而言，法治的目的是为人们提供一个寻求公正的平台和框架，但法制的实质仍然不能摆脱政权凌驾于法律之上的信念。法制是指当权者按照法律治理国家，但这些法律不一定是由普通公民组成的立法部门制定的。法治下，行政部门的职责只是执行该等法律，并且受该等法律拘束。因此，法制和法治最大的区别并不在于法律是否能拘束人民，而是在于行政、立法、司法这些政府权力是否也和人民一样，受到法律的拘束和控制。法治的内涵与其说是要求所有人民守法，不如说是更侧重于法律对政府权力的控制和拘束，否则法治即与法制难以区分。对于社会上常见的违法或脱序现象，尤其以激烈游走于法律边缘的手段向政府争取权利的行为，政府官员常常会呼吁和要求人民"守法"、尊重"法治"。这其实是将法治的意义误解和窄化为法制。法制的结果可能会出现政府用法律的形式压制民众。

第二节 法学教育与法律职业

一、法学教育概述

法学教育几乎是与法律相伴而生的，大体上它与法律发展同步而互动，有力地推动了法律和法学的发展。法学教育是法律发展的基础，是法学进步的阶梯。一般来说，任何法律专家和法学专家都必须接受法学教育，并且只有其中的优秀者才可能为法律和法学的发展做出重要贡献。

（一）法学教育的意义

法学教育是教育的重要构成部分。这里的法学教育特指由专门学校或其院、系、专业所进行的关于法的专门化教育。它不同于社会一般的非专门化的法律教育。社会一般的法律教育包括普法宣传、中小学法律知识教育、普通高校非专业化的法律教育、执法机关在执法活动中对有关当事人和其他公民所进行的法律教育等。[①]法学教育与一般法律教育的区别在于所传授的法律知识是否具有较高的理论性，相关理论是否具有系统性和全面性，以及教育者与受教育者对于法律的认识是否具有专门性。法学教育的目的在于为国家和社会培养精通法律的管理人才，为法学教育和法学研究培养法律理论人才，为立法与执法培养法律实践人才，以及培养和提升社会民众法律意识。

---

① 卓泽渊. 法学导论 [M]. 北京：法律出版社，2015：67.

1. 培养管理类人才

法学教育一直以来都担负着培养法律专业人才与培养国家和社会管理人才的双重任务。就管理人才的培养来说，国家和社会的管理者必须具有一定的法律修养。这就对他们的法律知识培养以及法律意识的确立与提升提出了要求。法学教育正是为此服务并实现这一目标的最好途径。

依法治国是我国的治理方略，是发展市场经济的客观需要，是社会文明进步的重要标志，是国家长治久安的重要保障。依法治国的主要内容就是广大人民群众依照宪法和法律规定，通过各种途径和形式管理国家事务，管理经济文化事业，管理社会事务，保证国家各项工作都依法进行，逐步实现民主的制度化、法律化，使这种制度和法律不因外因影响而改变。这些管理都是由特定的管理者来进行和完成的，都必须依法进行。因此，一定的法律修养就成了管理者必备的知识基础。

从法学性质上讲，法律科学也是管理科学。国家和社会从存在开始就从未离开过管理。国家和社会管理都是由一定的管理者来完成的。管理者用于管理国家和社会事务的规范和手段是多样的，但法律规则和法律手段是最基本的规范和手段之一。系统的法律知识主要是由法学教育传播并由此而使人接受的。国家和社会管理者必须具有良好的法律修养。当代世界各国许多政治家都是系统学习过法律的，接受过系统的法学教育。即使那些非法学专业毕业的政治家们，大多数都具有良好的法律知识、法治观念和法律修养。尤其那些杰出的政治家，他们都能较好地遵守法律，依法执政或依法行政。一般来说，国家和社会管理者都只有在接受了良好的法学教育之后，才可能很好地运用法律开展管理工作，有效而良好地进行管理，其具体原因有以下三点。

第一，法律是国家和社会管理的规范。国家和社会管理的规范包括政策、道德、纪律和法律等。这些规范各有特点，各有不尽相同的适用范围，无法评价也不能评价孰优孰劣。但与政策、道德、纪律相比较，法律在国家和社会管理上具有独特的优势。法律能够以自己明确而具体的规定指引人们的行为，告知人们具体的权利和义务，使人们能够清楚地知道，依照法律应做什么、不能做什么，以及必须做什么。政策、道德和纪律都不具有法律所具有的那种明确具体的性质，无法普遍而准确地指引人们的行为。法律的这一性质使其在国家和社会管理的众多规范中具有独特的地位。法律比政策、道德、纪律具有更大的强制性和强制力，即国家强制性和国家强制力。法律具有国家强制性，是由国家强制力保障实施的。对于法律，任何人都只有服从与遵守的义务，而没有违反的权利。任何人一旦违反法律的规定，就应当承担法律责任，受到相应的法律制裁。这种责任和制裁是由国家强制力做保障的。国家强制力以警察、法庭、监狱作为自己的后盾，通过一定程序直接施加于违法者身上。法律的国家强制力使违法者受到应有的惩罚，迫使其服从法律。使其他人引以为戒，自觉地遵守法律。政策、道德、纪律也具有自己的强制性和强制力，但这种强制性和强制力与法律是不同的。它们的强制力都不是国家的强制力。政策、道德具有的往往是感召性和感召力。政策、道德、纪律都具有舆论谴责、良心责备等强制力量。纪律有纪律处罚做保障。但无论如何，它们在强度上都不及法律的强制性和强制力。

第二，法律是国家和社会管理的手段。国家和社会管理的手段中主要有教育手段、经济手段、行政手段等。这些手段都离不开法律手段。教育手段是国家和社会管理中必不可少的，教育更是经常而必需的。但是在管理活动中的教育，必然包括有关的法律教育在内。经济手段和行政手段都是国家和社会管理手段的重要组成部分。但是，经济手段和行政手段都有一个何以合法的问题，它们要具有足够的权威性和强制力，还必须依赖法律。经济手段和行政手段只有得到了法律的认可或者转化为法律手段，才可能具有法律的权威与效力。

第三，法律是国家和社会管理的保障。国家和社会管理者都是一定国家权力的行使者。法律对于他们的意义主要表现在两个方面：

一是法律为国家和社会管理者的管理行为提供法律根据。国家和社会管理者的管理权是由法律所赋予的，法律规定了其权力的性质、内容、范围。法律是其行使管理权的根据，也是其权力的制度来源。没有相关的法律规定，任何权力都可能是非法的。法律不仅是管理者拥有权力的根据，而且也是其行使权力的根据。管理者的管理行为必须依照法律规定的程序和内容来行使。依法行使的权力便具有法律上的效力，否则就将承担法律责任。法律使国家和社会管理具有合法的性质和法律的保障。熟知相关法律是国家和社会管理者完成其管理工作的基本要求。

二是法律对国家和社会管理者的管理行为实施法律约束。任何国家和社会管理者行使的权力都是有限的，都有一定的范围，这个范围是由法律来确定的，超越这一范围的管理行为就是非法。法律在对管理者授权的同时，也约束着权力的行使。这种约束是一个国家和社会民主的保证，是国家和社会管理者忠于人民的保证，是国家和社会管理者不至于非法管理甚至违法犯罪的保证。国家和社会管理者对法律的了解，既是其从政的素质要求也是其合法从政的根本保障。由于法律是国家和社会管理的重要规范和重要手段，由于法律对于国家和社会管理者的重要意义，良好的法律知识就必然应当是国家和社会管理者必备的基本素质。所有的国家和社会管理者都应当具有良好的法律修养。

2. 培养法律理论型人才

在广义上，法律理论人才包括一切具有较高法律理论修养、能够从事法律理论工作的人。为了更准确地描述法学教育的目的，这里所讲的法律理论人才是从职业人才的专门化角度来定义的。

（1）培养法学教师

法学教育除了为国家和社会培养管理者以外，还必须为法学教育本身的发展而培养法学教育者——法学教师。一个社会中，法学教师的学术水平和教学状况直接影响着法律教育的状况和法律文明的程度，直接影响着这个社会能否实现法制和法治。法学教师是一个社会法律和法学发展的重要基础和基本保障。法学教师是法律知识的传授者，也是法律知识的创造者。历史上许多法学教师既是教育工作者，又是研究工作者。他们教学的过程也是创造的过程。法学教育的发展离不开他们，法学研究的发展也同样离不开他们。应当说，中国法学研究除了一部分是由附设在社会科学研究机构中的法学研究所（室）的科研人员承担以外，大部分是由法学教师在教学的同时承担的。

一些其他学科的学者进入了法学教育的领域，他们通过自己对法律的学习或接受法学教育，成为法学教师。他们为法学教育的发展做出了贡献。但随着时间的推移，不能再依赖非法学教育来培养法学教师。法学教师的培养责任理所当然地应当由法学教育自己来承担。为法学教育的持续发展而培养法学教师是法学教育的重要任务。

（2）培养法学研究人员

法学研究人员与法学教师之间是交叉关系，大量的法学教师同时也是法学研究人员。法学教育除了培养法学教师这一类法学研究人员之外，还有培养专门研究人员的任务。这些研究人员主要存在于我国的社会科学研究机构的法学研究所（室）之中。他们研究的内容主要是自己所属部门工作中的一些具体法律问题，其目的是为自己所在机关的工作提供法律服务。

一个社会并不需要所有学习法律的人都去从事研究法律的职业，都成为法学专家。但一个社会不可缺少法学专家。他们对于法律的精深研究是一个国家法律乃至社会进步的基础与动力，是一国法治的理论保障。

3. 培养法律实践型人才

法律实践人才是指具有法律专门知识，从事或有能力从事立法、执法和社会法律服务工作的人，其中包括立法工作者、执法工作者和社会法律服务工作者三种。法律实践人才需要接受法学教育。法学教育对于法律实践人才的成长来说是必不可少的，社会根本就不应该存在那种没有接受过法学教育的法律实践人才。那种认为法律实践人才无须接受法学教育的说法是极其错误的，培养法律实践人才是法学教育最繁重的任务，法学教育是由法学教育机构来承担的。

自古以来，学校都是培养法律实践人才的场所。尤其是专业化的高等法学教育，必须由专业化的法学教育机构来进行。之所以如此，是由法学本身和社会对法学的要求所决定的。法学是一门艰深的学问，人类为此进行了千百年的探索，积累了大量的知识和理论。从事法律学习的人根本就不可能一蹴而就。在全世界的所有国家，法学几乎都被作为需要长时期学习的科学。有许多国家学习法学的学生都被要求具有大学本科以上学历，或须经过比学习其他社会科学更长的学习时间。法律实践人才是社会所需要的，社会需要其明辨是非、解决纠纷、化解矛盾、维护正义、制裁违法。社会的需要就决定了其应当由社会的优秀人员来担任，应当由具有高深而专门的法律知识的人来担任。

（1）立法工作者的培养

立法工作者在广义上包括两重意义上的立法工作人员，一是指从事法律的起草等技术性工作的专门人员。他们可以是纯粹的立法专家，而不必是立法机构的组成人员。二是指依法从事法律的制定、修改或废止的国家立法机关的构成人员。他们是代表机构成员,在其他国家称为议员,在我国称为人民代表。这两种意义上的立法工作者,都应当懂得必要的法律知识,包括立法技术等。尤其从事法律起草等技术性工作的专门人员,其应主要由法律专家构成,每一位主要成员都应当具有必要的法律知识。

世界在不断发展变化,法律要适应变化的形势,应不断发展与更新,立法工作也应不断及时适应。对于一个国家和社会来说,法律的立、改、废始终是一项至关重要的工作。由于立法对一个国家或社会有深刻而重大的影响,而立法本身又是一项复杂的技术工作,因而应由具有一定法律知识的人来进行,甚至必须有职业的法律专家介入并担负重要责任。职业法律专家只能来自法学教育。其实不仅是法律专家,就是一般立法工作者的培养,也必须由法学教育来承担。法学教育应把培养立法工作者作为自己的重要任务。

（2）法律适用官员的培养

法律适用是指国家特定机关或组织将规范性法律文件的规定运用于具体的人或事件的专门活动。这些机关也就是相应的法律适用机关,其中代表该机关进行法律适用活动的工作人员,即法律适用官员。法律适用官员中有法官、检察官、警察,还有监察官员、海关官员、税务官员和其他行政官员等。培养法律适用官员是法学教育最经常、最主要的任务。如果说法学教师、法学研究人员和立法工作者的社会需求都较少的话,那么法律适用官员的社会需求却十分普遍,数量庞大。

（3）法律服务人才的培养

法律服务人才是指具有法律专门知识,并运用自己的法律知识为社会提供法律服务的社会工作者,包括仲裁员、律师、公证员等。我国民事和商事仲裁机构不是国家机关,它是根据法律规定和当事人自主选择,对平等主体的公民、法人和其他组织之间发生的合同纠纷和其他财产权益纠纷进行裁决的社会法律服务机构。机构可以在直辖市和省、自治区人民政府所在地的市设立,也可以根据需要在其他设区的市设立,由其所在地的人民政府有关部门与商会统一组建。我国仲裁机构在目前有国家机关或准国家机关性质,在仲裁机构的进一步发展中,其社会法律服务机构性质将会日益得以更充分的体现。

律师是专门为社会提供法律帮助的职业法律服务人员。他们运用自己的法律知识为社会的公民、法人和其他社会组织处理法律事务，提供诉讼和非诉讼的法律服务。律师在我国改革开放的初期，依然具有国家工作人员的性质，随着律师事业的发展，我国律师逐渐具有了社会法律服务者的性质，已经开始并在很大程度上实现了这种转变。

公证员是在我国公证机构对一定法律关系和法律事实予以证明而提供公证法律服务的专门人员。我国公证员在目前还具有一定的国家机关工作人员的身份，随着我国公证制度的改革与完善，公证机构将越来越具有社会法律服务机构的特点，公证员也将逐步向社会法律服务人员转化，而不再具有国家机关工作人员的性质。

4. 对民众法律意识的培养

法律意识的培养是一个不间断的过程。未成年的社会成员在其社会化的过程中，必须培养一定的法律意识；成年的社会成员其法律意识也有不断更新和提升的问题。培养法律意识是推进法治发展、构建法治国家和法治社会的现实需要。

（1）法学教育为公民提供法律技能

法学教育不仅仅是为法学家或法律家而存在的，在现代法治社会和法治国家中，人们无法摆脱法律而生存。从人的出生到死亡，许许多多的事务都与法律密切相关。人们的行为及其社会生活都不可能远离法律。必要的法律技能是公民生存的基本手段之一。作为公民来说，也不可能将每一个与法律相关的事务都委托法律服务人员代为办理。尤其在公民作为具体的法律关系主体时，其意思表示或许可以由他人代为做出，但其意思还要出自作为每一个法律关系主体的公民（或法人）自身。公民掌握一定的法律知识对其社会生活来说是必要而有益的。法学教育也有为社会民众提供法律技能的意义。正是因为如此，法学院校毕业的学生也未必一定要从事职业的法律工作。然而，他们所接受的法学教育也并非毫无意义，法学教育使其获得的法律知识是其社会生活的基本技能之一，对其未来社会生活和事业发展大有裨益。

（2）法学教育为法治提供民众基础

实行法治并建设法治国家已经成为社会目标。在法治国家中，仅有法学和法律专家熟知法律还远远不够。要实现法治，首先是领导干部要学习并熟知法律；其次是广大人民群众要学习并熟知法律。任何法治都是以民众具有较高的法律意识作为社会意识基础的。只有全体人民都具有良好的法律意识，监督权力的正当行使，保障权力对人民的忠诚，才能有效地防止腐败、打击腐败，权力也才可能尊重而不践踏人民的权利，人民的利益才可能得到有效保障，法治才可能成为现实。

（二）法学教育的发展

法学教育在现代世界已经是一个朝气蓬勃的领域。法学教育曾经经历了曲折的发展过程，其过去与现状都值得予以特别的关注。

1. 法学教育的历史进程

西方法学教育产生于古希腊，形成于古罗马。在古希腊，由于没有专门而独立的法学，自然不可能有专门的法学教育。那时的法学教育是在百科全书式的教育中存在的。很多哲学家所接受与传授的法学都是蕴含在包括哲学、政治学、社会学等在内的整个学说和理论中的，法学教育不是独立的教育类别。在古罗马，正式的法学教育出现并得到了极大发展。一大批法学家从事法学教育，培养了一代又一代的法学家。法学教育的发展极大地推动了法学研究的进步。许多法学著作既是法律专著，也是法学教科书。

中国法学教育的起源是与中国法学的起源相联系的。中国古代的律学不是现代意义上的"法学"，但它属于法学的范畴。中国古代的法学教育也即律学教育。除了特殊的情形之外，这种教育一般是附属于百科全书式的教育之中的。

现在，法学教育在世界各国都受到了特别重视。从清末以来，中国法学教育不断发展。就法学教育与社会发展的现实需要来看，发展法学教育对于中国来说还是任重道远。

2. 中国法学教育的现状分析

了解中国法学教育的现实状况是对法学现状予以把握并有效推进的需要。中国现实的法学教育还有诸多不足，但是其发展的速度和进程都是令人欣喜的。

（1）中国法学教育的体系

法学教育体系是指由不同类别的法学专门教育机构及其教学活动构成的统一整体。法学教育体系之中的法学教育是专门性的法学教育，而不是社会大众的法律宣传。它主要由普通法学教育、成人法学教育和法学高等教育自学考试三大部分构成。

我国现有的普通法学教育，包括法律中专（设置于司法学校、警察学校或公安学校等）、法学专科、法学本科、法学研究生（硕士研究生和博士研究生）四个层次。

目前我国有一批分属教育部与相关省市的，以政法大学或政法学院命名的，以法学教育为主要特色的高等院校。公安部、安全部下属有少量法律类高校。一些综合性大学的法学院和法律系也承担了一定的法学教育任务。一些省、自治区、直辖市的政法干部管理学院也部分的开展了法学教育。

（2）中国法学教育的走向

普通法学教育将在更大意义上成为中国法学教育的主流，高层次法学教育应有较大发展。法学教育与其他教育相比较有其特殊的性质。它需要更多的知识基础，所以许多国家都要求法科学生具有较好的知识基础，甚至以学生已具有第一学位作为其进行法学学习的前提，其学习的时间往往可能比其他专业的学生要求更长。我国目前的法科本科教育尚可，但法科的职业中学、中专、大专还不能适应法律理论人才和法律实践人才的知识需要。发展本科及其以上学历的硕士研究生、博士研究生的法学教育都是现实的重要任务。

法学教育有一个竞争与发展的淘汰过程，在长期忽视法律和法学教育的情况下，中国法律人才极其匮乏，市场对法律人才的需求缺口很大，加速培养法律人才就成为法学教育的重要任务。在这种情况下，一些本不具备举办正规法学教育条件的高校也争相开办法学教育。一些司法机关也自办非培训类的普通教育机构。目前，中国法律人才已经有了相当大的数量积累，有的法律机构甚至出现了人才阻塞现象。中国的法学教育正处于发展与调适的阶段，在改革的大潮中，法学教育将会得到改革和发展。未来的中国法学教育必将更加科学而规范。

二、法律职业概述

为法律职业培养人才，是法学教育严格意义上的根本目标。法学教育不同于普法教育，它有着严格的入学条件、培训课程、时间期限、通过标准等。

（一）法律职业的具体特征

法律职业有着不同的含义。在广义上，它是指人们所从事的以法律作为工具的具有确定性质的专业化工作。根据这一定义，法律职业的范围就十分广泛，包括在法院、检察院、律师事务所等机构的工作人员所从事的法律方面的工作。广义的法律职业人士包括法官、检察官、律师、警察、法学教师、立法机关法律官员、政府法律官员（包括公职律师）、专业法律顾问等。在狭义上，法律职业则仅指需要经过专门法律专业训练，具有较高法律工作技能，在专门法律机构以处理法律事务作为工作内容的专业工作。狭义上的法律职业只能是审判工作、检察工作和专业的法律服务工作，相关的工作人员分别是法官、检察官和律师。法官、检察官、律师等词语在人们的表达之中既是一种社会职业身份，也是一种职业种类。因此，可以直接把法官、检察官、律师作为一种职业来加以认知。在此所论述的法律职业，未加特别说明的均是指严格意义上的法律职业。狭义上的从事法律职业的人，主要是法官、检察官、律师，西方称为法律人或者法律家。由这些法律职业人士构成的职业群体，西方有的著作称其为法律人或者法律家职业共同体。

根据我国法律规定，法官是依法行使国家审判权的审判人员，包括最高人民法院、地方各级人民法院和军事法院等专门人民法院的院长、副院长、审判委员会委员、庭长、副庭长、审判员和助理审判员；检察官是依法行使国家检察权的检察人员，包括最高人民检察院、地方各级人民检察院和军事检察院等专门人民检察院的检察长、副检察长、检察委员会委员、检察员和助理检察员；律师则是指依法取得律师执业证书，为社会提供法律服务的执业人员，他们共同构成了我国的法律职业群体。法律职业区别于其他社会职业，其作为一个整体具有一系列共同特征。

1. 以法律作为职业的内容

法律职业一定是以法律作为自己的工作内容。不论是法官、检察官，还是律师，他们都以实施法律作为自己的工作内容。作为法官来说，其日常的工作就是审判工作，审判案件的依据就是法律。检察官以监督法律实施尤其以依法控诉犯罪，保障法律实施作为自己的使命。作为律师来说，其不论是作为民事案件的代理人还是刑事案件的辩护人，或是非诉讼法律事务的服务者，其宗旨都是确保当事人的合法权益，促进法律的良好实施。法官、检察官、律师的一切职业工作都是以法律为工具和目标的。

法律职业具有排他的工作属性，一般来说，法律人都以法律为专业。法律职业人士是不从事其他与法律不相关的工作的。如果一旦从事与法律无关的工作，他这一特定的工作就不属于法律职业的内容。比如，某律师可能是某公司的总经理，但是他只有从事律师工作才属于法律职业的范畴，他的总经理工作只能被法律职业排除在外。需要说明的是，像这样的情形是比较少见的，绝大多数法律职业人都只有单一而特定的法律工作，比如，法官、检察官都不可能兼任其他任何非法律的职业，大多数专业律师也不会去兼职总经理等。

2. 严格的法律专业训练

法律职业都以必要的法律专业训练作为前提。法律职业是极为专门化的职业，并不能由一般的公民或者社会成员随意担任。就法律职业来说，没有足够的专业修养和素养的人是无法承担的。正是因为如此，世界上的绝大多数国家都对法律职业人有严格的职业训练要求。法律职业的专业培训是其任职的前提条件，法律事关人们的利害得失，事关社会的稳定发展，事关人间的公平正义。因此，在漫长的历史发展中，各国都对法律职业提出了严格的专业训练要求，并且现在依然坚守并不断完善着这种要求。这是由法律职业性质所决定和要求的。

3. 法律专业技能

法律职业是一种专业化的工作，这就必然要求其从业者具有较高的专业技能。法律职业人在理解法律和运用法律上缺乏技术、技巧和能力就必然会影响他对法律的实施。值得注意的是，专业技能的获得一定要经过严格的职业训练。对于法律职业人士任职条件的特别要求就是其工作能力的基本保证，也是社会大众的普遍要求，这是由其职业的特殊性质所决定的，是必须的不可忽略的。

4. 法律道德修养

良好的法律道德修养是指个人道德品质。法律职业具有特别的道德要求，这种道德要求是对个人的要求，即法律职业人士要有良好的个人品德，个人道德低下者必然无法主张社会公正。良好的道德修养是指良好的道德判别能力。法律职业的特殊性质要求法律职业人要具有判别是与非、公与私、善与恶、正与邪的道德能力。这种能力依靠个人品格，没有它的保证就无法完成职业任务，无法实现职业使命。

5. 专业资格认定

法律职业是受人尊敬和令人羡慕的。它崇高的社会地位和丰厚的薪酬收入都令人向往。尤其它所担负的神圣职责是社会所必需且极为重要的。其工作者必须具有特定的专业知识和良好的道德品格。对于法律职业的从业者，应该有从知识要求着眼的严格的资格认定。世界上许多国家都为本国法官、检察官、律师的任职资格确立了确认制度，其中，包括必要的资格考试制度、资格确认标准与资格确认程序。在我国法治发展的进程中，相应的资格认定制度逐步得以确立和完善，其已经成为我国法律职业建设的重要环节与有力措施。

（二）法律职业道德的概念

1. 法官的职业伦理

作为一个特殊的职业群体，法官当然有自己的道德要求。古往今来，法官积淀了自己的文化，锻造了自己的伦理规则。

（1）忠诚司法事业

法官要牢固树立社会主义法治理念，忠于党、忠于国家、忠于人民、忠于法律，做中国特色社会主义事业的建设者和捍卫者。坚持和维护中国特色社会主义司法制度，认真贯彻落实依法治国的基本方略，尊崇和信仰法律，遵守法律，严格执行法律，自觉维护法律的权威和尊严；热爱司法事业，珍惜法官荣誉，坚持职业操守，恪守法官良知，牢固树立司法核心价值观，以维护社会公平正义为己任，认真履行法官职责；维护国家利益，遵守政治纪律，保守国家秘密和审判工作秘密，不从事或参与有损国家利益和司法权威的活动，不发表有损国家利益和司法权威的言论。

（2）保证司法公正

法官应坚持和维护人民法院依法独立行使审判权的原则，客观公正审理案件。在审判活动中独立思考、自主判断，敢于坚持原则，不受任何行政机关、社会团体和个人的干涉，不受权势、人情等因素的影响；坚持以事实为根据、以法律为准绳，努力查明案件事实，准确把握法律精神，正确适用法律，合理行使裁量权，避免主观臆断、超越职权、滥用职权，确保案件裁判结果公平公正；牢固树立程序意识，坚持实体公正与程序公正并重，严格按照法定程序执法办案，充分保障当事人和其他诉讼参与人的诉讼权利，避免执法办案中的随意行为；严格遵守法定办案时限，提高审判执行效率，及时化解纠纷，注重节约司法资源；认真贯彻司法公开原则，尊重人民群众的知情权，自觉接受法律监督和社会监督，同时避免司法审判受到外界的不当影响；自觉遵守司法回避制度，审理案件保持中立公正的立场，平等对待当事人和其他诉讼参与人，不偏袒或歧视任何一方当事人，不私自单独会见当事人及其代理人、辩护人；尊重其他法官对审判职权的依法行使，除履行工作职责或者通过正当程序外，不过问、不干预、不评论其他法官正在审理的案件。

（3）确保司法廉洁

法官应树立正确的权力观、地位观、利益观，坚持自重、自省、自警、自励，坚守廉洁底线并依法正确行使审判权、执行权，杜绝以权谋私、贪赃枉法行为。严格遵守廉洁司法规定，不接受案件当事人及相关人员的请客送礼，不利用职务便利或者法官身份谋取不正当利益，不违反规定与当事人或者其他诉讼参与人进行不正当交往，不在执法办案中徇私舞弊，不从事或者参与营利性的经营活动，不在企业及其他营利性组织中兼任法律顾问等职务，不就未决案件或者再审案件给当事人及其他诉讼参与人提供咨询意见；妥善处理个人和家庭事务，不利用法官身份寻求特殊利益。按照规定如实报告个人有关事项，教育并监督家庭成员不利用法官的职权、地位谋取不正当利益。

（4）坚持司法为民

法官应牢固树立以人为本、司法为民的理念，强化群众观念、重视群众诉求、关注群众感受，自觉维护人民群众的合法权益；注重发挥司法的能动作用，积极寻求有利于案结事了的纠纷解决办法，努力实现法律效果与社会效果的统一；认真执行司法便民规定，努力为当事人和其他诉讼参与人提供必要的诉讼便利，尽可能降低其诉讼成本；尊重当事人和其他诉讼参与人的人格尊严；尊重律师，依法保障律师参与诉讼活动的权利。

（5）维护司法形象

法官应坚持学习、精研业务、忠于职守、秉公办案、惩恶扬善、弘扬正义，保持昂扬的精神状态和良好的职业操守；坚持文明司法，遵守司法礼仪，在履行职责的过程中应行为规范、着装得体、语言文明、态度平和，保持良好的职业修养和司法作风；加强自身修养，培育高尚的道德操守和健康的生活情趣，杜绝与法官职业形象不相称、与法官职业道德相悖的不良嗜好和行为，遵守社会公德和家庭美德，维护良好的个人声誉。法官退休后应当遵守国家相关规定，不利用自己的原有身份和便利条件过问、干预执法办案，避免因个人不当言行对法官职业形象造成不良影响。

2. 检察官的职业伦理

在我国，检察官是与法官并列的司法官员，他们的职业伦理同法官的职业伦理一样是极其崇高的。检察官职业伦理也是检察官职业共同体在职业活动中日积月累、逐步发展形成的，熔铸了检察官集体的心智，理应是社会道德的重要典范。检察官的职业伦理对于维护检察官的尊严、塑造检察官的良好道德形象都具有重要的意义。

（1）忠诚

检察官应当忠于党、忠于国家、忠于人民、忠于宪法和法律，牢固树立依法治国、执法为民、公平正义、服务大局的社会主义法治理念，做中国特色社会主义事业的建设者、捍卫者和社会公平正义的守护者；尊崇宪法和法律，严格执行宪法和法律的规定，自觉维护宪法和法律的统一、尊严和权威；坚持立检为公、执法为民的宗旨，维护最广大人民的根本利益，保障民生，服务群众，亲民、为民、利民、便民；热爱人民检察事业，坚持检察工作政治性、人民性、法律性的统一，努力实现执法办案的法律效果、社会效果和政治效果的有机统一；维护国家安全、荣誉和利益，维护国家统一和民族团结，严守国家秘密和检察工作秘密；保持高度的政治警觉，严守政治纪律，不参加危害国家安全、带有封建迷信以及邪教性质等非法组织及活动；初任检察官或检察官晋升，应当进行宣誓，牢记誓词，弘扬职业精神，践行从业誓言；勤勉敬业，尽心竭力，不因个人事务及其他非公事由而影响职责的正常履行。

（2）公正

树立忠于职守、秉公办案的观念，坚守惩恶扬善、伸张正义的良知，保持客观公正、维护人权的立场，养成正直善良、谦抑平和的品格，培育刚正不阿、严谨细致的作风；依法履行检察职责，不受行政机关、社会团体和个人的干涉，敢于监督、善于监督，不为金钱所诱惑，不为人情所动摇，不为权势所屈服；自觉遵守法定回避制度，对法定回避事由以外可能引起公众对办案公正产生合理怀疑的，应当主动请求回避；以事实为根据，以法律为准绳，不偏不倚，不滥用职权和漠视法律，正确行使检察裁量权；树立证据意识，依法客观全面地收集、审查证据，不伪造、隐瞒、毁损证据，不先入为主、主观臆断，严格把好事实关、证据关；树立程序意识，坚持程序公正与实体公正并重，严格遵循法定程序，维护程序正义；树立人权保护意识，尊重诉讼当事人、参与人及其他有关人员的人格，保障和维护其合法权益；尊重律师的职业尊严，支持律师履行法定职责，依法保障和维护律师参与诉讼活动的权利；出席法庭审理活动应当尊重庭审法官，遵守法庭规则，维护法庭审判的严肃性和权威性；严格遵守检察纪律，不违反规定，不过问、干预其他检察官以及其他人民检察院或者其他司法机关正在办理的案件，不私自探询其他检察官、其他人民检察院或者其他司法机关正在办理的案件情况和有关信息，不泄露案件的办理情况及案件承办人的有关信息，不违反规定会见案件当事人、诉讼代理人、辩护人及其他与案件有利害关系的人员努力提高案件质量和办案水平，严守法定办案时限，提高办案效率，节约司法资源；严格执行检察人员执法过错责任追究制度，对于执法过错行为要实事求是，敢于及时纠正错误，勇于承担责任。

（3）清廉

坚守以社会主义核心价值观为根本的职业价值取向，遵纪守法，严格自律，并教育近亲属或者其他关系密切的人员严格执行有关廉政规定，秉持清正廉洁的情操。不以权谋私，以案谋利，借办案插手经济纠纷。不利用职务便利或者检察官的身份、声誉及影响为自己、家人或者他人谋取不正当利益；不从事、参与经商办企业、违法违规营利活动，以及其他可能有损检察官廉洁形象的商业、经营活动；不参加营利性或各种可能借检察官影响力营利的社团组织。不收受案件当事人及其亲友、案件利害关系人或者单位及其所委托的人以任何名义馈赠的礼品礼金、有价证券、购物凭证以及干股等；不参加其安排的宴请、娱乐休闲、旅游度假等可能影响公正办案的活动。不接受其提供的各种费用报销、出借的钱款、交通通信工具、贵重物品及其他利益；不兼任律师、法律顾问等职务，不私下为所办案件的当事人介绍辩护人或者诉讼代理人。在职务外活动中，不披露或者使用未公开的检察工作信息以及在履职过程中获得的商业秘密、个人隐私等非公开的信息；妥善处理个人事务，按照有关规定报告个人有关事项，如实申报收入。保持与合法收入、财产相当的生活水平和健康的生活情趣；退休检察官应当继续保持良好操守，不再延用原检察官身份、职务，不利用原地位、身份形成的影响和便利条件过问、干预执法办案活动，为承揽律师业务或者其他请托事宜打招呼、行便利，避免因不当言行给检察机关带来不良影响。

（4）文明

注重学习，精研法律，精通检察业务，培养良好的政治素质、业务素质和文化素养，增强法律监督能力和做群众工作的本领。坚持打击与保护并重、惩罚与教育并重、惩治与预防并重，宽严相济，以人为本。弘扬人文精神，体现人文关怀；做到执法理念文明、执法行为文明、执法作风文明、执法语言文明。遵守各项检察礼仪规范，注重职业礼仪约束，仪表庄重、举止大方、态度公允、用语文明，保持良好的职业操守和风范，维护检察官的良好形象。执行公务、参加政务活动时，按照检察人员着装规定穿着检察制服，佩戴检察标识徽章，严格守时，遵守活动纪律。在公共场合及新闻媒体上，不发表有损法律严肃性、权威性，有损检察机关形象的言论。未经批准，不对正在办理的案件发表个人意见或者进行评论；热爱集体、团结协作，相互支持、相互配合、相互监督，力戒独断专行，共同营造健康、有序、和谐的工作环境。明礼诚信，在社会交往中尊重、理解、关心他人，讲诚实、守信用、践承诺，树立良好社会形象。牢固树立社会主义荣辱观，恪守社会公德、家庭美德，慎独慎微，行为检点，培养高尚的道德操守；在职务外活动中应当严格约束自身言行，避免公众对检察官公正执法和清正廉洁产生怀疑，避免对履行职责产生负面作用，避免对检察机关的公信力产生不良影响。

3.律师的职业伦理

律师作为法律职业既是为社会公众服务的，也是为法治建设服务的。律师的职业道德关系着社会的法律服务状态，也在一定程度上关系着法律的社会形象。

（1）基本准则

律师应当忠于宪法和法律，坚持以事实为根据，以法律为准绳，依法执业；忠于职守，坚持原则，维护国家法律与社会正义；诚实守信，勤勉尽责，尽职尽责地维护委托人的合法利益；敬业勤业，努力钻研业务，掌握执业所应具备的法律知识和服务技能，不断提高执业水平；珍视和维护律师职业声誉，遵守社会公德，注重陶冶品行和职业道德修养；严守国家机密，保守委托人的商业秘密及委托人的隐私；尊重同行，同业互助，公平竞争，共同提高执业水平；自觉履行法律援助义务，为受援人提供法律帮助；遵守律师协会章程，切实履行会员义务；积极参加社会公益活动。

（2）在执业机构中的纪律

律师事务所是律师的执业机构，律师的执业活动必须接受律师事务所的监督和管理。律师不得同时在两个或两个以上律师事务所执业。同时在一个律师事务所和一个法律服务所执业的，视同在两个律师事务所执业。律师不得以个人名义私自接受委托，不得私自收取费用；不得违反律师事务所收费制度和财务纪律，不得挪用、私分、侵占业务收费。律师因执业过错给律师事务所造成损失的，应当承担相应责任。

（3）律师在诉讼、仲裁活动中的纪律

律师应当遵守法庭和仲裁庭纪律，尊重法官、仲裁员，按时提交法律文件，按时出庭。律师出庭时按规定着装，举止文明礼貌，不得使用侮辱、谩骂或诽谤性语言；律师不得以影响案件的审理和裁决为目的，与处理相关案件的审判人员、检察人员、仲裁员在非办公场所接触，不得向上述人员馈赠钱物，也不得以许诺、回报或提供其他便利等方式与承办案件的执法人员进行交易；不得向委托人宣传自己与有管辖权的执法人员及有关人员有亲朋关系，不能利用这种关系招揽业务。律师应依法取证，不得伪造证据，不得怂恿委托人伪造证据、提供虚假证词，不得暗示、诱导、威胁他人提供虚假证据。律师不得与犯罪嫌疑人、被告人的亲属或者其他人会见在押犯罪嫌疑人、被告人，或者借职务之便违反规定为被告人传递信件、钱物或与案情有关的信息。

（4）律师处理与委托人、对方当事人关系的纪律

律师应当充分运用自己的专业知识和技能，尽心尽职地依据法律的规定完成委托事项，最大限度地维护委托人的合法利益。律师应量力而为，不接受自己不能办理的法律事务。律师应当遵循诚实守信的原则，客观地告知

委托人所委托事项可能出现的法律风险，不得故意对可能出现的风险做不恰当的表述或做虚假承诺；为维护委托人的合法权益，律师有权根据法律的要求和道德的标准，选择完成或实现委托目的的方法。对委托人拟委托的事项或者要求属于法律或律师执业规范所禁止的，律师应告知委托人，并提出修改建议或予以拒绝；律师不得在同一案件中为双方当事人担任代理人。除偏远地区只有一家律师事务所者外，同一律师事务所不得代理诉讼案件的双方当事人；律师应当合理开支办案费用，注意节约；严格按照法律规定的期限、时效以及与委托人约定的时间，及时办理委托的事务；及时告知委托人有关代理工作的情况，对委托人了解委托事项情况的正当要求，应当尽快给予答复；在委托授权范围内从事代理活动，如需特别授权，应当事先取得委托人的书面确认；律师不得超越委托人委托的代理权限，不得利用委托关系从事与委托代理的法律事务无关的活动。律师接受委托后无正当理由不得拒绝为委托人代理。律师接受委托后未经委托人同意，不得擅自转委托他人代理；律师应当谨慎保管委托人提供的证据和其他法律文件，保证其不丢失或毁损；律师不得挪用或者侵占代委托人保管的财物；不得从对方当事人处接受利益或向其要求或约定利益；不得与对方当事人或第三人恶意串通，侵害委托人的权益；不得非法阻止和干预对方当事人及其代理人进行的活动；律师对与委托事项有关的保密信息，委托代理关系结束后仍有保密义务；律师应当恪守独立履行职责的原则，不因迎合委托人或满足委托人的不当要求，丧失客观、公正的立场，不得协助委托人实施非法的或具有欺诈性的行为。

4. 律师与同行之间的纪律规范

律师应当遵守行业竞争规范，公平竞争，自觉维护执业秩序，维护律师行业的荣誉和社会形象；应尊重同行，相互学习，相互帮助，共同提高执业水平，不应诋毁、损害其他律师的威信和声誉。律师、律师事务所可以通过以下方式介绍自己的业务领域和专业特长：可以通过文字作品、研讨会、简介等方式普及法律，宣传自己的专业领域，推荐自己的专业特长；提倡、鼓励律师、律师事务所参加社会公益活动。律师不得以贬低同行的专业能力和水平等方式招揽业务；不得以提供或承诺提供回扣等方式承揽业务；不得利用新闻媒介或其他手段向其提供虚假信息或夸大自己的专业能力；不得在名片上印有各种学术、学历、非律师业职称、社会职务以及所获荣誉等；不得以明显低于同业的收费水平竞争某项法律事务。

第三节 法学教育的一般原理

一、中国法学教育的三维度人才培养定位

中国法学教育的转向有着特定的时代背景，中国法学教育要为推进中国的民主与法治实践服务，这也就意味着中国法学教育的人才培养的目标定位应当是致力于培养构成中国法治基础并能推动中国法治进程的法律共同体的力量。在人才培养的具体目标定位上，它是一种三维度法律人才培养的定位。换言之，就是"思想有深度，知识有广度，实践有力度"的法律人才的培养。

（一）思想要有深度

思想有深度是指法律是理性化思维的产物，法学教育所要培养的法律人才不仅仅是掌握法律知识与法律技术的人，它还要致力于培养法科学生的法律思维。总体上看，就是要训练出能够对现存制度的一种批判性思维，也只有在此基础上才有可能具有建设性作用。要实现这一维度的目标需要加强理论法学的教育与训练。

（二）知识要有广度

法学生在掌握马克思主义基本立场、观点和方法的基础上，能够进行全面、系统的法学专业知识的学习与训练，法律科学在面向社会生活的时候，带有明显的综合性。因此，除了全面系统地学习法学专业知识以外，还应当涉猎与掌握其他学科，特别是相关学科之间的知识。只有在有充足的知识储备或者知识有广度的情况下，才能培养出既能从事法学教育与研究，又能从事立法、司法、律师等法律实践工作的素质全面的高层次专门人才。

（三）实践要有力度

法学专业是一个理论性和实践性很强的学科，法学理论教学和实践教学必须有效结合。达成这一法学本科教育目标的核心就是着重对实践能力的培养和提高。①体现在法学教育与法学教学上，其主要表现为法学教学的方法应当多样化，应当活泼与务实，在注重理论教育的同时强化案例、诊所式

---

① 王晨光. 法学教育的宗旨 [M]. 北京：北京大学出版社，2016：188.

实践教学，通过实践教学提高综合能力，增强法律共同体的认同与职业伦理意识。这就需要增强实践教学的实施力度，改变许多法科学生毕业后仍缺乏对知识的整体把握，无法把各门课程联系起来并应用到实际中去的现象，加大对实践教学的理论研究。

从以上三方面的阐述可以看出，在三维度法律人才培养中，将实践教学置于相当重要的地位。三维度法律人才的目标定位是高校法学教育的一种探索，当然也有其他说法。但无论如何法学教育中的"实践教学"问题已经成为法学教育研究的重点问题。

二、专业方向的设置与法律人才的培养

在市场经济条件下，法律服务的方向和内容的调整所遵循的主要是市场供求关系的调节。法律服务不是政府机关的管理活动，它的提供以客户的主动聘请为前提。由某一主管部门或学校用计划的方式预先确定学生的专业方向的做法，无法及时跟上社会需求的变化。在市场经济条件下，各种专业人才的培养应当由学生自己根据人才市场的供需变化、自身条件和兴趣，以及所处的环境来决定和调整。对于本科生而言，大学学习主要是打基础的过程，掌握的知识面应广一些。如果国际法专业的学生对国内法不甚了解，法律学专业的学生对国际经济法不甚了解，法学教育就不能说是成功的。实际上，不少学生在学习过程中自觉或不自觉地超出或打破了专业设置的界限，并根据自身的需要和今后的发展方向选择课程。

三、教研室机构的设置和教员的素质要求

我国法学教育中专业的划分是指对于学生而言，而这种划分又和相对教员而言的教研室体制的设置相配套。因此，专业划分的改革也必然与教研室体制的改革相联系。

在我国，每个法律院系下面都划分为不同的教研室，教研室既是学术研究和教学的机构，又是一种行政管理的机构。教研室的体制既有利于新教员的培训，同时也有利于教员的学术研究和讲授水平的提高。在法学教育刚刚起步时，教研室体制既有利于促进研究和教学的深入，也有利于师资力量的提高。但在进入新的发展阶段之后，这种体制已经不能适应时代的需要。如果可以取消教研室的建制，那么要求每位教员都必须能开设至少两门或更

多的课程，这样教员的人数不仅能够大大减少，教学和研究的水平也可以大大提高。与此相关，招聘教员的范围也应更宽一些。不然，师资联系实践和动手的能力就不可能得到提高。

在一些法律院系中，教研室的建制已经取消，但是其他的建制，如，院下设又流行起来。因此，这种突破还不是完全的突破。当然，教研室体制的改革不能孤立进行，它必须和专业设置的改革和高教人事制度的改革密切联系在一起。

四、课程培养目标、课程设置和讲授方法

课程的设置和教育的培养目的紧密相连。不同的法律文化传统具有不同的培养目的，它们要培养的人才的知识结构也有很大的不同。

长期以来，我国的教育被视为系统地传播知识的过程，法学教育也不例外，其被认为是系统传授法学知识的过程。因此，各个法律院系的教育往往只重视系统知识的传授，而不太重视学生能力的培养和训练。近些年来，不少法律界人士认识到了这一问题，也进行了一些改革。但整体上看，对学生能力的培养和训练仍然没有给予足够的重视，法律院系的毕业生不能在毕业后很快地适应工作，其眼高手低、动手能力差等现象仍然相当突出。无论是课程的设置还是讲授的方法都与社会的实际要求有相当大的差距，仍然需要用相当大的力量进行改革。

课程设置和教学方法的改革必须以培养目标和培养观念的改革为前提，即法学教育不仅要传授法律知识，同时要培养和训练学生的实际操作能力。能力的培养应当提到与知识的传授同等的地位。在具备了基本的法律职业能力和素质的基础上，一些具有学术研究兴趣、能力的部分人员才可能进行真正有意义的法律学术研究。如果连这些基本的职业能力和素质都不具备，其研究的结果自然难免是纸上谈兵。在明确了上述目标后，课程和教学改革的必要性和方向也就清楚了。我国法律院系的课程设置历来以知识的系统性和科学性为目的，很少考虑实际操作能力的培养，也很少考虑社会的实际需求。下面主要从四个方面进行分析。

（一）法律课程的开设

我国法律课程的开设主要以法学部门法学科的划分或国家颁布的主要法律（基本法）为标准，以培养和训练学生实际操作能力为主要目的和以社

会需求为导向的课程开设得很少。

（二）法律课程的教授

我国法学院的大多数教师在课堂上所讲授的主要是如何注释现有的法律条文以及论述各门课程的体系和基本理论，其目的在于引导学生掌握系统的知识体系，如，学会通过分析条文和逻辑推理得出正确的答案。其着重讲授的知识不过是一种记忆性的知识，至多是静态的分析理论，缺乏对学生实际操作的能力培养。

（三）法律课程的结构

与我国当前努力实行的市场经济的需要相比较，法律课程中涉及市场经济的课程所占的比重不够，有些课程的内容也亟须改进或充实。我国的法学教育重视理论课的开设而缺少应用部门法课程的开设。在这些部门法课程中，传统的民商法课程所占的比重就更少。现在所开设的经济法的课程也有很多建立在计划经济的基础上，部分内容已不适应市场经济的需要。

（四）法律课程的课程比重

我国法学院设置的选修课所占的比重大大低于必修课。在课程表中，必修课一般占到 3／5 甚至 2／3。这种状况的结果是学生无法根据自己的兴趣和发展方向选择课程，教师也不能充分地发挥主动性，形成竞争机制。

除了课程设置问题外，教学方法也是需要改进的一个重要方面。虽然我国不是案例法国家，但是运用案例方法进行教学已经被不少教师的教学实践证明是行之有效的方法。它能使学生掌握应用法律的技巧，使学生主动地参与教学的全过程，避免被动式的学习。

第二章 法学教育教学实践

第一节 法学教育的实践原理与法学实践课程

一、法学教育的实践原理

（一）法律教学方法和培养目标观念的改革

国家的兴衰与是否有一批厉行法度的仁人志士密切相关。我国在高扬法治的旗帜，把建设社会主义法治定为新时期治国方略，全力推进法治进程之时，一批高素质的法律人才是我国法治建设过程中的关键环节之一。而要造就一批高素质的法律人才，法学教育的重要性则是显而易见的。如果只有法律规则而没有适用规则的高素质人才，规则之治就仍然是空中楼阁。我国从一开始提出加强法治时，就认识到了法律人才于法治乃至国家兴盛的重要作用。在这一认识下，社会对法学教育倾注了极大关注。

尽管法学教育随着我国法治的发展正在十分迅速的发展，但数量的激增并不等于法学教育的成功。①我国法学教育仍然处于一种摸索和开创的阶段。无论是在法学教育的指导理念、培养目标、结构设置等宏观方面，还是从教学模式、方法、内容和课程设置等微观方面，并没有形成系统的成熟经验和模式。不少法律院系并没有自觉或认真地思考法学教育的指导理念和培养目标等问题，更谈不上有目的地设计自身的课程和探讨有效的教学方法。教学内容的相对陈旧和教学方法上的僵化单一也是有目共睹的现实。按这种方式训练出来的学生将来到社会上，便会发现在书本上明确的法律规范在现实中竟然会变得如此模糊和具有伸缩性；发现所面对的社会现象如此千差万别，课堂中那些明晰的典型案例很难找到可供套用的具体事实；发现要把法

---

① 王晨光. 法学教育的宗旨 [M]. 北京：北京大学出版社，2016：56.

律规范和社会现实相结合，需要如此之多的书本和法律条文以外的真功夫和批判性的创新思维。他们因而手足无措、无所适从。

纵观我国法律院系的课程设置，其历来以传授系统和科学的知识为目的，很少考虑实际操作能力的培养，也很少考虑社会的实际需求，这使法学成为一种坐而可论之道。这种课程设置，忘记并抛弃了法学教育的两个重要功能，即培养学生的职业实践和操作能力。法学教育的这两种目的，历来被中外法学教育所公认。而我国法学教育的实践往往偏重知识传递和学术研究，而忽略了职业思维训练和能力的培养。显然，这种情况有悖于法学教育的宗旨。我国法学教育的这种弊端可从以下三方面略见一斑。

①法律课程的开设主要以部门法学科的划分或国家颁布的主要法律（基本法）为标准，而以培养和训练学生实际操作能力为主要目的的课程开设得很少。

②大多数教师在课堂上所讲授的主要是如何注释现有的法律条文以及论述各门课程的体系和基本理论，其目的在于引导学生掌握系统的知识体系，而这种对于条文的纯粹分析在现实当中几乎是不存在的。

③与我国当前努力实行市场经济和对外开放的需要相比较，法律课程中涉及市场经济、比较法和国际商事法的课程所占的比重不够，有些课程的内容也亟须改进或者充实。

由于社会的批评和学生的责难，越来越多的法学教师认识到了这种教育模式的弊端，这对现行的法学教育模式构成越来越大的压力。在这种压力的推动下，我国法学教育界开始探索法学教育方法的改进，并将这种方法运用到法学教育中。在更多的情况下，教师是以自己对法律的学理认识去影响学生，甚至依照自己对法律的理解去选择合适的案例，指导学生进行讨论，然后达到统一认识的圆满结果。于是，每一位教师都会因为把自己的知识传授给了学生而沾沾自喜，而学生也会以自己对法律的认识与教师的相吻合而感到高兴。总而言之，虽然我们在不断努力进行法律教育方法的改革，但在根本上却并没有改变"以理解法律含义、传授法律知识为宗旨的教育模式"。因而法律教育忽略了一个重要的问题，即培养学生成为法律职业者。法学教育不仅要传授法律知识，同时也要培养和训练学生的实际操作能力。能力的培养应当提到与知识的传授同等的地位。在明确了上述目标后，课程和教学改革的必要性和方向也就清楚了。

（二）法学教育的具体培养目标

法学教育应当培养什么样的法律人才的答案从未统一过。每个观点从其自身角度而言都有其道理。但从法学教育的整体而言，尤其对其主要构成部分——法学本科教育（对有些院校则是法律硕士教育）而言，其培养目标应当以"高素质的法律职业人才"为主。"学术型"人才在任何国家和领域都是少数群体而非大多数群体。因此，就整个法学教育（主要指法学本科、法律硕士和大部分法学硕士）的培养目标而言，应当以法律职业人才为主，而非以学术人才为主。少数高层次法学院系坚持以学术人才培养为主也未尝不可，但是也要实事求是的分析一下到底有多少毕业生能够从事法学研究和教学工作，合理分配其教学资源和设置课程。不能仅仅为了标榜是"层次高"或"一流"，而不顾社会的实际需求及其毕业生的就业现实，不考虑法律人才培养的一般规律。

学术型人才的培养应结合法学教育的具体项目而言，在所有培养项目中，法学博士项目应当是培养学术型人才的主要途径，把对博士的要求用于所有其他法律人才培养项目难免有些不切实际。博士要少、要精、要有独特的思想，当从具有学术潜力的本科生和硕士生中百里挑一精选出来，不可大规模批量化生产。尽管是否具有博士点成了衡量一个法学院系是否为优秀法学院最明显的标志，但是应当客观如实地评价博士生项目在一个法学院系各种项目中占据的实际分量和地位。实际上，法律实践的每一个环节都为深层次的理论研究提供了丰富的素材和多元化的课题。法学研究和教育应当具有强烈的现实关怀、问题意识、深入解剖和理论升华的视野和能力。

法律人才应当具有广博的人文社会和历史哲学基础，甚至需要反科学技术基础，即法律人才知识结构和通识性基础的塑造问题，我国法律硕士的设立无疑也有同样的初衷。但是对于把本科教育作为主流的法学教育而言，这种把学术训练和通识教育都融入法学教育框架的做法，则是想鱼和熊掌兼得的想法。不排除个别天赋很高的学生能够成才，但却很难作为普通的模式普及。解决的方法不外乎以下两个：①改革法学本科培养方案。在一年级甚至二年级第一学期主要学习各种通识性课程（人文、社科等），在高年级开始学习法律课程；②在适当时机把法学教育变为研究生教育。主张培养"博雅型"或"通识型"法律人才的观点，强调综合人文、社科知识的基础性。如果法律人没有坚实的人文、社科和历史哲学等知识，就难逃"法律匠人"的泥潭。这一观点很有道理，但是也不能以此来否定法学教育的职业性和应用性。

虽然理论与实践不可截然分隔但通识与职业教育可分阶段进行。法学教育的培养目标不在于填鸭式的知识灌输和背诵，也不在于对天文地理的简单通晓，而在于培养法律人才独特的法律思维和处理法律疑难问题的综合能力。高层次法律职业人才也包括能够从现实法治实践中发现并致力于解决其深层理论问题的学术敏感和研究能力。这种基于法治实践而产生的学术人才是社会急需的人才。知识结构和基础固然重要，但是张嘴夸夸其谈，遇到实际问题束手无策，只会讲理论知识而不会办理案件的半成品绝非法学教育培养的目标。反之，仅仅会办理案件却不具备上升到理论层面提出新思想和创新观念的实用型人才，也称不上是"高层次的法律职业人才"。为了培养真正能够解决社会和法律难题的人，仅仅靠知识储备远远不够，而应当在理论知识学习的基础上培养法律人才精到的法律思维、处理问题的综合能力和全方位的大视野。为此，我国法学教育应当明确培养目标，改革教学模式，加强实践性教学，从实务界吸收具有丰富实践经验的职业法律者参加教学，注重培养学生独立发现和解决问题的能力。

卓越法律人才培养计划提出的培育目标应适应多样化法律职业要求，坚持厚基础、宽口径，强化学生法律职业伦理教育，强化学生法律实务技能培养，提高学生运用法学与其他学科知识方法解决实际法律问题的能力，促进法学教育与法律职业的深度衔接。

（三）操作方案的设计与具体实施方法

如果上述的培养目标能够确立，下一步就需要推动法学教育的课程设置。我国法学教育注重宏观教育理论和概念的分析与争论，而忽略了操作层面上对课程设置等问题的深入研究和精心建构。

1.课程设置应考虑实际情况

课程设置不应仅仅按照法学学科分类或部门法的划分标准简单做出对应性的课程设置，更不能把一门课程的学分多少或是否是必修课作为衡量某个分学科或部门法是否重要的标准。法学课程的设置应当以培养高素质的各类法律职业人才必备的知识、素质和能力为指引，即根据应具备的知识、素质和能力设置相应的课程体系。其中的核心课应当是对培养这些基本素质和能力具有基础作用的课程，围绕这些课程建立相应的不同类型的法律人才的课程体系和培养方案。现在很多核心课程的设置并没有按照这种培养思路和教育规律进行设置，而是成为标榜某一分学科或部门法是否重要的标志，这种状况造成的结果是各个分学科或部门法努力把自己的课程列入核心课，而很少考虑这些核心课对培养高素质法律职业人才有哪些实际作用。再加上实际操作的教务办或教务员往往缺乏对法学教育内在规律的深入了解和研究，缺乏科学务实的态度，从而形成了核心课不断扩大，法学院学生的必修课学分远远超过选修课学分，学生选课的空间日益压缩，难以有效进行分类培养的局面。可以说，这种课程设置的做法缺乏对法学教育规律性的研究，从而缺乏科学性，对法学教育质量的提升也鲜有帮助。

2. 课程设置不应追求千篇一律的局面

各个法学院系所处的区域和面临的就业市场不同，其办学条件和优势也不一样，其具体的培养目标和类型也有所差异，因此其培养方案和课程设置也应当各有特色。即使在一个学院内，不同类型的项目也应有不同的培养目标，其培养方案和课程设置也应有所区别。卓越法律人才培养计划的一个亮点，就是承认发展的差异性和法学教育的多样性。

3. 课程设置是一门要投入精力和时间进行研究的学问

作为教师，应当了解一些教育学；作为法学院教务部门和院系领导，应当了解法学教育的规律和高层次法律职业人才培养的路径。我国法学教育正处于大发展的阶段，对于法学教育规律尤其操作层面上的课程设置和培养方案的深入研究非常必要。凭借卓越法律人才培养计划的实施弥补这一短板的时机已经到来，需要我们潜下心来补上这一课。

4. 按照形成高层次法律职业人才应具备的基本素质和能力的要求设置核心课程和整个课程体系

就卓越法律人才培养计划提出的三类培养模式而言，每一类模式的具体培养目标和就业出路都有所不同，其基本素质也应有所不同。课程设置和培养方案作为实现某一具体培养目标的路径也就因此而有所不同。

总之，课程设置和培养方案的制定是一门科学，需要在研究具体类型的法律人才所应当具备的基本素质和能力的基础上，有目的地进行科学设计和实施，不可盲目决策，也不可没有顶层设计。

二、法学实践课程概述

本科教育应当使学生比较系统地掌握本学科、专业必需的基础理论、基本知识，掌握本专业必要的基本技能、方法和相关知识，具有从事本专业实际工作和研究工作的初步能力。法学教育在建设社会主义法治国家过程中应当具有前瞻性、全局性和基础性的战略作用。从社会意义上说，法学教育是审视社会文明程度高低和法制建设进程快慢的重要表现形式。而这一时期的法学教育效果的好与坏不仅影响法律人才培养质量的高低，而且最终也会影响法治建设的进程。

司法是一个国家的最后一道正义屏障，而法律职业大多与这一屏障直接相关，法律职业共同体的职业操守直接关系到国家的法治未来。对于绝大多数学生而言，只有深入认识实践、了解实践、经历实践，才能够理解法律的作用，才能够体会法律职业的地位，才能够建立起法律职业的伦理观念。所以，必须通过加强专业实践教学来建立和强化法律职业伦理。纵观世界当前法学教育的潮流，法学职业教育是法学教育正规化的必然途径。

（一）法学实践课程的概念和特点

1.法学实践课程概述

对于法学实践课程这样一个新概念，需要结合法学教学实践的特征进行界定。课程是为达成训练儿童和青年在集体中的思维和行动而建立的一系列经验的总结，课程是学生在学校指导下获得的全部经验。纵观国内外相关文献，对课程的定义多达上百种，其中较有影响的定义为以下几种：①课程是一种学习方案。这是中国较为普遍的对课程的理解。把教学计划作为课程的总规划，把教学大纲作为具体知识材料来叙述。②课程是一个具体学科的内容。③课程是有计划的学习经验。这是西方最为流行与最有影响力的课程定义，它认为课程是学生在学校教师领导下所获得的全部经验。而相对于课程概念的多元化，实践的含义则较为统一，主要有以下四个方面要素：一种活动；改造自然和社会的活动；客观的活动；与理论相对的活动。结合实践的概念，并考虑到法学教学的实际，法学实践课程是指贯穿着法学学科运行整个过程的活动，与法学理论课程相对，注重学生的参与体验与反思，通过个性化体验来完成。

2. 法学实践课程的四个特点

从其形式的角度，相对于课堂教师讲授而言，法学实践课程特指通过一定真实的和模拟的实践形式培养学生实践能力的教学方式。据此可以看出，法学实践课程具有以下四个主要特点。

（1）实践性

法律实践是一种具有创造性的工作，并不是简单的逻辑推理过程。实践教学主要通过课堂外有计划、有组织的一系列实践活动来培养法学专业学生具体应用法律基本知识解决实际问题的能力。法学实践课程在目标上注重学生实践技能的培养，以能力为本位具体包括学生的法律思维能力和法律操作能力。

从法律思维能力来讲，司法实践是复杂灵活的，不像书本知识那样相对凝固，它没有现成和绝对确定的答案，教师应当在与学生讨论的过程中假设各种可能性，引导学生去发现有关的事实材料、法律规范、各种可变因素以及各因素之间的复杂关系。通过这种思考和分析，找出最佳的可行方案，培养学生的法律思维能力。

从法律操作技能来讲，传统教学的目的在于引导学生掌握系统的知识体系，学会通过分析条文和逻辑推理得出正确的答案，这使学生无法得心应手地应用法律解决具体问题。法学实践课程的主要内容就是学习如何收集、分析、判断和确认事实，如何运用心理学语言行为分析的方法以及经济、文化、社会、道德等方法分析法律的实际运行和操作。通过这些课程内容来实现对学生法律操作能力的培养。

（2）启发性

在实践性课程中，教师为学生提供解决案情的方法和思路，通过讨论式、问题式、交互式等启发式教学方法，采用社会实践、社会调查等形式来提高学生研究和探索的兴趣，从而激发学生的全面性、主动性、批判性思维，增强学生对新知识的解释、推理、运用能力。因此，法学实践课程在方法上的启发式有利于因材施教，增强教学效果。

（3）灵活多样性

与法学理论性课程的教学相比，法学实践课程的学习和实践形式更加灵活多样。其强调课内与课外相结合，课上与课下相结合，校内与校外相结合。同时，每门具体的课程都有自己独特的实践形式。比如，在观摩实习中，学生以旁观者的身份认真观察各类司法机关的运作模式，获得直观上的认知感。而在模拟法庭上，学生则通过亲身饰演法官、检察官、律师、原告、被告等不同角色来体验庭前、庭中和庭后的情况；又如法律诊所，学生以代理人的身份接触真实的案件，直接为当事人提供法律援助，完整地体验案件的整个处理过程。

（4）综合性

法学实践课程把学生置于真实或近乎真实的环境中，以学生亲身参与实践为主，以教师指导为辅，在实际的工作或模拟的实践活动中让学生学会主动应用所学知识并结合自身能力解决问题。学生不仅要综合地运用各章节的法律知识进行分析，而且要综合地运用本学科的知识进行分析，建立起优化的认知结构。实践教学培养了学生的操作能力、自学能力、组织能力、观察能力、写作能力、表达能力、管理能力，以及专业意识等综合性能力。

（二）法学实践课程的关键意义

教学目标的实现应当根据不同学科的不同要求来确定，法学教学目标的双重性决定了实践教学的必要性。实践教学既能提高学生分析问题和解决问题的能力，又能活跃学生的思维，强化学生主动学习的意识，弥补课堂讲授中的不足，全面提高学生的专业素质和能力。法学实践课程设置的意义主要体现在以下四方面。

1.实现教育国际化

如果一个人只是一个法律的工匠，只知道审判程序的规程和精通法的专门规则，那么他便不能成为第一流的法律工作者。司法是一种"人为理性"，需要通过长期直接接触司法实践才可能形成。从未来社会经济和科学技术发展对高等教育人才需求的基本趋势及其质量标准看，人才的素质问题逐渐成为人们关注的焦点，而人才素质的核心之一就是人才的创新意识、创新思维和创新能力。法学人才的培养模式决定着社会法律的运转模式。因此，法学教育必须树立国际意识和全球意识，以具有国际性和国际竞争能力的法学教育来应对经济和法律的全球化，培养具有应变能力和适应能力的高素质人才。

2. 克服传统法学教学方法弊端

我国的传统法学教育通常是以传授系统和科学的法律知识为目的，教学方法注重书本和课堂理论教学，忽视对学生分析和处理实际法律案件能力的培养。这种法学教学模式因为过于抽象，学生的主动性和创造性不能得到最大限度地发挥；同时因为实际应用的欠缺，也使得学生对其所学的知识得不到准确的认识和理解，知识掌握难以牢固。单纯的讲授式教学既不利于培养学生的创造性思维，更不利于培养学生运用法律独立分析和解决问题的能力。因此，通过实践教学对学生进行实践性法律教育，可以训练学生解决具体案件的能力，并从中学习选择法律、分析法律、解释法律和使用法律的方法。

3. 培养高素质法律人才

在激烈的社会竞争中，具有竞争力的人才必须具备很强的以创新能力为基础的适应能力、分析问题与解决问题的能力。为此，法学教育必须注重对学生分析问题、解决问题的能力的培养。教师必须在观念上从被动接受型向主动思维型转变，通过实践教学使学生在实际工作中发现自己的潜能和价值，培养自己的个性，锻炼自己的能力和素质。实践性课程的开展可以使学生真实体会法律职业的特色，增强职业技能。在概念、原理这些思辨性的规则之外，依靠主体的情感体验来完成知识的现实应用。同时，由于法学实践教学使用的策略并不是单纯的法律规定，而是综合运用社会学、政治学、心理学、经济学、医学等多学科的知识，这样能够对学生进行多方面的培养。

4. 它是衡量法学教育质量的重要指标

高校的教学质量水平是高等教育质量水平的重要体现，提高法学教学质量，培养理论扎实又具备创新能力与实践能力的复合型法律人才一直是法学教学孜孜以求的目标。从当代高等教育的人才培养来看，课程设置应当满足时代性、实践性、探索性、综合性的要求。法学实践课程正是对以上课程设置要求的满足。法学实践课程可以反映立法与司法的最新进展，反映法学学科研究的最新学术成果，可以很好地体现时代性。法学实践课程以实践为主要形式，能够满足学生走上社会的实际需要，具有很强的实践性。法学实践课程重视培养学生的创新精神，具有较强的探索性。法学实践课程打破了部门法教学的局限，完整地体现了司法实务的整个流程，学习的内容上不仅使学生学到了法律应用常识，还增长了其他方面的社会知识和自然知识，全面完善了学生的知识体系，具有综合性。由此可见，实践性课程开展的好坏可以作为衡量法学教育质量的重要指标。

（三）法学实践课程的教学目标

法学实践教学体系构建必须以实践教学目标体系为前提和依据。我国法学实践教学的目标应当是培养符合社会需求，具备法律职业技能以及专业素养的专门性人才。这个目标要满足以下三方面要求。

1. 培养法律专业技能

法律职业肩负的特殊使命要求其从业者必须具备广泛而专业的职业技能。法学专业的本科教育应强化学生的职业技能，使他们毕业后能尽快适应法律职业的要求，培养法律职业技能具体体现在以下三方面。

（1）基础性能力

基础性能力主要包括社会认知能力、人际沟通能力和社会适应能力。培养社会认知能力是法学实践教学最基本的教学目标，也是培养人际沟通能力和社会适应能力的前提和基础。作为法律人，应当有一定的生活经验、社会阅历以及对社会现象的感知力、适应力和理解力。因此，首先要学会与社会接触，了解社会、认知社会，实现其最基本的目标。在此基础上训练良好的人际沟通能力，善于使用社会群体语言与社会成员沟通，帮助其正确认识自己和恰当地展示自己。同时，必须具有较强的社会适应能力。社会适应能力是社会对学生的总体期望，也是判断办学效果的基本标准。因此，训练人际沟通能力和社会适应能力也是法学实践教学最基本的目标。这种能力的形成需要通过法学整体实践教学过程来实现。

（2）应用能力和基本操作技能

法学专业学生的应用能力是指能准确、适当、熟练地将法律运用于社会问题，在法的适用过程中善于发现问题，运用法律思维观察、分析问题，最终以法律手段解决问题的能力。法学专业学生的基本操作技能主要包括语言表达能力、掌握和运用信息能力、推理能力与论证能力。语言表达能力是指学生应当具备准确掌握法律术语，以口头或文字语言的方式与他人交流，表达自己对特定事实或问题的看法的能力。语言是律师的职业工具，语言表达能力是法学专业学生的重要技能。除此之外，学生还应当掌握运用现代办公设备的技能，获取信息的技能，以及严密的推理能力和严谨的论证能力。

在律师们的技术中主要的就是正确的推理和有力的论证技术。因此，推理能力和论证能力也是一种法律职业者的基本技能。该目标主要通过完善的各类实践教学环节来实现。

（3）拓展性能力

拓展性能力在法学专业中主要指的是创新能力。创新能力是参与全球化人才竞争的重要砝码，也是法律工作者必备的能力之一。因此，培养学生的创新能力也必定成为法学实践教学的重要目标之一。法学专业学生创新能力的培养需要在具备基础能力的基础之上来实现。这要求教师在日常教学中拓宽学生视野，对其进行拓展性引导，让学生在实践课程中广泛接触具有典型特征或争议的案件，对其独立性思考能力和创新能力进行针对性培养。

2. 培育法律职业道德

法律职业道德是基于法律职业的特殊性而演化出来的严格且详细和具体的职业规则。虽然这些规则不是由国家的强制力保证实施的，却是由职业团体强制实行的，具有一定的法律效力。法律职业道德关注的是法律职业者应该如何从事社会的法律事务，它不仅要关注职业道德对于法律职业的意义，还要关注法律职业行为对错、好坏的标准，以及证明法律职业行为正当与否的适当理由，并合理解决法律职业领域的道德冲突。只有法律知识不能算作法律人才，一定要于法律学问之外，再具有高尚的法律道德。可见，法律职业道德修养是维护法律职业的一个不可或缺的因素。较高的法律道德修养是法律职业者在实际工作中维护法律的尊严和价值的根本保证。立法者如果欠缺法律道德修养，那么所立之法难免会偏袒部分利益群体而背离广大人民的利益；执法者如果欠缺法律道德修养，就会在执行法律的过程中滥用职权，危害正常社会秩序；司法者如果欠缺法律道德修养，就难以保持中立与公正。因此，培养法律职业道德，提高法律职业素养是法学实践教学追求的首要目标。

法律职业道德的培育应从态度或情感教学入手。完善实践课程体系和教学方法，同时将讲授法、渗透法、案例教学法、示范和角色体验等方法引入法律职业道德教育，为学生创设情感体验场并为学生积累情感经验提供机会。

3. 培植法律信仰

法律信仰一般是指人们对于法律的一种尊敬的态度，是自愿接受法律统治的一种信仰姿态。只有法治成为全体社会成员的共同信仰、追求和理想目标时，法治才能获得必要的精神支持；只有社会公众积极参与法治建设，法治的理想才会在实践中逐步实现。培植法科学生法律信仰是实现社会主义依法治国方略的需要，是发展社会主义物质文明、政治文明和精神文明的内在要求。法律人对法律有着更深层次的理解和探索，对法治社会的建设有着更为重要的作用。法学专业的学生是未来的法律职业者，他们的法律信仰会对中国社会法治建设的进程有很大影响。因此，法学教育对法律人法律信仰的培植应当是法学教育的终极性或综合性目标。

第二节 建构主义学习理论与法学实践教学

一、建构主义学习理论概述

（一）构建主义基本概念

建构主义是认知理论的分支，被广泛应用于哲学、教育学、心理学和语言学等学科。就建构主义学习理论而言，古代思想家已经关注到了类似的研究范畴，例如，苏格拉底和柏拉图，就是教育领域最早的建构主义者。

建构主义学习理论现在已经达到较为成熟、完备的水平和阶段。作为一种与传统客观主义不同的学习理论，建构主义学习理论认为：学习是积极主动的建构过程，认识是个人独特构造活动的结果。知识是个人经验的合理化，知识是在学习者头脑里被构造出来的，知识的建构并不是任意的和随心所欲的，学习者的建构是多元化的。究其本质，建构主义学习理论重视主、客体的互动，反对只讲主体或只讲客体，强调学习的主动性、社会性和情境性，这种观点无疑为法学专业实践教学提供了坚实的理论基础。

（二）构建主义教学模式

为了让教师更好地引导学生构建知识体系，建构主义学习理论描述了其独特的教学模式，主要包括支架式教学、抛锚式教学以及随机进入式教学。

1. 支架式教学模式

学界一般将支架式教学定义为：为学习者建构对知识的理解提供一种概念框架。由于学习者对问题的理解呈现逐层深入的规律，所以事先要把复杂的学习任务加以分解，概念框架就是为学习者顺利迈进下一个层次学习任务时的支架，目的是为了将学习者的理解逐步引向深入。

支架式教学模式来源于苏联著名心理学家的最邻近发展区理论，在学生智力活动中，在所要解决的问题和自身原有能力之间往往存在差异，即"最邻近发展区"——学生独立解决问题时的实际发展水平和教师指导下解决问题时的潜在发展水平间的距离。教学可以在最邻近发展区有所作为，当然教学绝不应消极地适应学生智力发展的已有水平，而应当不断地把学生的智力从一个水平引导到更高的水平。

建构主义学习理论正是从最邻近发展区理论的思想出发，借用建筑行业中使用的"脚手架"这一施工设施，形象地将上述概念框架比喻为学习过程中的"脚手架"。概念框架应按照学生智力的"最邻近发展区"来建立，框架中的概念是为发展学生对问题的进一步理解所需要的，学习者可通过这种"脚手架"的支撑作用更顺畅地构建起深层次的意义。

2. 抛锚式教学模式建构主义学习理论

学习者要实现对所学知识的意义建构，最好的办法是让学习者到真实环境中去感受、去体验，而不是仅仅聆听别人关于这种经验的介绍和讲解。抛锚式教学模式将教学建立在有感染力的真实事件或真实问题的基础上。

抛锚式教学模式的关键是确定真实事件或真实问题，这被形象地比喻为抛锚。当这类事件或问题被确定，整个教学内容和教学进程也就会被确定。由于抛锚式教学要以真实事例或问题为基础，所以有时也被称为实例式教学或基于问题的教学。

3. 随机进入式教学模式建构主义学习理论凭借"弹性认知理论"

将教学的主要目的定位为提高学生的理解能力和知识迁移能力。该理论认为，事物本身复杂多样，要准确地认识事物并把握事物本质及事物之间的内在联系，从而全面地进行意义建构。对学习者而言具有一定的困难，要全面深刻地认识事物、建构知识，适宜从不同的角度加以考虑。以"弹性认知理论"为理论基础，随机进入式教学模式强调随机性，学习者可以通过不同途径、不同方式进入同样教学内容的学习，摆脱教师单纯灌输知识的状况，从而获得对同一事物或同一问题多方面的认识与理解。

随机进入式教学模式的积极意义在于实现对事物理解和认识的提升，而不是简单对同一知识进行重复和巩固。然而，该模式必然对教师提出更高的要求，教师必须根据具体教学内容、学习者的学习特点及学习情况及时引导学生开展多维度、多途径的学习，有效地处理学生在学习过程中出现的个体差异性问题，并激发学生的创新思维能力，使得不同学习者可以获得对同一事物或同一问题多方面的认知与理解。

二、建构主义学习理论对法学实践教学的应用

（一）贯穿于法学实践的教学过程

建构主义学习理论认为，学习总是与一定社会文化背景相联系，实际的情景可以让学习者利用已有的经验积累和知识基础去检索与同化当前学习到的新知识，对新、旧知识产生新的认识。如果原有经验不能"同化"新知识，则要引起"顺应"的过程，即对原有认知结构进行改造与重组。通过"同化"与"顺应"的过程，学习者才能达到对新知识的"意义建构"。

由于真实与实际的"情景"具有复杂性、丰富性和生动性，传统课堂讲授不能给学习者提供更好的"意义建构"条件。建构主义学习理论认为，学习环境是学习者进行自主学习、探索的场所，学习者可以充分利用学习环境中的各种信息和工具实现自己的学习目标。[①] 在这一过程中，学生与教师、学生与学生之间的关系都发生了变化，学生不仅能得到教师的帮助与支持，而且学生之间也可以相互协作、相互支持。在建构主义学习理论指导下的教学设计，强调针对学习情境的设计，利用各种真实或信息模拟的资源来支持学习者进行主动探索并完成意义建构。

我国法学本科实践教学过程，通过实践知识教学、实践观摩教学、实践模拟教学和实践参与教学来完成。法学实践知识教学主要是对学生基础知识的教学，重点在于法律运行理论与实践的答疑解惑；实践观摩教学就是带领学生去法院旁听审判，获取司法现场的感性认知；模拟教学阶段是对有关真实情景进行模拟，让学生参与其中，体会法律程序和法律智慧；实践参与教学阶段是安排学生进入法律实务部门，协助法官、律师或检察官等办理真实的案件。整个过程呈现出四个逐层递进关系的实践教学阶段，建构主义学习理论一直贯穿其中，要求学生张扬个性，充分发挥学习的主体性意识，完成"意义建构"。学习者学习的过程是学习者原有知识结构在学习环境中与客体相互作用，不断进行"意义建构"的过程。

---

① 孙晓楼. 法律教育 [M]. 北京：中国政法大学出版社，1997：88.

（二）应用于法学实践的教学内容

建构主义学习理论认为，通过同化与顺应，学习者才能达到对新知识的"意义建构"。"意义建构"的关键意义表现在：①解构旧知识，即对原有的知识结构进行整理分析的过程；②建构新知识，学习者在具体的学习情境中，根据原有的知识结构基础，通过个人加工，将新的知识与原有知识进行分化、整合，形成新的认识两个方面。建构主义学习理论认为，对教学内容的把握需要通过"解构"与"建构"来完成，必须打破原有封闭结构，将原有系统瓦解后的各因素与外在因素重新自由结合，形成一种具有开放扩展特征的知识增长系统。

法学本科实践教学的开展，通常以分组形式将学生分配至实践教学场所，使学生在特定的情境下进行自主学习，完成知识的"解构"与"建构"。第一，学生每天面对的并不是法学教材中所讲授的知识体系，而是一个个具体的人、法律关系和问题，以前在脑海中存储的经验知识瞬间无用了，他们必须去接触新的信息和符号，这必然冲击到原有的解码系统，这是解构的过程。第二，学生实习是要完成工作任务的，在解构自身知识原有系统的同时，面临着新符号和编码的进入，他们必须解答原有系统崩溃的原因才能合理地接纳新编码，并在重组编码和重新阐释的基础上最终提出解决问题的方案。学生在提出问题并小心求证的过程中，自身原有知识系统的各要素被分化、重组，教材中的法学理论、法律条文中的法律规则与社会现实在学生自身的主体意识中重新建立了一种链接，这就是新知识的出现。

（三）实施于法学实践的教学方法

建构主义学习理论认为，学习者是教师教学指导的中心，教学的目的是让学习者建构自己的知识。学习者是建构知识的主体，是价值世界和经验世界的建构者。在教学过程中，教师并不占有主体地位，教师发挥得更多的是辅助和促进的作用。与传统的教学模式相比，建构主义学习理论中的教师与学习者地位、教师作用、教学方法都发生了较大变化，更加强调在尊重学习者主体性的前提下促进学习者个体知识的形成。学习者与周围环境的交互作用对学习内容的理解起着关键性的作用，学生在教师组织和引导下参与讨论与交流，建立起学习群体并成为其中的一员。在这样的群体中，知识和思维通过协作的方式进行共享，学习者通过协商、辩论和讨论在个体和群体的意义上都实现了对所学知识的"意义建构"。

在法学专业实践教学期间，学生根据指导教师的要求，依托社会实践基地、模拟法庭、法律诊所等实践教学平台，通过对具体法律事务的参与，让学生在潜移默化之中将所学知识在实践中进行检验、扬弃和重组，锻炼和提升自身适应社会现实的法学素养和能力。法学实践教学方法的运用，其实质就是以建构主义理论为基础展开的，即学习者是根据自己的经验、思维逐渐建构知识，学习者个体直接参与而不是被动接受，学习活动是学习者根据个体的学习、积累、推论、反思等一系列具体实践活动而形成的，教师只是观察者、协助者、启发者和促进者。显而易见，建构主义的"意义建构"自始至终都强调主观与客观相结合，即个人经验及原有认知结构与事物性质及事物之间的内在联系结合建构主义学习理论的内核和精神，在法学实践教学的方法中得以全面地应用。

三、基于建构主义学习理论的法学实践教学体系建设

（一）法学实践教学体系建设的系统化

建构主义学习理论要求知识以及专业理论的形成与培养均需要学习者自己去构建完善，从而最终形成完整的理论体系。从系统化的角度来看，建构主义学习理论给法学实践教学提出了以下三点要求。

首先，从宏观层面来看，建构主义学习理论要求法学实践教学形成明确的知识系统与框架，将孤立、分散的实践教学环节联系起来，使各实践教学环节既具有相对独立性，又相互支撑，实现各实践教学环节的和谐共生。

其次，从中观层面来看，建构主义学习理论的要求是按照系统知识的指导，形成以宪法为核心、以各个部门法为主要支撑、以实然法为主要目的、以程序法为主要手段的法学体系。在实践、应用和观察中逐渐形成对法学理论系统的理解与感悟，并且将理解转化为对知识的补充与扩大，从而最终构建起完整的知识体系。也只有通过这种方式才能够对知识进行科学、完整的消化吸收，实现知识体系的完整与系统。

最后，从微观层面来看，实践教学是对实体法与程序法、应然法与实然法等在实际操作中进行应用。例如，通过刑事法庭或者民事法庭某一类型法庭的学习，在原先理论学习的基础上将知识系统化、完善化，并不是盲目进行实践学习。

（二）法学实践教学体系建设的层次化

建构主义学习理论最为重要的要求就是循序渐进地接受知识，在积累与更新过程中不断完善知识，在发展过程中形成对某项知识与事物的理解。以层次化的角度来分析，建构主义学习理论要求法学实践教学要尊重规律，注重知识、实践传授的层次性，让学生在实践学习中经历由浅入深、从低到高的过程，循序渐进，最大限度地实现法学实践教学的作用。

从法学实践教学体系的构成形式来看，建构主义学习理论要求对实践教学环节在不同层次上进行合理分布。[①] 对自主学习能力要求低的实践教学环节设于较低年级，比如，模拟法庭和实践基地教学，通过案例材料或实习选题引导学生进行模式化的学习；而对自主学习能力要求高的实践教学环节设于高年级，比如，法学实验室和法律诊所，充分发挥学生的主观能动性。通过构建层次分明的实践教学体系，使学生在学习、实践过程中逐步获取和完善知识，形成合理的法学专业知识体系。

从法学实践教学体系的内容来看，建构主义学习理论要求实践教学循序渐进地展开，构建起从法理学、法制史等理论法学到宪法母法，再到刑法或民法等各大部门法的多层次法学专业知识体系。如果没有科学合理的理论指导，在实践教学过程中会出现理解上的混乱，以至于让学生对接收到的知识无动于衷，产生心理上的挫败感，进而无法真正构建层次分明的知识体系。

从法学实践教学体系的运行过程来看，建构主义学习理论指导下的实践教学，强调在实践过程中反复构建知识框架，不断补充与扩展新知识，这个过程本身也是层次化的。首先，学生在课堂教学过程中建立对法学知识的初步认识，大多是较为宏观与理论的认知；其次，在这些理论的指导之下，学生在课后自主学习中扩展新知识；再次，经过实践教学发现理论与实践的差异，对理论或实践进行修正；最后，学生在头脑中形成层次分明、主次清晰的法学理论与实践的知识体系。

（三）法学实践教学体系建设的特色化

建构主义学习理论提倡情境性教学，即教学应使学习在与现实情境相类似的情境中进行，以解决学生在现实生活中遇到的问题为目标。

从实践教学体系的整体情境来看，建构主义学习理论要求学习内容选

① 谷永超. 法学专业实践教学体系的研究与实践 [J]. 高等函授学报·哲学社会科学版，2011（12）：57.

择真实性任务，不能对其进行过于简单化的处理，使其远离现实的问题情境。由于具体问题往往同时与多个概念理论相关，对此有学者主张弱化学科界限，强调学科间的交叉。① 目前，高校法学本科人才培养实践教学还缺乏围绕行业特色、学科优势开展，不利于提升法学实践教学的影响力、竞争力。法学本科实践教学体系建设，应根据学生在不同学习阶段对行业特色学科的认知与需求，安排有特色的实践教学内容。

从实践教学体系的个体情境来看，建构主义学习理论要求以学生为中心，重视学生主体之间的差异性。每个学生在实践教学过程中遇到的问题既有相同也有不同，即使遇到相同的问题，学生也会因个人理解而存在差异，导致最终解决问题的方式方法不尽相同，使得实践教学体系的运作在个体之间存在差异，表现出明显的特色化。此外，法学专业知识体系对于学生主体而言也是独一无二的，对该体系的把握与理解只有学生个体可以进行深入的研究和分析，除去主体本身，其他人无法进入其构建的知识体系中，无法将其经过实践教学之后的心得体会适用到自己身上，因此建构主义学习理论指导下的实践教学体系在结果上具有明显的特色化。

第三节 法学教育实践教学形式多元化发展

从最初引进美国福特基金支持的诊所式教学实践教育，到如今法学实践教学方式百花齐放，中国的法学实践教学探索迈出了从无到有的关键性一步。为了配合锻炼学生的动手能力，寓教于行，各高校还开展了一系列的课外实践活动，包括法律咨询、法律援助、社区矫正等公益性法学实践活动，以及法庭辩论、诉状写作等多种形式的竞赛，以激励学生进行实践操作。

各高校均采取了多元化的实践教学方式，可能因为基础的不同而导致实践教学形式的发展程度也有所不同，但是总的来说，还是建立起了多元化的实践教学工程。从量的角度而言，实践教学形式已经得到了普遍建立，但是从质的角度衡量，实践教学形式的发展良莠不齐。所以，越来越多的教师和学生把视角转移到如何更好地发挥各种实践教学形式的作用上来，把实践教学形式问题由从无到有发展到从有到好的阶段。整体上，实践教学正朝着

---

① 江军辉. 法学专业实践教学体系构建研究［J］. 安康学院学报，2009（3）：21.

系统化、精细化的方向不断发展，即在完善路径上结合"嵌入式＋集中式"教学模式的具体操作要求，配套服务于学生能力循序渐进的形成过程，开展有层次的教学方式和实验方式。

一、庭审观摩法解析

为配合讲课内容，一般会有针对性地选择法院审理的案件，组织学生进行旁听。这种方式对程序法课程的学习尤其重要，随机旁听的案件可以不够典型、不够疑难，但需要学生揭开审判的神秘面纱，深入了解审判的全部程序。这样可以让学生对司法程序形成初步的印象和了解，有效缓解程序课程的枯燥性。

（一）庭审观摩教学的特征

1. 直观性

观摩是一个直观的过程，这个过程对知识点的记忆有着其他方式所无法比拟的优势。如果说记忆的规律是识记、保持、再认、回忆和遗忘，那么识记是指对学习材料进行编码、组织并储存在记忆系统中；保持则是指对学习过的事物在脑中保留的一定时间；再认是指当感知过的事物重新出现在眼前时能够识别出来；回忆是指已感知过的事物不在眼前时仍然能重新回想起来。再认和回忆是对记忆的信息加以提取的形式，而视觉和听觉相结合的情景观摩会对事物的回忆和再认起到不小的刺激作用，进而达到以观摩辅助学习的目的。

2. 真实和丰富

学生在法庭观摩到的情景是真实且丰富的社会写照，任何理性的解释在对于形象的直觉感悟面前都往往显得简单、枯燥和拙劣，庭审给学生展示的是一个丰富生动而又真实的社会形象，这对促进学生的社会认知起到了十分重要的作用。

3. 生长性和教育性

庭审是一个充斥着丰富的法治符号和社会真实的综合场所，在这里学生可以发现很多课本上没有的知识。社会是学生的另一个课堂，法庭是同学们汲取经验和教训的重要渠道。对于学生而言，这是一种自我成长；对于教师或者法律自身而言，这也是一种法的一般预防作用的教育和体现。

4. 成本低且便于操作

公开审判的案件均接受群众的旁听，所以观摩庭审的成本也仅仅是一个路费而已，相较于其他形式，其成本低而效益高。

（二）庭审观摩课的问题

观摩后缺乏老师的及时系统分析可能造成第一手观感资料和第二手课本资料不能有效衔接，从而影响教学效果。

观摩的组织主体过于官方化不能有效发挥学生的主动性。此类观摩一般仰仗校方联系法庭到高校进行审判，或者组织学生集体到法院进行旁听，对人员协调等要求过高，其易操作性也不能得以有效体现。

（三）庭审观摩作用的拓展

观摩式教学虽以其直观生动、真实丰富以及低成本的优点见长于其他实践教学形式，但其应发挥的作用也因诸多原因而没有得以充分发挥，所以在观摩式认知教学的过程中必须扩展其作用：①引导学生以不同的立场看待问题、分析问题；②引导学生运用比较的方法认知相似的知识点；③引导学生在知其然的情况下探索其所以然；④引导学生在观摩的同时总结案件事实认定和法律适用的相关技巧，把观摩与案例教学结合起来。

除了扩展庭审观摩的纵深作用之外，还应当不断探索观摩式认知教学的其他方法。亲临庭审现场的观摩具有一定的时间性和偶然性，学生自主前往的积极性也得不到保障，所以探索其他便捷有效的观摩教学形式可以解决由学生惰性和劳师动众带来的不必要麻烦。如，指定学生观看特定的网络电视节目、具有启发意义的电视电影或者网络公开课等，把观摩的场所扩展至无尽的网络空间。同时，可以依据学校能力创建网络资源共享平台，组织专门人员进行网络资源的上传和共享，达到观摩式教学横向拓展的目的。另外，应把观摩庭审与模拟法庭进行结合，促进教学目的由理解掌握向技能训练方向发展。

二、研讨课教学模式解析

（一）研讨课教学模式概述

研讨课是与讲授课并列的一种课程形式，而非一种单纯的教学方法。在法学本科阶段，研讨课就已经相对普及，诸如公司法等许多课程均在讲授课之外安排研讨课；至于研究生阶段，研讨课所占比例几乎可以达到一半以上，甚至有些课程只设置研讨课。研讨课可以分为两种，它们分别是适应课程模式和专业课程模式。其中，适应课程模式是一种以引导教育为侧重，为学生在不同的生活、学习环境中实现过渡提供支持和帮助的课程模式，它更加注重师生的互动，对学生进行心理疏导，培养学生的适应能力和协作精神；专业课程模式则是以学术性专题为主，着重在互动讨论中培养学生的研究型思维方法的课程模式，侧重于对专业学术型问题的探讨、专业思维的训练和专业技能的培养。而研讨课的主题是非常广泛的，其包括主题型话题（Topic），一系列的具体问题（Question），案例（Case）等。所以，研讨课并非理论教学所独有的形式，它既适用于理论教学，也适用于实践教学，是一种综合性的法学专业教学模式。

将该教学模式纳入法学实践教学模式的探讨虽不具有独特性，但不得不承认的是，法学实践教学所追求的深度实践认知和综合实践能力都可以通过研讨教学的形式得以实现，所以在法学专业开展研讨教学对于法学专业实践教学是非常必要的。如若在开展的研讨课程中对具体问题和案例的内容加大比重，完全可以达到实践教学的目的。可以说，研讨课程的设置是案例教学法的更深层次的延展，它以一种更专业、更具有针对性的形式对案例教学进行拓展，可以更有效地提升学生分析问题、解决问题的能力。

（二）法学专业实践性研讨课程的设定

1. 提高法学专业对研讨课程的重视程度

应当提高法学专业对研讨课程的重视程度，尤其探讨研讨课程对法学实践教学的作用。在这一点上，毋庸置疑，法学专业研讨教学无论在法学理论教学还是在实践教学领域都具有十分重要的作用。法学专业作为一门社会科学，本身并不存在亘古不变的真理或者符合自然规律的公理。法学作为国家上层建筑的组成部分，只能做出价值上妥当与否的判断，却无法给出科学上真伪的论断，甚至在解决纠纷的方案中也只能选择最优方案而并非唯一的方案。所以，法学教学必须在观念上进行革新，提高对研讨型课程的重视程度。在法学专业研讨课方面，应采取"整体规划，重点突破"的方针，对观念、制度、器物进行综合协调。

第一，要求在观念上重视研讨教学对法学专业教学的重要性，强调"独立性"思考和"创新性"思考之间的关系，在价值方面摆正研讨教学的地位，在作用方面认清研讨教学对传统教学的重要补充作用，进而促进更多的高校尽可能多地开设法学专业研讨课程。

第二，在制度建设上，将研讨课程纳入教学计划当中，循序渐进地更新计划内容，逐步完善计划方案，达到逐步实现研讨课程管理制度化、规范化的目标。同时，要注重研讨课程教学的信息反馈制度的构建，可以以召开研讨会、撰写经验总结、鼓励申请教改课题等方式，逐步汇集研讨课程的一手资料，为建章立制夯实经验基础，也为制度改良提供借鉴意见。

第三，在器物方面，要加大对法学专业研讨教学人力、物力、财力的支持力度。大力开展教师培训，除了要求教师了解自己所传授知识的内容以外，还要培训教师选择何种方式和技巧进行知识的传授、如何进行课程设置、如何推进课程进度等，以免教师不懂得适时地变化传授方法以适应不同学生的个性需求。在物质保障方面，可根据研讨课小班教学的模式建设专门的研讨教室，配备多媒体设备，如，圆桌教室或者小型会议室等。同时，要求在预算方面必须为研讨教学划定特定的款项，并且做到专款专用，必须用于研讨教学的师资培训、物力投资以及教学活动经费需求等。

2.针对新生开展适应课程模式的研讨课

新生教育是法学教育的重要环节，虽然我国法学教育并非一种精英教育，而是某种意义上的通识教育或者职业教育，但是除了职业技能培训之外，无论什么模式的法学教育均要求法学专业学生必须具备相应的法律思维和学生综合能力（包括资料查阅、分析问题、口头表达、综合运用）等，所以对法学新生进行法学思维模式的训练是必需的。除此之外，法学本科学生多是通过高考后直接进入大学学习的，对法学专业的选择很大程度上都是盲目的、随机的，存在对法学学习完全提不起兴趣、有兴趣却不知道法学是什么或者法学该怎么学等一系列问题。这都要求必须为法学新生开办适应型法学研讨课，从而激发学生的学习兴趣，更直观地展现法学专业的学习内容，更有效地将学生循序渐进地引入法学知识的殿堂。法学新生适应型研讨课的设计可分为以下五个方面。

（1）新生教育的目标人群

新生教育课程对象特定为法学专业本科一年级学生，适应性研讨课本身即为这样的一批学生量身定做，来帮助学生从惯性的应试教育、标准答案环境向松散的、专业性的、多元的学习环境过渡。

（2）新生教育课程开设主体

开课主体限定为各高校具有较高学术造诣的教授、专家等。从国内外经验来看，开课主体均是如此。这样的学者本身对学生具有很大的吸引力，辅之以大家深入浅出的讲解、博学多识的累积和生动丰富的阅历，很容易引人入胜，可以做到真正的育人而非单纯的授课。

（3）新生教育课程人数

课程人数最好限定为30人以下，但可根据师资和学生情况略有调整。如，哈佛大学研讨班人数为12人；加利福尼亚大学为15人；普林斯顿大学则要求各课程根据自身特点自由设定，但多数在30人以内。小班教学是保证充分互动的前提，但是作为适应型研讨教学也可以不必像专业型研讨教学那般严格。比如，可以通过对社会热点问题讨论的形式，帮助学生认识社会问题的多因性，再探讨法律之于社会问题解决的作用等，来促进学生对法学专业的认知。这类内容的课程没必要开设整整一个学期，例如，可以设计为6个课时，分3周开展课程，每10～20个学生为一个研讨班，每周1个主题，这样可以很多研讨班同时开课或先后轮流开课。如此设计既可以保障适应型研讨课目的的实现，也可以保障学生的充分参与。

（4）课程推进宜采用互动模式

教师首先布置一定的话题，该话题内容不宜过于专业化，也不宜过于浅显，最好是结合法学教育或者社会上的热点问题展开讨论，同时应当选取具有较强综合性的话题，尽可能包罗万象，同时也要避免歧义性言论。这样的话题一方面可以锻炼学生的多方面思维能力；另一方面也可以保证学生都有话说，以此打开学生的话题，引起学生的兴趣，启发学生的思考。选取好合适的话题后，教师对相应的话题进行问题设置，如，针对某一社会热点问题可以进行原因分析，可以要求学生提供解决问题的建议，可以请学生思考法律在相应问题中起到的作用等。要提前布置给学生相应的内容和问题，使其提前进行准备。在课程过程中，可以采取交叉提问、分组讨论等方式。最后，教师必须要进行一定的点评，此画龙点睛之笔既是实现认知型研讨课教学目的的关键所在，也是学生实现自我肯定和进一步改进的有效途径。

（5）研讨课程保障方面必须予以重视

在师资方面，既可以由在校教师来完成，也可以由已退休的教授、机关工委老师等来完成，充分利用学校资源，调动各方积极性。另外，在师资方面可以给每位老师配备 1 ~ 2 名助教，硕士研究生或博士研究生即可完成相关工作，辅助教师进行内容收集、问题设计、课前布置、课后答疑等工作。这样的师资配备既减轻了在校教师的工作压力，也充分发挥了"老中青传帮带"的作用，对于学校师生的深度交流和感情建设都是非常有益的。

3. 以学生为中心展开专业课程模式的研讨课

研讨课教学模式本身是一种借鉴和移植的教学模式，若想在专业教学中发挥研讨课的优势作用，可以采用比较研究的方式，通过借鉴他国相似背景高校的研讨课教学经验来构建属于自己的研讨课程体系。其中，在国外比较有代表性的即是牛津大学的研讨课教学活动，而国内比较有代表性的即是清华大学的研讨课教学活动。

（1）课程内容的安排

这一点是专业型研讨课和适应型研讨课的关键区别所在，也是理论型研讨课和实践型研讨课的划分依据。一般来说，专业型研讨课和适应型研讨课的区别就在于对专业学术基本功的要求不同，若适应型研讨课是以帮助学生适应法学教育、理解法律的作用、激发学习兴趣为目标，那么专业型研讨课则是以培养学生的法学职业思维，提升学生分析和解决现实问题的能力作为目标。目标的不一致则要求对话题内容的选择必须要有所区分。适应型研讨课的话题可以多选用当下热点话题，不宜太过复杂，以启发式为主。而专业型研讨课的话题则要尽量专业、更学术、更复杂、更具有现实意义，一般根据内容可以分为"学术专题""社会热点""系列问题""案例解析"等。除了"学术专题"的内容侧重于法学理论研讨以外，其他的专题均更侧重于法学实践能力训练，是一个从提出问题到分析问题再到解决问题的一整套的法学思维锻炼过程。所以，研讨课内容的设计是研讨课成效的关键所在。以研讨"多元纠纷解决机制"为例，则可以在理论上完成"诉讼是纠纷解决的一种方式"的认知教育，在实践上可以罗列出多元的纠纷解决办法，从而给法律人提供一种思路，即纠纷的解决并不是以诉讼为唯一的方式，通过对各种纠纷解决方式的优势及劣势的比较性探讨，在纷杂众多的解决方式中选择最利于己方的最优方案的原则和方法，进而实现当事人利益的最大化或损失的最小化。这样的研讨课事实上就是一个法律人综合思维、全面思维的锻炼过程，所以内容的设计对于学习效果的取得具有非常重要的作用。在专业研讨课程中，一定要选取综合程度高、在本领域内或社会范围内热议并与法律学科密切相关的内容，以此来实现专业研讨课辅助理论认知和锻炼学生能力的目标。

（2）课程同步设置

一般要将研讨课程与同门讲授课程结合起来，并在考核中合并考查，以此来保障研讨教学的质量。这样就可以通过在考试题目中设置对研讨课的相关问题进行论文创作的形式来实现理论的更深化教育，或者理论与实践的结合。也可以以此来告别法学教育只考查知识点而不考察法学思维和法学功底的应试模式，把法学学生培养成为有知识、有能力的复合型人才。

（3）师资配备要求更专业化

如果说适应型研讨课的教师要选择综合造诣深厚的法学大家，那么专业型研讨课的教师则要求是精通本领域的法学专家。适应型以广度见长，而专业型以深度见长。虽然在专业型研讨课方面也可以由助教进行协助，但是其对教师的工作要求明显提高，不仅要求教师认真甄选课程内容，而且要求教师课前对相关问题进行深入的思考和研究，甚至在必要的时候要有相关专业其他教师或者实践部门人士的参与，诸如，律师、研究员、设计师、会计师、清算师、经理、公关部门官员等，"术业有专攻"在专业型研讨中体现得最为明显，而这些人员参与到课程当中是需要在课程计划中事先进行设计的。

（4）研讨推进方式

在专业型研讨的推进中，可以采取不同于适应型研讨的形式。如，采取轮流主讲的形式，由固定的小组或者个人在课时时间内轮流主讲，主讲发言人承担选题、启动、衔接、总结研讨课的基本职责，其他人包括教师均可以交互提问或进行讨论。也可以由教师担任主讲人的角色来推进研讨课程的程序。相比较之下，选择学生主讲的形式更好一些，这是因为：①可以减轻教师准备课题内容的压力，每个学生每学期最多准备一个内容即可，但如果全数交由老师准备则压力过大，难免会出现粗制滥造的现象。②也可以最大程度地发挥学生的主观能动性，汇集大多数人的智慧，使研讨内容的全面性得到更大的保障。在这个过程中，教师作为一个把关者，可以为主讲学生的选题、问题设计等进行把关审核。同时其也是一名参研者、研讨共同体的成员。这样可以充分依据学生个性设计学习内容，更彻底地摆脱"讲解—传授"的模式，使教师也可以平等地参与到学生主持的话题当中去。这对于法学教学改革而言也是一种全新的探索，甚至可以邀请多名教师或其他专业人士一起，形成一个学生和教师共同参与的研讨共同体，促进智慧的深度碰撞。

　　总之，研讨课对于法学学生的意义是重大而深远的。无论是对于学习兴趣的激发还是法学样貌的认知，无论是对于理论知识的拓展还是实践思维的锻炼，研讨课均可以发挥其他实践教学形式无法比拟的优势作用。它是一种综合的教学模式，不会过分偏重于讲授式的理论教学，也不会过分偏重于动手式的实践（如，诊所），这种综合的方式恰恰是我国法学教育最应追求的集理论与实践为一体的教学方法。

三、诊所式实践教学解析

（一）诊所教育的背景

　　法律诊所教育是 20 世纪 60 年代在美国法学院兴起的一种法学教育新模式，它借鉴了医学院诊所与临床实践的教学模式。诊所式法学教育模式源于美国，而美国的法学教育模式相继经过了学徒式教学、判例教学、诊所式法律教育三个阶段，诊所式教学方法最终得以确立是因为其内在的价值和优势。它诞生于贫富差距日益分化的背景之下，来源于法律人的社会正义感，也通过这种形式达到了职业技能训练和职业道德训练的职业教育目的，可以说是一举三得。然而，在与我国法治背景相似的法国、德国等大陆法系国家却很少听闻法律诊所教育的声音，所以在诊所式教育引进之时，人们也不禁开始考虑诊所式教育是英美法系还是大陆法系的；不同的教育理念和教育目标是否允许这种高强度的实践模式的存在；诊所式教育在中国会不会发展成画虎不成反类犬的窘态等问题，这些都是法律诊所教育本土化过程中所必然面临的问题。舶来品只有经过本土的吸收才能正常地生长，避免在诊所教育中出现蝴蝶效应则是诊所教育本土化的重要课题。

　　诊所式教育之所以在中国得到确认和推广，是一种选择与被选择的结果。诊所教育之所以能够在中国落地、生根、发芽、结果，是因为其教育模式的内在价值起到了极其重要的作用，也就是人们常常论证的诊所教育的价值和意义。除此之外，诊所教育与其他实践教学方式相比较的优势也是其被选择的重要原因。

第一，沿袭最久的法学实践方式便是毕业实习，虽然学生确实可以到司法机关、律师事务所进行学习和锻炼，但实习生所从事的工作多是些送达、记录等非专业性内容。通过实习，学生最多只能熟悉法律职业的工作流程，因为多数实习单位因业务压力及对学生缺乏实际工作能力的不满，对学生的实习疏于指导，从而严重削弱了实习的教育意义。

第二，在法学实践教学中，风行全球的案例教学方式一直被当作最重要的教学方法。但是案例教学中所采用的案例都是已知的或虚拟的案件，事实和证据都被确定在一定的范围内，而且最后一般都有一个所谓的标准答案，难以培养和训练学生的实际操作能力。案例教学忽视了影响法律实践的社会事实，它并不能代替学生的亲身法律实践。也正因为如此，法律诊所教育便在比较中应运而生了。

（二）法律诊所的多元化与本土化建设

在重新勾画的法学"嵌入式＋集中式"实践教学模式中，应当明确诊所教育的位置和功能，这样才更有利于进行整体性的布置和设计。诊所式教学和专业实习最具有可比性，诊所教育和专业实习具有内在的一致性，二者均属于实践教学的教学方式，且综合程度比较接近。所以，在诊所教学的引进过程中也有人提出以此取代专业实习，作为学生综合实践能力培养的方式。按照这样的建议，法律诊所教学的重要性要远远排在实习之上，其位于"嵌入式＋集中式"法学实践教学能力培养金字塔的最顶端。而事实上，诊所教育本身的定位不应过于高端，应当在诊所教育中正确看待理论和实践的关系，将诊所教育定位在"嵌入式"实践教学设计中，遵循其最初的追求，即"培养学生的职业技能、职业伦理，服务于社会公益"，在掌握人文教育、知识教育的基础上以诊所的形式扩展学生的能力。因此，诊所教育在设定的实践教学模式中应当侧重完善以下三点。

1. 诊所课程的主体设置

法律诊所课程的设置应当以学生能力为本位，以诊所类型为依托。按学习的内容可以分类别涵括劳动者权益保护诊所、消费者权益保护诊所、公益诉讼诊所、社会弱者权益保护诊所、妇女权益保护诊所、公民权益保护诊所、环境法诊所、民事诊所、社区法律诊所及综合性法律诊所等；按照学生能力的培养需求构建包括会见技巧、咨询技巧、事实调查技巧、法律研究技巧、调解技巧、谈判技巧、诉讼技巧等内容的诊所理论课程，以及在系统的基础性技巧培训之后，学习与亲自来中心求助的当事人接触、会见、咨询、代写法律文书甚至代理诉讼与非诉讼案件等。学生的所有活动都将在诊所教师的指导下进行。除此之外，教师还可以综合利用所建立的实验平台，通过分组讨论、定期个案指导、跟随诊所学生旁听案件审理等方式，在仿真训练等平台中训练学生熟练运用律师技巧的能力，提高学生对法律职业道德的理解。另外要提的一点是，也许各种技巧类课程的学习均可通过程序法教学或者观摩、案例分析等方式进行一定的涉猎，但法律谈判实务内容则无法在传统的学习中得到涉猎，必须单独设立该门课程。

律师的工作就是谈判，这句话充分道出了谈判能力对于法律工作者的重要性。现在的中国正在努力探索多元纠纷解决机制建设，律师等法律工作者势必在将来的纠纷解决中扮演更加重要的角色。由此，学员的谈判能力问题将成为纠纷解决成败的关键所在。所以，在法律诊所课程设置中必须首先加入法律谈判课程的设置，具体教学方案可以设计为谈判学及谈判技术、谈判心理学、谈判基本原理、诉讼与仲裁谈判、贸易实务谈判等。以促进学生把握不同类型谈判的注意事项、注意谈判对象的心理变化等，通过这样的实验课程增强学生解决实际问题的综合能力。

2. 建立多元化的诊所类型

诸多因素决定了诊所类型的多样性，对于诊所类型的选择和运作则是诊所教育所要构建的第一步。

第一，人们对诊所的认识也是不统一的。在有些人看来，只有具备"真实当事人要素"的诊所才是真正意义上的诊所式教育，否则都是伪诊所；而另一部分人则认为应当把以分析解决案件的方式培训、律师职业技巧及职业道德的教学行为均视为诊所式教育。所以，在广义上，诊所式教学可分为：①虚拟的法律诊所，即从头到尾均不存在真实的当事人和真实的案件，是一种纯粹模拟的实验教学模式，并辅之以教师的专业技巧指导，但是由于学生并没有身临其境地处理案件，所以此方式究竟是否属于诊所式教育仍备受争议。②真实当事人法律诊所，这种诊所模式也被称为校内的真实当事人诊所，是指依托法律院校，通过与真实当事人的接触、解决真实问题的形式来培养学生成为理性的、具有责任感和职业技能的执业律师的诊所模式。需要强调的是，所谓校内真实当事人诊所要求设立在法律院校中，并不是指场所一定在校园内，其本意是指以法学院为基础，诊所的管理和指导都依托法学院校聘任的诊所教师等来完成。③校外实习诊所，又称为校外真实当事人诊所，其区别于校内真实当事人诊所之处在于校外实习诊所是将学生指派到校外某法律实务部门，在有经验的法律工作者的指导下，参与真实的法律实务并获得学分的教学模式。这种模式不必高校花费大量的人力、物力来建设诊所平台，只需要与已有平台建立合作关系即可达成，但缺乏对学生的直接管理和监督可能成为此种模式发展的一个难题。④街道法律诊所，也可称之为社区诊所，此种诊所是指通过学生深入街道、社区、学校、监狱、青少年法院等场所，运用角色模拟、庭审模拟、案例讨论以及讲座等方式讲解、传授法律知识，为弱势群体提供法律帮助的模式。

目前在我国各高校建立的诊所中，大多是以校内及校外真实当事人模式开办的法律诊所，即指那些要通过与真实特定的当事人的接触来实际解决真实问题的诊所培养模式。这样定位诊所模式可以有效区别于法律援助、法律服务、普法宣传等。针对不特定人的社区诊所，也可以区别于纯粹实验模式的模拟诊所，因为在我国已经有其他形式的实践教学或者实践活动在从事相同的事务，如，法律援助社团的活动、模拟仿真实验课程等。

第二，我国各高校在不断探索中形成了多元化的诊所实践经验，但也存在一定程度的一致性。我国的诊所多以真实当事人和真实案件为实践对象，以学生法律援助机构为平台，通过法律咨询、纠纷调解、诉讼仲裁等活动，在为社会服务时培养学生的职业责任感和职业技能。于是，有人将我国此类诊所的设立模式概括为：①内置型，即诊所载体依托法学院，成立法律援助机构等作为诊所教育的平台，通过教师的指导以及学生免费提供援助的形式实现诊所教育的目标；②外置型，即以法学院系之外的机构为依托，在非教师身份的法律从业人员的指导下直接从事法律服务工作，完成代理事务的模式；③模拟型，即通过教师带领学生进行法律实务模拟训练来达到学习职业技能、提升职业道德的目的。其中，内置型诊所设立模式应用得最广泛，也是最能锻炼学生能力的一种模式。除此之外，我国的诊所还有诉讼型与非诉讼型、综合型与专业型、校内与校外等其他标准的划分方式。从以上划分当中可以总结出，我国的诊所式教育类型正呈现出多元化的发展趋势，正在创造更多的条件建设内置型以及外置型的真实当事人诊所，并建立起了多功能、多类型的诊所模式。另外需要明确的是，一所高校建立的多类型诊所应当服务于统一的管理，资源共享，形成主题多元的总体综合。同时还要求各所相互独立，分别运行，既要保障有效的统一性，又要保障适度的独立性，以此来解决只有少数学生才能参与诊所学习的状况。

3.法律诊所教育本土化建设

本土化要求创作出适应本土生长环境的诊所教育。针对诊所教育出现的现实困难，要做到以下五点。

第一，建章立制，赋予法律诊所学生适当的办案身份。若诊所的学生以职业律师的身份出现在庭审之中，似乎并不符合规定；若以公民代理的身份出现，则又违背学生法律援助的公益性宗旨；若以法律服务工作者的身份出现，则没有得到相应司法部门的认可。所以，应当建章立制，将诊所学生统一纳入司法局管辖的法律援助组织当中，由其出示相关推荐信函，来赋予诊所学生代理案件的合法身份。

第二，加大投入力度。无论是诊所教育的配套实验室，还是诊所学员的相关培训，最主要的是诊所教育的师资配备。建设独立的诊所教师晋升机制和经费补贴办法，在师资上保障诊所教育的多元和高端。保障指导教师能力多元、知识结构多元、社会经验及生活经验丰富等，以达到高效教育的目的。

第三，建立诊所课程的评估体系、授课标准，尽可能地克服诊所教育可能出现的随意性问题。对此，不能刻板地套用传统评估模式的考评制度，不能以标准答案确定分值、以考试成绩决定效果，而是要建立全面的、主客观相统一的、新型的评估标准。

第四，与法律援助等校外社会实践工作紧密结合。法律援助、法律咨询、普法宣传、社区矫正等与法治建设相关的活动均可纳入诊所活动当中，这样可以拓展诊所教育的内涵。它不仅仅是面对当事人的诊断、代理，更是肩负起一种社会责任，以进一步实现教育的目的。一定要明确诊所式教学仍旧是教学活动而非实践活动，学生实践固然是诊所教育的重要部分，但是也不能偏废其他方面，尤其职业道德方面的建设。所以，应使教学与实践完美结合，实现诊所教育的目标。

第五，多渠道扩展诊所经费来源。一方面，可以通过社会捐赠、基金、拨款等各种方式建立诊所经费库，为诊所学员开展援助活动提供必要的经费保障。另一方面，诊所要特别注重本身的形象声誉，以出色的公益服务援助活动获得更优的口碑，进而为获得更多的经费支持打下良好基础。诊所式实践教学犹如沙滩上的珍珠，经过广大中国法学教育者的甄选而进入人们的视野，其与案例教学、模拟法庭、专业实习和其他法学学生的实践活动共同组成了我国法学实践教学的多元方式。其中，在实验教学的环节中，它与实习一样处于"虚拟、模拟、仿真、实践"模式的顶端，同属于实践的方式。即使诊所式教学定位在"嵌入式"环节之中，它也是循序渐进过程中的最顶端。虽然在运作上存在着这样或那样的问题，但是我们有理由相信，诊所式教学会成为实践教学的中流砥柱，诊所学员也将成长为维护社会公义的战士，在法治公平的推进中扮演越发重要的角色。

四、课外实践形式的解析

多彩的课外实践活动其实也是进行法学实践教学的重要平台，作为法律职业技能、职业伦理锻炼的辅助手段，其一般包括法律咨询活动、法律援助活动、普法宣传活动、社区矫正活动、辩论竞技活动等，这些活动有的可以作为专业实践教学课程的补充，有的可以作为校园文化建设的重要部分。其中，法学课内实践教学最为重要的补充形式就是法律援助活动。我国法律援助工作的自我定位既是政府保障公民合法权益的应尽职责，又是全社会和法律服务者应该关心的社会公益。所以，在积极设立以司法行政系统为主体的国家法律援助中心的同时，也应努力调动各种形式的社会力量开展力所能及的法律援助工作。

（一）法律援助作为实践教学补充的特征

鉴于法律援助活动在以政府法律援助机构为主导，以民间公益组织为补充的中国法律援助模式的指导之下，各高校法律院系充分利用知识优势，纷纷成立法律援助机构，致力于解决法律援助和法学实践场所的供需矛盾。目前，我国高校法律援助机构呈现出以下特点：

1.灵活性

与政府法律援助机构相比,高校法律援助机构的运作机制更灵活,具有民间社团的性质、雄厚的知识实力以及非营利性的公益性特点。除此之外,在筹集资金的渠道上也体现出多元和灵活的特点,其不依赖于政府的拨款,可以从各种渠道获得资金支持。

2.人才优势

与其他社会团体法律援助机构相比,高校法律援助机构更具有人才优势、知识优势,其由有经验的专家教授和热血的学生共同组成,他们所富有的纯洁风气、正直无私、崇尚公正的形象使高校法律援助机构具备更好的口碑。

3.与高校法律诊所之间存在紧密的关系

在某些情况下,高校法律援助机构既包括诊所,也包括高校法律援助社团,高校法律援助机构仅指法律诊所以外的机构。在严格区分的情况下,高校法律援助社团可以有效地补充法律诊所教学的不足。社团会员与诊所学员几乎可以从事完全相同的活动,但法律援助社团可以弥补法律诊所教育受众小的缺憾,因为社团具有开放性特点,可以吸纳更多的人成为其会员来参加各种法律援助活动,帮助社员累积一些法律实践经验。考虑到法律援助社团与法律诊所的关系,更觉得法律诊所是法律援助社团的进阶版。学员可以从社团中选拔较困难的案件交由更专业的诊所学院处理,法治宣传、社区矫正等公益服务类活动则社团和诊所均可开展,甚至可以联合开展。如此看来,若诊所是精英式的实践型人才教育,则社团是大众化的实践型能力锻炼。二者互相配合,一个作为补充,一个作为提升,促进二者之间的相互交流可以使诊所教育的受众通过民间的形式实现扩大。这既可以减轻教师的工作负担,又可以切实达到诊所教学的能力目标,课外实践活动的补充作用在此发挥得淋漓尽致。

(二)法律援助作为实践教学补充的困境

1.法律援助的根本意义

法律援助的本位系公益事业,社会效果是其追求的首要价值,而法学实践教学的效果系属法律援助的附加效果,其教学价值的认识并未得到足够重视,所以法律援助机构的管理机制不健全,基本上仅能获得各高校学生处、团委、教务处或者相关院系的一定支持，却无法得到司法行政机关的指导和帮助。法律援助工作的开展无法与正规政府支持的法律援助事务接轨，浪费了大批的人才资源。

2. 法律援助服务质量低下

虽然高校法律援助机构的组成人员具有强大的知识优势，但更多的是纸上谈兵，经验不足，所以在处理法律援助服务事项的时候展现出一种心有余而力不足的窘迫。

3. 法律援助服务案件数量不能满足社会需求

一方面是学生办案能力有限，无法得到当事人的充分信任；另一方面则是受制于经费、人员稳定性等因素，高校法律援助机构不能充分发挥作用。如，办案经费不足，这直接导致高校法律援助机构放弃了一些应该办理的援助案件；同时，办案人员流动性极大，每个办案人员加入法律援助机构的收益均在个人学习需要上，当学生经过培训或一定锻炼而达到一定水平时经常因为就业、升学等因素而离开服务机构，所以高校法律援助机构更像一个培养人才的"孵化器"，既无法完全实现人才培养的目标，也无法达到法律援助需要的高标准。

（三）法律援助活动发展的完善

针对法律援助活动所存在的问题，可从以下三点进行完善。

首先，促进司法部门法律援助中心对高校法律援助机构的指导和管理。针对高校特点进行有效的管理，推动高校法律援助机构的发展。除了与当地司法行政部门的合作外，还要促进法律援助机构之间的合作交流，包括与非高校法律援助团体和其他高校法律援助团体之间的合作，彼此订立合作协议，交流经验，实现资源共享。这不仅可以促进各自办理的案件质量的提高，还可以在异地办案的情况下缩减开支，避免人力、物力、财力的不必要浪费。

其次，注重法律援助服务的培训工作，把法律援助服务场所作为实践教学科目进行指导，提升法律援助质量，把实践教学和理论教学有效地结合起来。

最后，优化人员结构，建立一定的激励机制。高校法律援助服务人员的过分流动性使得学生犹如走马观花般在机构内飘荡一回，无法真正学习到实用知识。所以，优化高校法律服务机构的人员结构，保持一部分稳定人员的存在是很必要的。一方面，这些人可以作为学生进行法律援助的导师，系统培训学生的办案能力；另一方面，这些人可以切实地解决一些案件，实现法律援助的最原始目的，提升高校法律援助机构的口碑。另外，对于积极参加法律援助服务的学生给予激励，稳定其积极性也是很必要的。

除了法律援助活动之外，各高校还应当积极引导和鼓励学生参与法治相关的实践活动，包括扶植法学实践类社团的建设，支持该类社团开办学术讲座、学术沙龙活动等。

五、毕业实习解析

当前，对于毕业实习的计划和安排，各高校普遍采取集中实习和分散实习相结合的方式，并且致力于扩大集中实习的比例，尽可能地促进更多的学生切实投入到实习当中去。这两种实习方式各有优缺点，也各自面临着不同的现状和难题。虽然各高校因自身地域及自身质量的缘由，存在困难的程度并不相同，但全国各高校中所存在的困难类型具有极大的相似性。

（一）在教学计划中明确实习的地位

首先，各国对于实习的认识不一，有些大学将其视为必修课之一，给予高度重视，如，大陆法系的德国。尽管存在职业准备阶段的实习，但是很多著名的法学院仍坚持将法学专业实习纳入必修课范围之内，如，德国的汉堡大学；而英美法系的国家则对是否将实习纳入学分管理、是否将之划定为必修课程存在多样的做法，如，耶鲁大学法学院在其教学计划中把实习计划列为选修课，纽约大学法学院则不把实习计划作为独立课程而只是视为一种教学模式而已。英美法系国家存在这样的做法并不是忽略专业实习的重要性，而是由于其判例法特点以及案例教学法和法律诊所的广泛应用，使得专业实习的功能在其他形式的实践教学方式中得到实现。

但是在我国，必须清醒认识到实习依然存在其独立而深刻的价值。并非如判例法国家一般，教学从始至终都以判例为中心、以判例应用为核心。如果说英美法系国家的法学教育是一种从始至终的经验式教育，那么它的教学环节的分分秒秒都是一种实习。而法学教育在重视经验之前更注重对成文法逻辑的理解和掌握，进而才是应用。所以，教学就不会出现从始至终的应用型锻炼，尽管在学习的过程中会穿插认知型和技能型实践教学环节，但是实习作为法学学生综合实践的最后环节，是一种从认识到实践再到认识的第二次质的飞跃，所以在实习的地位方面必须将其提升到必修课范畴，并把保障实习质量作为一切制度设计的核心所在。为了规避由于就业、升学等压力所带来的实习形式化道德风险，必须把其放在必修课学分管理体系范围内，在地位上明确其重要性，在根本上建立实习的质量保障意识。

（二）在教学管理中构建配套实习制度

1.灵活处理实习的时间安排

如，德国汉堡大学法学院将法学本科实习分成两个阶段，即入门实习和深入实习，由学生在假期里完成，分别设计为 4 周和 9 周。而我国大多数实习的时间安排存在着重大问题，实习时间与升学、就业、司法考试等时间安排严重冲突，致使传统毕业实习质量无法得到保证。原本合理的毕业实习时间是设计在第六学期结束的暑假，这个时间学生已经完成主要的专业基础课和主干课的学习，距离就业和升学也还有 1 个学期的准备时间。而现在由于国家统一司法考试已向在校学生开放，并且时间安排在第 7 学期开学的 9 月份，这样大部分的学生在第六学期暑假都在全力复习司法考试，而现下司法考试的通过率是决定学生甚至法学院校命运和评价的最重要指标，所以第六学期暑假的实习时间变得不再合理。很多院校无奈地将时间顺延至司法考试结束后，从 10 月到第七学期期末前都是实习的时间段，可是这段时间恰好与研究生入学考试以及就业高峰期相互冲突，如，9 月份过后各大银行的招考、部分省份的公务员考试、大型企业的招员等都在陆续进行，而研究生入学考试就在第七学期末的元旦过后，如此的时间安排越发加剧了实习形式化的风险。对于选择考研和全力找工作的学生，学院并不能以牺牲就业率、升学率为代价强制学生实习，所以分散实习甚至虚假实习变成了这批学生的常态，能够坚持集中实习的学生不到总人数的 1／4。

所以，要对实习采取"化整为零"的时间安排，借鉴国外分段实习的方法，并以教学计划等与实习安排进行高度结合。这既可以解决实习的时间问题，也可以更大程度地促进实习的全面性。其具体可设计为以下三个阶段。

（1）第一阶段的专业认知实习

认知学习即学生在 1 年级结束的暑假里进行入门实习，这段实习的定位是认知型实习，这就要求教学计划随之有所调整，如在 2 年级下学期开设刑法及刑事诉讼法，可以选择安排学生在检察院或者法院的刑庭进行为期至少 4 周的实习，这样至少在实习安排时可以保障实习学生对诉讼法和实体法的结合有一定的认知能力，并以此类推于民事审判活动。之所以这样设置，一方面是因为民事法律的繁杂庞大，对基础理论的要求过高；另一方面是因为实习基地仅限于法院，无法在短时间内贯通学习。所以，要以刑事方向为切入点，在教学过程中加入观摩法和案例教学等方式，再以暑期的实习促进法学学生对法学知识的入门认知。

（2）第二阶段的专业技能实习

可以设计安排在第二学年的暑期进行，在教学计划安排上应当保障基本完成民事实体和程序主干课的讲授，也就是说，可以余下诸如知识产权、国际法、行政法等课程在第三学年进行学习，第二学年主攻各民事课程，这样就可以在第二学年的暑假开展大规模的能力型专业实习。可以说，现实生活中大量的案例都是民事案件和刑事案件，在第二学年进行综合实习，学生已经具备了足够的知识储备，无论从认知上还是从能力培养上都要求一个综合性的实习来促进法学学生对知识的掌握。也就是说，这次实习是相当于传统毕业实习的功能作用而存在的，所以对于此阶段的实习必须以集中实习为原则，确保每个学生的实习。

（3）第三阶段的职业认知实习

职业认知实习阶段的实习安排在第六学期期末前的最后 4 周，这个时间安排要求教学计划随之有所改动，将课堂教学时间压缩 1 个月作为实习的专用时间。这种压缩本身并不是要缩减课堂教学时间，而是通过增加单周课时的形式完成教学任务。此种安排的实行可能在于第三学年所授课程的特殊性，一般第三学年的课程安排多是出于帮助学生构建完整的法律知识体系而开展的扩展提升型科目，如《知识产权法》《经济法》等，很多时候这些法律知识的基本法理与民事法律相通，而诉讼法知识是与三大诉讼法共用的，所以学习内容不具有根本性的难度，在体系架构完整的情况下，以上科目的学习仅是一种知识性的学习。另外，安排在第六学期的课程数量往往也是极少的，公共基础课已经全部修习完毕，上述主干课科目也是有限的，所以增加每门课程的每周课时以压缩出实习时间是完全可行的。这 1 个月的时间安排首先考虑了保留完整的暑假司法考试复习时段，同时考虑了毕业实习对职业规划和毕业论文选题的影响，是一个兴趣优先的实习科目。在第三阶段的实习中，学生在完整学习法律知识后，根据各自的职业规划选择实习单位进行职业前的职业认知实习，一方面可以通过对职业方向的接触帮助学生完善职业规划认知；另一方面也可以在实习中明确各自的升学方向和毕业论文的选题。本阶段的集中实习不再局限于专业的认知或者专业技能的提升，而是将目光锁向职业，更具有针对性和实质意义。

如此三段式的实习计划可以保障至少总量4个月的实习时间，并且以三段式的整体完成来构成整个实习学分，从而在制度上保障每段实习的落实。

2. 实习方式选择的多样化

在国外，大多法学院对法学专业实习采取的是一种学生自主选择的方式，他们认为专业实习环节不同于理论教学环节，学生的自主性应当发挥更大的作用。首先，赋予学生自主选择权可以克服强行安排的弊端，可以避免挫伤学生主动投入实践的积极性，也可以避免妨害学生个体优势的发挥。其次，招生规模的扩张速度远远超过实习基地容纳能力的扩张速度，全体强制安排实习具有现实的困难，所以学生自主选择实习的模式正走向大众化、普遍化。在实习中，法学院大多扮演机会提供者的角色，如，耶鲁大学法学院就设有为法学院学生提供实习机会的基地。

而在我国，存在以下三种典型的形式：①统一组织、定点实习的统一组织形式，也称为集中实习方式，该种形式下学生的自主选择权也是存在的，即学生可以在学校安排的实习单位中进行选择，但最终要服从学校的综合调配，这种模式往往只有实力较强的法学院校才会采用，因为这类院校可以保障充足的实习基地的提供；②自行联系、分散实习的自行联系模式，也有人称之为分散实习方式，这种模式完全取决于学生的自主选择，此种模式下学校无法提供大量的实习基地，进而需要学生自主寻找实习机会，所以这种模式极其不利于对实习质量的监控和把握；③自行联系和院系安排并存的混合模式，也叫集中实习和分散实习混合模式，这种模式目前存在比较普遍，在学校力量控制范围内最大限度地保障统一的专业实习，以保障实习的质量检测和效果评估，在学院力量所不及的情况下允许学生自主分散实习，以缓解院校实习基地不足的压力。同时，也需要配套政策保障该模式下学生的实习质量。

（1）三段式实习安排

在"嵌入式＋集中式"实践教学模式下的三段式实习计划中，应当采用各种方式综合选择的方式。对于第一阶段的专业认知型实习，可以采取完全的分散实习方式，可由学生返回其户籍所在地进行实习。这一阶段的实习目标并不具有很强的专业要求，所以完全可以通过学生的自主性来完成任务。此阶段与实习业务量少无关，在实习单位的氛围和语境中，通过与单位工作人员的接触和对社会纠纷的观感，仍然可以启动实习者的思维，促进其建立法学学习的兴趣和责任感。

这一阶段的实习需要在实习前做足实习者的动员工作，明确实习目的，充分调动法学初学者的学习积极性和兴趣。对于第二阶段的专业技能型实习，一定要以业务实习为主，以提高学生业务技能为目标。所以，最优的方式是采取统一集中实习的方式，但若院校能力不足，也可以选择混合型实习方式。此阶段必须充分保障实习的质量，配备专业的指导教师，发挥教师案例咨询指导和帮助学生提升为人处事能力的作用。首先，在思想和心理上，帮助学生认识到世界的精彩和世界的无奈，引导学生回归社会、认识社会，使学生毕业后更能够适应社会；其次，在业务方面，帮助学生把理论学习的内容通过实习进行检验，完成一次理论到实践的结合，教授学生业务知识，使其学会动手，提升操作能力，尤其帮助其学习课本以外的法学思维方法；最后，在职业规划上，也可以为择业提供有益的参考指标。教师一直都是学生求学路上的指路明灯，无论从专业上还是在人生道路上都是学生的前辈，所以第二阶段的专业技能型实习必须充分保障教师的配备，在思想上为学生把关，在业务上为学生排忧解难。至于第三阶段的职业认知型实习，则主要在于鼓励学生参加更多元的单位的实习工作。如果说在前两个阶段的实习中学生分别有机会进入法院、检察院等机构，那最后一个阶段的实习要侧重于其他与法律相关职业的涉猎，在方式选择上以学生自主为主，院校作为机会的提供者，根据学生意愿为其在实践教学基地或实验平台内提供实习机会，把实习场所尽量扩展至多元的律所、商事主体、公证机构等。

（2）仿真实习的运用

除了可以到实习基地进行实习的模式之外，还可以通过拓展仿真实验的形式来缓解实习基地的压力，同时达到实习的效果。如，律师事务所仿真实习、公检法司仿真实习、企业运作仿真综合实习等。

企业运作仿真综合实习是指通过构建模拟企业运作的仿真环境，让学生在仿真环境中运用已经掌握的专业知识进行企业运作的模拟演练，熟悉企业的运作。在这个过程中，最大的优势在于多学科学生的广泛参与，其中法律环境也是企业运作的重要环境之一。

在具体的建构上，可以选择将法律工作者角色加入其他专业的活动当中，如，在EPR模拟沙盘实训（EPR Simulation Game）过程中加入法律工作者角色的设计。

EPR沙盘模拟是针对一个模拟企业，把企业运营所处的内外部环境定义为一系列的规则，由参赛者组成若干个相互竞争的模拟企业，通过对模拟企业5～6年的经营，使参赛者在分析市场、制定战略、产品开发、营销策划、组织生产、财务管理等一系列活动中参悟科学的管理规律，全面提升管理能力。每组由总裁CEO、财务总监、财务助理（选加）、营销总监、生产总监、采购总监组成。

EPR沙盘模拟是集管理、会计、营销等各个专业为一体的企业仿真模拟训练活动，已经是一个较成熟且实效性评价较高的综合性实验平台，在这个平台上加入法学的元素则是构建企业仿真模拟中的法学实践教学的追求所在。具体可以加入法律顾问角色，在模拟企业从诞生到死亡的过程中加入一组人马，模拟企业设立的相关法律手续制作、模拟企业运行中合同风险审查、模拟企业在破产时的清算注销活动等。

加入法学元素的参与并不会破坏EPR模拟沙盘实训活动的完整性，相反会进一步地促进沙盘模拟中决策的全面性、科学性，加大法律与商事实务之间的接触。但是，这样的加入可能会造成EPR推进的难度进一步提升，使得EPR的评审规则不得不加入法律事务的考量，指导教师也不得不吸收法学方面的教师参与。可以说，这样的综合性实验平台的建设是一个浩大的工程，必须紧密配合才能达到完美的效果，进而促进商事学生和法学学生的综合全面发展。

该模拟实习形式对于综合性院校而言，是实现法学专业与商事专业的有机结合，将更有利于法律人才投入到市场经济建设当中去。同时可以弥补法学专业学生到企业单位实习的困境，以仿真模拟形式打破企业用人束缚。

3. 重构分散实习的条件和监管

以上的三段式实习计划允许分散实习的存在，但是对分散实习的条件提出了新的要求，也就是在不同的阶段，学生选择的分散实习场所必须符合相应阶段的目标要求。专业认知和专业技能实习阶段必须选择专业型的场所，如，公、检、法、司；职业阶段的实习则允许多元化选择。除此之外，必须加强对分散实习的管理和监督，如此才能保障实习的质量。建立实习效果测评体系并着重于对实习的动态监管是必要的，如，实习前进行申报审核、对拟实习单位进行介绍、拟订实习计划以及预期效果等；实习期间进行监管，包括实习简报的制作、实习照片及实习录像的保存、不定时地电话连线实习基地教师等，以多种方式促进对分散的实习过程的监管；最后要建立实习结束的考评，这种考评不应以简简单单的总结或者日志为对象，而是应当以具体的法律文书，如，在专业认知阶段撰写判决书、在专业技能阶段撰写案例分析报告、在职业认知阶段以毕业论文为考量等，如此可以有效地检验学生的实习效果，督促学生认真实习。在后续的工作中应当建立充分利用实习资料的制度，包括利用实习资料中的单位扩建实习基地、利用实习资料中的案例作为教学案例、利用实习资料中的学生心路历程来做实习动员等。

4. 毕业实习与毕业论文的结合考评

最后阶段的实习是以学生兴趣为导向的，所以在毕业论文的选择上应当做到学生在实习中明确毕业论文选题方向或学生根据选题方向而选择实习单位，只有这样才能保障实习与毕业论文创作的关联性，进而在这个过程中教会学生如何收集写作素材、如何为写论文进行准备、如何明确题目以及如何进行创作等。实习的过程就是学生在实践中发现问题，又以理论来解决实践中问题的过程，这才是促进再认识的必经途径。

5. 实习激励机制的构建

一方面要对优秀实习生表彰和奖励；另一方面要联合实习基地对校内外实习指导教师给予精神和物质的双重奖励。

6. 在教学配套中加强毕业实习的物质保障

（1）实习经费的投入

经费的短缺成为掣肘实践教学发展的瓶颈，无论是在实践教学配套建设方面，还是在实践教学活动的激励方面，离开资金的支持都是寸步难行的。

对实践教学的一次性资金投入也许还可以解决，但是对于维持实践教学的大量动态资金的需求确实使实践教学成为一个巨大的资金绞肉机。尤其在实习问题上，资金的影响是最大的，因为无论是在案例教学、观摩庭审上还是在模拟法庭、诊所式教育中，资金的投入往往是瞄准固定物资的建设，如，实验室建设、诊所建立等，流动的花费很少，所以只需要一笔固定的投入即可源源不断地享受收益，维持以上教学活动的费用几乎是可以忽略不计的。但是在一般情况下，接受实习生的单位都会收取适当的费用作为对实习生的管理费用，自建实习基地也需要一定的费用，否则实习活动根本就无法启动。除此之外，还要对实习生的差旅、伙食等给予补贴，也许这笔钱看似数目很小，但是庞大的基数也使得实习维持的经费需求远远超过拨付的款项，所以多渠道地对实习教学经费进行开源节流是各高校实践教学、实习教学必须要面对的重要课题。

目前，诊所式教学的资金筹措方式比较多，诸如，基金、社会捐赠、一定拨付等。但诊所式教学是小众化的精英教育并具有浓厚的公益色彩，所以很容易吸收社会资金，且花费也并不庞大。但对于实习而言，它是大众化的、普遍的教学形式，吸收社会资金的可能性微乎其微，所以主要努力方向应当在于与合作单位之间的协议，尽可能地以合作的形式转移部分压力到实习单位，另外要在拨付的实践教学款项中做到专款专用，切实使该笔资金有效激励师生投身实践教学、实践科研和实践学习活动。

（2）实习基地的保障

法学实践教学是一种"虚拟—模拟—仿真—实践"的模式，而实习和诊所式教学都是实践环节的重要内容，是实践教学体系金字塔的顶端。前面也提到系统的实践教学实验平台建设的最重要部分即是实践基地的建设，建立稳定的实习基地很明显是实习必须具备的场地和平台保障。市场经济体制改变了过去有关单位无条件地接受毕业生实习的状况，联系实习单位成为毕业实习面临的一道难题。而进入怎样的单位实习，实习单位能提供什么样的实习环境和条件，关系着实习质量的好坏及其预期目的的能否的实现。因此，必须建立稳定的实习基地以保证实习工作的顺利进行。在这方面，有的院校已有所尝试，通常采用的方式有以下两种：①与有关单位共建，在相互协作的基础上逐步建立起稳定的毕业实习基地及制度规范。如，选择工作性质与法学专业相符又需要学生帮助其工作的单位，如，人民法院，与其建立联系，让学生能在毕业实习基地完成毕业实习。②独立创建实习基地，即建立法律咨询中心、法律服务中心等，为在校大学生和社会提供无偿服务，也为法学专业学生的毕业实习提供稳定的场所。

实践基地建设一方面要求巩固和发展现有基地；另一方面也要求不断适应新形势，发展新类型的实践基地，以满足学生的多元需求。建设系统化的法学实践教学体系是一个复杂而全面的工程，这里将实践教学的目标定位为"服务理论教学，同时培养应用型、复合型法律人才"。在此目标指引下设计了一套"嵌入式＋集中式"实践教学模式，在理论学习的过程中嵌入案例教学法、观摩法、诊所式教学、模拟法庭以及法律援助等形式，促进实践认知的形成和实践能力的培养，同时以实习的形式集中对学生的专业认知、专业技能和职业认知进行教育，并为系统的实践教学模式设计了一套系统的实验教学平台，包括虚拟网络平台、模拟实验室、仿真实验室、实践基地等，希望以此促进大家对实践教学系统化建设的讨论和实践。

第三章 法学教学模式分析

第一节 国内法学教学模式概况

一、教学模式发展趋势分析

中国法学教育悠久的发展历程奠定了当代中国法学教育的深厚基础。同时，很多历史阶段的特定政策和措施也为法学教育沉积了一些问题，如何解决当前存在的问题，使法学教育更好地发展，适应国际法学教育发展的趋势，是我们的目标所在。因此，有必要对中国法学教育的发展趋势进行分析。

第一，教育形式和教育层次趋向单一化和高级化。应逐步取消法学成人教育、自学考试及其他培训体系，实行单一化的全日制普通高等教育，即教育形式的单一化。教育层次的高级化则指提高法学教育的办学层次。

第二，教学方法的多样化。改革传统的讲授式教学方法。案例分析教学法具有理论联系实际的特点，可以激发学生学习的积极性和主动性，有利于培养学生对法律的运用能力和解决实际法律问题的能力。而传统的讲授式教学有明显的不足之处，呆板、单调、乏味，难以激起学生的学习兴趣，影响学生学习的主动性、积极性，也不利于学生能力的培养。但讲授式教学也有其优势的一面，传授的法律知识更具系统性、体系化和严密性，有助于学生打下深厚的法学理论功底，有利于培养学生的抽象思维能力。所以，应当将两者有机地结合起来，使其互相补充。应该经常组织学生旁听法庭审判，参观监狱，到律师事务所、检察机关、法院和公安机关等部门见习。要加强模拟法庭教学法——这种方法以学生为主，强调角色分工和协作工作，注重实践能力的培养，方法直观，有利于提高学生学习法律的积极性和主动性。

第三，法学人才培养市场化。法学专业人才的培养应适应人才市场的需求，根据不同层次确定不同的培养方向，博士研究生培养可偏重于理论，培养人才主要以教学科研为主；硕士研究生教育不应局限于教学的条条框框，而应更多地注重科研能力、法律实务能力的培养，以全面适应社会；本科教育则应注重实践，理论联系实际。

第四，教育定位、教育制度和教学内容的全球化。中国对加入 WTO 后部分法律和制度与世界接轨的承诺给法学教育发展和改革提供了的契机和平台，这意味着法律全球化进程对我们法学教育的发展趋势产生重要影响。从法学教育的定位来看，中国法学教育的目标将从培养准法律人变为培养完全合格法律人，从培养国家法律人变为培养世界法律人；从教育制度方面来看，由于中国将教育服务作为贸易服务的一部分做出了部分承诺，我们的高等法学院校将会在人、财、资本、信息等领域与我们服务的市场和对象建立互动交流关系，我们高校自身的教师结构、知识结构、从业标准等也同时会与世界接轨；从教学内容方面来看，加入 WTO 后中国法学教育的内容将出现大陆法系和英美法系的融合趋向。

为了推动新形势下的中国法学教育改革，探索在法学领域贯彻教育部"卓越人才培养计划"的精神，提高法学教育质量，培养真正适应社会需要的高级法律职业人才，上海交通大学凯原法学院试办法学本科背景的全日制法律硕士特班（以下简称"法科特班"），为法学本科背景的法律硕士教育的专精化探索新的模式。

二、试办"法科特班"的背景和意义

人才培养面临着现实的困境：一方面，法科人才总体来说毕业生就业率非常低；另一方面，能适应社会需求的专业人才又十分短缺。上海交通大学凯原法学院是在这种背景下进行法律教育教学改革的一次有益尝试，旨在以通识教育和专业教育并重的理念办好法学本科的分类培养，注重对高层次法律职业人才培养。这一举措旨在建立一个较长时间、较高层次的法律职业人才培养机制，培养一批具有深厚法律功底、娴熟法律技巧、宽广国际视野的法官、检察官、政府公务员和其他法律精英人才。这一尝试充分利用现有的制度资源，实现法学本科教育与法律硕士教育在时间上的"无缝对接"，以及在体制上与教育部新推出的法本法硕的"无缝对接"，提供一种新的高级法律职业人才培养模式，这将在全国法律教育改革中具有示范效应，展现上海交大在法科人才培养方面的后发优势。

"法科特班"的基本定位和关键内容：所谓"法科特班"，是指凯原法学院法学专业本科生从第三学年结束后开始分流，依据学生前三学年的成绩积点排名以及学生的自愿报名情况，通过免试推荐和综合素质测试，择优选拔一定数量的优秀生源。从本科四年级开始提前进入硕士研究生阶段学习，以本硕贯通培养的方式让学生接受高级法律职业教育，包括本科阶段合计六年的连续时间获得法律硕士学位以及更好的就职前景。

相对于目前体制内较为便捷的"4+2"模式，"法科特班"避免了法学专业本科生第四年的粗放式实习的时间浪费，使高层次法律职业教育在时间上更好地得到衔接，在内容上更精深、更充实，并为实务训练以及海外名校留学或研修提供体系化的合理安排。这样的高层次法律职业教育的培养目的不仅有利于增强学生的就业能力，更为重要的是，要培养出真正具有国际视野的、适应 21 世纪国际发展新形势的高级法律职业人才。

三、试办"法科特班"的关键内容

（一）通过筛选程序保证优质生源

在试办阶段，特班的学生限于交大凯原法学院的优秀法学本科生，即法学本科生三年级结束后，凯原法学院依据成绩积点及综合素质测试，选拔 15 名左右进入特班，提前接受侧重于司法和涉外法务方向的高级法律职业教育。

（二）大力改进教学方法

进入特班后，采用统一的标准化教材和独特的教学方法，对主要专业课程采取专题研究、比较分析、逐步深化法律思维的教学方式，并加强对应试教育、判例研究、分组攻读切磋以及有计划、有步骤的实务训练。

（三）配备优秀的师资授课指导

特班的授课主要由凯原法学院内专业知识渊博、有实际经验、职业教育能力强的教师担任，某些课程可邀请校外一定数量的知名专家担任，特别是司法机关的学者型法官、检察官和律师。特班实行双导师制，除本院的教师担任导师外，还挑选一定数量的相关实务部门的专家担任导师，并安排到法院、检察院和高端律所进行为期半年的一对一指导的专业实习。此外，还适度安排与境内外名校之间的交换培养，或者提供到世界一流法学院留学的机会。

（四）按照国际化标准调整课程设置

大学本科前一年的课程设置与普通班没有区别，从第四学年开始直至硕士研究生毕业，形成独特的课程设置体系，大力采取对话式教学法和判例教学法，充分调动自主钻研和比赛绩效的积极性，注重法律理论知识的提升和实务能力的培养。

（五）提供体系化的职业教育专用教材

凯原法学院组织编著出版系列法律职业教材。在尚未正式编写出版前先筛选采用国内其他的优秀教材。此外，授课教师在备课过程中选编出经典文献和典型案例供特班学生学习时参考。

（六）重点推荐实习就业

重点推荐到相对高层次的司法机关、行政机关及其他高端法务部门实习和就业。凯原法学院在原有基础上进一步巩固与上海市高级人民法院和市人民检察院的合作关系，探索培养高级法律职业人才的机制，特别是为特班学生提供各种层次的实习乃至就业的机会。当然，到法院、检察院以及政府法务部门就业的前提是特班学生通过了司法考试和公务员考试。为此，要求特班学生在第一年，最迟在第二年通过国家司法考试，对没有通过的准予按照法学本科毕业，转入其他的法律硕士培养序列。

四、试办"法科特班"的课程设置

招生指标的类别和来源。"法科特班"利用教育部新近增设的面向法学本科的全日制法律硕士类别，其招生指标从这类专业学位研究生指标中申请。这样，试办"法科特班"不挤占现有的规模和日渐减少的法学硕士生的招生指标，而纳入全日制法本法硕的学制框架内。

招生的方式和入学的时间安排。第一届特班的学生全部采取推免和综合素质测量的方式取得研究生的入学资格。进入特班学习的时间为四年级第一学期末。由于本科生的日常推免工作要到四年级第一学期末才能开始，所以，为保证特班学生在四年级第一学期期初的正常入学学习，凯原法学院将与校教务处和研究生院协商，将推免和综合素质测试工作提前到三年级第二学期考试结束后、暑假前进行。

每届特班学生的来源。每届"法科特班"的 15 名左右的学生从凯原法学院法学专业本科生中遴选，全部作为推免生取得研究生的入学资格。

特班的收费与奖学金。特班学生的收费不仅要照顾吸引优秀生源且而要考虑学院对办学成本的承受能力和可持续性以及教育部政策的限制。特班学生应就该项奖学金的获得与校方达成协议，彰显作为杰出人才必须具备的公益精神。特班学生的上述学费缴纳和奖学金获取均从特班二年级开始，特班一年级仍然按照本科四年级的学费标准缴纳全年的学费。到海外名校留学的费用根据有关协议另行确定。

特班学生本科毕业证书和学位证书的取得。被特班录取的学生在第一年研究生阶段的学分可以累计为其本科学习阶段的学分，在第一年研究生学习结束时获得上海交大法学专业本科毕业证书和法学学士学位。

"法科特班"的课程设置方案要按照国际化标准进行调整。大学本科前三年的课程设置与法学本科普通班没有区别。从第四学年开始直至硕士研究生毕业形成独特的课程设置体系。在具体的课程设置上遵循以下主要思路：

第一，缩减概说性的或者纯理论性的课程。一些已经在本科阶段开设、与实务关联不大的课程在硕士阶段就不再涉及，相应地增设法律操作技巧课程和法学前沿领域课程。

第二，选修课结合上海交大的通选课改革。学生可以跨专业、年级修课，部分采用外语授课的专业课和研究课可以与国际班学生同开班。

第三，不分设专业。如果学生特别对某一专业感兴趣，可以采取找导师单独指导、跨院系选修课程的方式完成学习过程，或者在论文写作阶段通过文献研究的方式予以解决。

第四，课程教学的整体学分控制。为学生留下足够的课外时间进行阅读、思考、讨论、预习和复习，以及在特定专业方向上拓展自我发展空间。

第五，专业实习为期 6 个月。即在第五个学期连同放假在内共 6 个月时间，主要去法院、检察院、高端律所和跨国公司法务部门，在带教老师的指导下对主要的法律业务都有涉及。

第六，在模块课程的定位上，民法、刑法、诉讼法构成课程设置的核心。经济法、商法强调与其他学科知识的交叉；基础理论法课程强调学生法律人格的完善，对法律运行的总体把握和思维方式的训练、熏陶；法律职业技能课程强调全面性、实用性，促使学生积极参与并在这一过程中进行自我职业规划。

第七，特班学生可另外选修凯原法学院国际班的若干课程。这些课程的学分可折抵第三、四、六学期专业选修课的学分。

第八，特班的任课教师在课程安排中应当包括聘请所在学科兼职教授和兼职硕导的专题讲座，着重从相关法律事务的技巧方面进行讲授、交流。每门课每学期插入的这类专题讲座不少于两次，且包含在相应课程的评教内容中。

第九，由于体制对接的因素，法科特班的研究生公共课在二年级开设，一年级较大强度地开设法律专业课。

第二节 法学教学新模式探索

一、"当事人模式"的应用情况

"当事人模式"在一些高等院校得以实施，并经过一段时间总结出一些具体的情况。其中，对于应用"当事人模式"的一些情况，分为以下几个模板：

（一）法律援助模块的应用情况

法律援助模块以大学社会权益法律救助中心、法律诊所为依托，秉持"培养复合型法律人才，服务地方法治建设"的宗旨，为社会无偿提供法律援助。迄今为止，接受了众多案件，受益人数上万人。这个大学社会权益法律救助中心先后荣获"当地优秀青年志愿者服务队""全国高校优秀社团""全国法学类社团特别奖""全国高校百强社团""全国高校十佳社团"等称号。

为了充分发挥专业优势，切实为周边群众提供高质量的法律服务，中心还通过各种途径积极搭建服务平台，先后与校工会女职工委员会维权中心、老年科协密切合作，为老年教职工提供法律咨询、援助服务，为女职工维权工作做出了不懈努力。此外，中心每年都举办案例讨论会以及法庭辩论赛等学术性科研活动，力求让学院学生结合理论学习，将司法实践带入课堂。

（二）法制宣传模块的应用情况

1. 节日法制宣传

指导学生以大学社会权益法律救助中心、大学法律咨询社等为依托，开展一系列的法制宣传活动。本着"弘扬正义，救助弱者"的宗旨，利用"3·15消费者权益保护日""12·4法制宣传日"，指导学生进城市、入社区、去基层、到农村，通过发放普法材料，宣传法律知识，进行问卷调查，为广大群众送去法律知识，提供法律咨询，解决法律问题。

2. 假期法制宣传

在假期调研过程中，指导学生通过各种途径"送法下乡"，向基层群众普及法律知识。例如，人民陪审调研活动中，调研组人员针对各地不同的地方特色展开了形式多样的赶集送法、赶集普法、送法下乡等活动，制作并发放法制宣传册和法律法规汇编，从而让更多的人了解法治知识，进而取得良好的社会效果。

3. 举办法律文化节

法学院可以每年都举办法律文化节，通过丰富多彩的活动诠释法治理念，传播法律文化，弘扬法治精神。在法律文化节中，普法队员们以法治为主题在广场等聚集区开展普法活动，宣讲法律法规，举办法律有奖知识竞答，张贴法制漫画，使更多的人来现场进行咨询，也是可以取得良好的效果的。

（三）在会调研模块的应用情况

1. 假期社会调研项目

在假期中，鼓励学生申报学校、学院假期调研项目，围绕涉及民生的热点问题进行调研。多次组织学生进行社会调查，包括组织学生到疾控中心进行调查，开展大学生防治艾滋病的项目研究；为进行关于留守儿童权利保护项目的研究，组织学生到孤儿院进行调研；为开展集体林权项目的研究，组织学生到林场调研；针对城市流浪儿童生存状况进行调研；针对墓价高于房价现象进行社会调研；组织学生奔赴各地分别进行农村群体性事件多元化解决机制、洞庭湖休渔期渔民权益保护、返乡农民工再就业保障机制等进行调研。成立陪审制度假期调研团，组织学生在当地开展人民陪审员制度运行现状的实证调研。而在假期社会调研中，需要采集多份样本问卷，并进行深度全面的各类案卷查阅，并走访多家单位，访谈众多人士，从而初步建设调研样本数据库，然后针对各个方面探究可实行的办法。

2. 专项社会调研项目

结合自身的教学科研，要求教师带领学生开展一系列专项社会调研项目。比如，老师带领学生就驾照直考进行社会调研，经过长时间的调研访问，完成相关的调研报告；老师带领学生开展人民调解工作专题调研，通过访谈、问卷、个案追踪、数据分析等实证研究方法，对"调解"进行经验总结和理论提升，使之体系化、理论化。

3.受委托调研项目

根据大学法学院的要求，师生创新社会调研模式，充分利用自身的调研能力接受其他单位的委托，进行社会调研，取得了较好的成绩。

（四）衍生产品模块的危用情况

"当事人模式"突破了传统法学实践性教学的观念，树立了大实践教学观，要求师生将在实践教学中接触到的素材进行多方面的开发，形成多种形式的成果。

1.高质量的社情民意

指导学生针对在公益代言、法律咨询、社会调查过程中发现的法律问题，进行反思，探索其完善对策，通过社情民意、政策建议等途径为相关部门的决策提供大力支持。近年来，法学院教师指导学生向相关部门提交了多篇建议。

2.具有现实意义的论文

在指导学生积极参与"当事人模式"教学实践的同时，要求学生举一反三，从中发现进行理论研究的选题，实现"教学实践"与"理论研究"的无缝对接。学生通过参加"当事人模式"教学实践活动所发现的法律问题作为毕业论文或学术论文选题，形成一批既有理论价值又有现实意义的论文。

3.高级别的各种奖励

"当事人模式"主张通过教学改革践行法治，并以丰富多彩的社会实践为研究素材进行理论创新，产生的成果不但具有理论价值，而且更具有较大的实际意义。经过多年的努力产生的成果获得了一系列高级别的各类奖励。

4.有影响力的新闻报道

"当事人模式"要求学生将自己参与此教学实践所涉及的事件写成新闻稿件，不但提升了学生的写作能力与社会交往能力，还拓宽了学生的就业范围，提升了学生的就业能力。近年来，在教师的悉心指导下，产生了一大批较为优秀的新闻稿件，引发了社会的关注。

经过多年来的探索，"当事人模式"在理论研究、人才培养和服务社会等方面取得了长足的进步，产生了较大的社会反响，赢得了广泛认同。

二、"当事人模式"的重大影响

（一）基本构建了法学实践性教学"当事人模式"的理论体系

在大力推进"当事人模式"教学改革实践的同时，课题组积极开展该教学模式的理论研究工作，发表一系列相关的教改论文，这些课题组所发表的教改论文在"当事人模式"的概念、特征、教学内容、教学流程、考核办法、推广与运用等方面进行了全面且深入的探讨，基本形成了"当事人模式"的基本理论体系，为全面推进该教学模式提供了智力支持。

（二）探索出"五位一体"的卓越法律人才培养模式

近年来，我国高等法学教育快速发展，体系不断完善，培养了一大批优秀法律人才，但我国高等法学教育培养模式相对单一，学生实践能力不强，应用型、复合型法律职业人才培养不足等缺陷尚未得到根本性改变。为了探索具有中国特色的法学教育理念和符合中国国情的法治人才培养体制，培养一批信念执着、品德优良、知识丰富、本领过硬的高素质法律人才，一些法学院推出的"当事人模式"，以学术研究提升教学改革的品位，以教学改革促进法治建设，以法治实践提升实务能力与法治意识。经过多年的努力，逐渐探索出以"理论研究、社会调研、公益维权、法制宣传、建言献策"为内容的"五位一体"卓越法律人才培养模式。而"五位一体"卓越法律人才培养模式具有两大特点：一是梳理总结我国法学教育界探索的各种法学实践教学模式的经验，将之整合成一个完整的体系，并命名为"当事人模式"。与发源于美国的"法律诊所教育"相比，该模式更切合中国国情，更具有可操作性与生命力。二是该模式以实践性教学为突破口，以培养应用型、复合型法律职业人才为目的，既注重素质的培养，更注重能力的提高；既注重知识的运用，更注重理论水平的提升；既注重关注民生问题，更注重推进法治进程；既强调接触社会，更注重学生社会责任感的培养。

（三）打造了一批有影响力的法律实践平台

针对"当事人模式"，大学法学院可以打造一系列的时间平台，比如，每年定期举办法律文化节，由老师指导学生制定策划书，采取法律文书写作比赛、法律实务讲座、法律图片展、法律文化电影展、普法活动、模拟法庭等多种形式宣传法律，提供法律咨询，提升全社会的法治意识等，也可建设大学社会权益法律救助中心。大学社会权益法律救助可以以"培养地方法律人才，服务地方法治建设"为宗旨，大力开展社区法律援助工作，接待各种案件。大学法学院社会权益法律救助中心组织保障有力，操作流程规范，服务质量不断提升，已经成为"当事人模式"服务社会的最重要的实践平台。一报一刊，即一份学生主办的报纸，一份学生主办的刊物。一报一刊活跃了学生的思想，提高了学生的科研能力，在国内高校中具有较大的影响力。

（四）培养了一支具有较大社会影响力的公益维权团体

"当事人模式"注重培养学生的公民意识与社会责任感，学生在参加"当事人模式"的教学实践活动中公益维权的意识得到了显著提升，也逐渐形成了一支具有较大影响力的公益维权团队，特别是涌现出一批在当地具有影响力的法治人物。

（五）获得了一系列教学成果奖励

"当事人模式"立足于大实践教学观，鼓励师生广泛接触实践深入思考社会问题，并将所思所想表现为不同类型的成果，申请不同的奖励，取得了较好的成绩。

三、"当事人模式"的推广与交流

近年来，该模式在大学实施较为顺利，取得了一系列傲人的成果，产生了较大的社会反响。为进一步推广这个独具特色的实践性教学模式，大学采取了"扩大影响力，提高吸引力；请进来，走出去，提高执行力；开展研讨会，提高推广力"等有效措施，取得了良好的效果。

（一）媒体的广泛报道为该模式的推广营造了良好的舆论氛围

"当事人模式"具有中国特色简单可行，并且融教学改革与法治建设于一体，相关教学案件得到了主流媒体的广泛关注，"当事人模式"在社会上的知名度迅速提升，这为该模式的推广提供了良好的舆论氛围。

（二）"请进来，走出去"为该模式的推广探索了有效的途径

经过多年的理论研究和实践探索，法学实践性教学"当事人模式"日趋成熟，成效显著。聊城大学、三峡大学、山东科技大学等法律院系先后引入了该教学模式，广东商学院、广东外语外贸大学、首都经贸大学、北京工商大学等省内外十余所高校对此进行学习、交流。为了进一步推广该教学模

式，课题组主动走出去和全国同行相互切磋，听取完善建议，并向同行推荐此教学模式，共同提高与发展。大学法学院的领导、老师和同学们围绕"当事人模式"的理念定位、应用范围、师资激励等方面的问题进行了深入的交流和探讨，高度评价了"当事人模式"所具有的创新性，以及在培养学生知识运用能力、培养学生的公平正义感和社会责任感、培养学生关注社会和民生的意识方面所具有的意义，对"当事人模式"的发展提出了非常宝贵的意见和建议。

（三）展开研讨会，及时总结该模式的推广经验

为了不断完善"当事人模式"，并向全国法学院系推广此教学模式，专家组做了"法学实践教学'当事人模式'的运用与推广"的主题发言，分别从"当事人模式"的基本内容、"当事人模式"的十大典型案例、"当事人模式"的十大成绩、"当事人模式"教学改革的几点感想等方面详尽地介绍推行法学实践性教学"当事人模式"的基本做法、成功经验、取得的成绩。在专家讨论会上，"当事人模式"得到与研讨会代表的高度首肯，一致表示将共同努力将该模式完善好，使之成为法学教育改革的一个精品。

四、"当事人模式"教学改革的体会

推出法学实践性教学"当事人模式"以来，不论是理论探讨，还是实际推进均处于不断完善的发展阶段，但在师生们持续不断地努力下，该教学模式取得了可喜的阶段性成绩，在理论研究、人才培养与服务社会等方面的成绩有目共睹。梳理近六年来的教学改革经验，我们认为"当事人模式"能够顺利推进并且取得了骄人的成绩，其中成功经验可归纳为如下几点：

（一）建章立制、强化组织保障

教学改革是一个系统工程，绝非一两位教师心血来潮的即兴之作。它涉及课程的设计、教学案例的遴选、教学流程的控制、教学平台的搭建、师生积极性的激励、教学效果的评估、教学模式的推广等方方面面，必须有目的、有组织、有系统地整体推进。为此，建章立制非常重要。在"当事人模式"取得初步成效产生一定社会影响时，法学院应及时出台一系列规章制度，为该模式的顺利推进提供制度保障与组织保障。

为了推动"当事人模式"的理论研究和实践应用，扩大其适用范围，使更多学生从中受益，为人才培养创新实验区和法学实践性教学示范中心的

建设探索路径，学院成立了"当事人模式"法学教育研究实验室。该实验室的成立为"当事人模式"的推进提供了组织保障。为规范"当事人模式"的教学流程，在实验室成立之初相关人员就实验室的宗旨、实验室职责和目标、实验室组织机构、实验室工作程序等四个方面的内容进行了具体的规定，确保"当事人模式"教学流程有章可循，为该模式的顺利推进提供了制度保障。为了调动学生参与实践性教学的积极性，一是建立社会实践与专业学习、服务社会、勤工俭学、择业就学、创新创业相结合的管理体制；二是建立多种形式的投入保障机制；三是把学生社会实践与教师社会实践结合起来，组织教师参与、指导社会实践；四是建立相对稳定的学生社会实践基地。

从"进一步提高对实践教学重要性的认识""健全组织，明确职责，加强对实践教学的指导和检查""加强实践教学体系建设""进一步加强指导教师""切实保证实践教学环节的实施""进一步严格检查验收制度""采取措施，努力保证实践性教学环节的实施"等七个方面对实践教学进行了全面的规定，为大力推进"当事人模式"提供了全面的制度保障。

为了鼓励师生从事法律援助工作，学院将教师指导学生从事法律援助工作纳入教师教学工作中，允许学生把从事法律援助作为实习的内容，鼓励学生把从事法律援助工作中接触到案例的分析作为毕业论文。

（二）注重教学改革平台的打造

实践性教学的推进需要一定的物质基础与经费投入。近年来，大学法学院狠抓相关教学平台的申报与建设工作，为"当事人模式"的顺利推进打造了如下一系列支撑平台。

1.地方法学人才培养创新实验区

为了支持"当事人模式"的发展，法学院专门从教学平台拨出资金建设大学社会权益法律救助中心，从而使"当事人模式"有了较为固定的办公地点与经费支持。

2.高等学校法学特色专业建设点

为促进高校面向社会需求培养人才、强化实践教学，帮助学校形成自己的特色与品牌，教育部、财政部启动了"高等学校法学特色专业建设点"项目。利用支持经费，大学法学院面向全院师生设立了教学改革的课题，并给予一定的经费支持。作为重点支持项目，"当事人模式"相关研究内容先后三次立项，在推进"当事人模式"法学实践的同时确保了相关理论研究也能达到相应的水平。

3.法学实验教学示范中心建设单位

为了进一步推动高等学校实验教学改革，促进优质教学资源整合与共享，加强学生动手能力、实践能力和创新能力的培养，大学法学院成立了法学实践教学实验室，将"当事人模式"教学实验室作为法学实验教学的重要组成部分加以重点支持，完善了"当事人模式"的教学设施，并且每年向学生开放社会调研项目，拿出专门资金对优秀调研项目进行奖励。

4.卓越法律人才培养基地

为培养一批符合中国国情的法律人才，培养造就一批信念执着、品德优良、知识丰富、本领过硬的高素质法律人才，教育部、中央政法委员会启动了卓越法律人才教育培养计划，结合中国国情"当事人模式"逐渐探索出以"理论研究、社会调研、公益维权、法制宣传、建言献策"为内容的"五位一体"卓越法律人才培养模式。

（三）教学、科研、社会服务无缝对接，整体推进

"当事人模式"的一个主要特点就是突破了传统的单纯实践性教学观，形成了"教学、科研、社会服务"三位一体的大实践性教学观念，构建了法学实践性教学的大格局。科学研究与教学改革的互动既夯实了学术研究的现实基础，也提高了教学改革的品位；教学改革与社会服务的融合既锻炼了学生的实务能力，也推进了法治的进程。教师的科学研究与学生的社会实践合二为一，真正做到了"教学相长""学以致用"。

（四）注重高校、机关、社会、新闻媒体的四方联动

为了培养学生各方面的能力，特别是学生的协调能力，"当事人模式"形成了和其他机关单位合作培养学生的机制，逐渐探索出"高校、机关、社会、新闻媒体"的四方联动机制，特别是和新闻媒体的合作。与新闻媒体的合作具有以下几方面的意义：一是提高教学案例的知名度，从而提升"当事人模式"的吸引力，推动该模式营造良好的社会氛围；二是新闻媒体的报道能在一定程度上推进法治实践的解决，进一步扩大教学案例的社会效果；三是提高学生在新媒体时代的舆论应对能力和运用能力，让学生了解新媒体时代舆论话语权的运作规律。

（五）注重衍生产品的开放

"当事人模式"鼓励师生将社会实践所接触的实际素材作为科学研究的课题、服务社会的切入口，注重平时的积累。在条件成熟时，申报各种类型的课题与奖励，扩展"当事人模式"的成果链条，一是学术论文；二是调研报告；三是社情民意；四是各种类型的教改、科研课题；五是相关教学奖励等。

五、法学实践性教学"当事人模式"的基本理论

（一）学生在实践教学过程中的角色意识

实践教学是大学本科教学体系中的一种重要方式，对于大学生的职业素质训练、创新能力培养和价值观塑造都有着不可忽视的意义。由于法律自身较强的实践性，法学院的教师和学生更应该重视实践教学。然而，从目前法学本科教学中的实践教学安排来看，实践教学要么被视为一门独立的课程用于培养学生某些特定的能力；要么被分散成不同的环节作为课堂教学的一种延伸或补充。在教师和学生的观念中，实践教学仍然是一种边缘化的、非中心的教学方式，其自身的价值并未被充分认识到。之所以如此，主要在于教师、学生和教学管理都未能准确把握实践教学的根本特质，对其发挥作用的方式和途径亦未深入考察。现行关于实践教学的理论研究虽成果较多，对于实践教学的改革和未来发展也提出了许多具体的意见和建议，但是这些研究大多以具体课程为中心探讨实践教学的模式设计和体系构建，未深究实践教学自身的理论基础。实践教学安排的规范化和有效性应建立在对实践教学自身特质的准确把握之上，教师、教学管理者和学生都应该意识到学生在实践教学过程中可能"扮演"或"担当"的不同角色，以此充分利用各种教学设施，妥善安排实践教学的内容、方式和环节。如此，实践教学方能有效发挥其应有的作用。

1.学生在实践教学中的角色意识的内涵与表现

教育是影响人和完善人的过程，教育是在特定情境中进行的教与学的过程。教育情境由参与者、主题和场景构成。在教育情境中，参与者主要是教师和学生。在教与学的过程中，教师和学生都必须意识到其自身的角色，而且必须遵循该角色应遵守的行为规范，这就是教学过程中的主体意识。如果丧失这种意识，这一过程就会变异而成为非教育的。学生在任何学习过程

中都是一个学习者,其目的始终是通过"参与"来获取新的知识体验、新的感受和塑造自己的人生观和价值观。学生在学习过程中的"主体意识"只能说明他在学习过程中的"主动性",至于如何去运用这种"主动性",则可能会有很多的方式。不同的教学法实际上是通过不同的方式去激发学生的主动性。学生可以完全把自己仅仅当作一个"学生"来参与学习过程,也可以通过在不同学习情境中"扮演"一个模拟的角色或者直接"担当"一个真实的角色来参与学习过程。因此,学生在不同学习情境中的角色不同,不同的角色经历意味着不同的身心经历和人生体验,对于学习者而言,不同体验意味着不同的知识更新过程和价值观的塑造过程。

实践教学就是通过角色扮演过程和新角色任务的完成来实现知识的传授与价值观的塑造。在法学本科教学中,主要的实践教学方式有模拟法庭、校外实习和诊所教育等三种。在模拟法庭中,法学专业的学生实际上是通过扮演一定的角色来进行的,原告、被告、法官、公诉人、律师都由学生来担任,原告与被告的身份还需要一些背景材料进行铺垫,如,家庭情况、工作岗位、收入水平、与其他参与方的关系等。其他角色则主要依靠模拟法庭的现实场景来烘托,如,法庭的布置、人员的服饰、座位的安排等。

实践的过程不管是通过虚拟角色,还是在真实环境中充当任意一个真实的角色,学生已然不再停留于书本,而是接触到了一个完全不同的世界,一个更为丰满而复杂的世界。学生可能在这一过程中发现新的问题,提出新的方法。他面对的问题更加真实且接近自身,特别是在角色进入程度较深的情况下,解决问题的欲望会更加强烈。此时,学生的潜能会被最大限度地激发出来,他会运用一切所学分析所面对的问题,思考应对之策,如果无法解决,他既可能去寻找教师的帮助,也有可能自己提出新的解决方法。

2. 明确学生在实践教学中的角色意识的理论意义

实践教学是一个教学法意义上的概念,或者说,实践教学就是一种教学法,它所强调的并非"应该教授什么"的问题,而是"如何去教授"的问题。实践教学与传统教学法的核心区别在于学生在实践教学过程中具有不同的角色意识。实践教学改变了传统教学方式固有的教学场景,为学生体验不同的角色提供了更广阔的空间。明确实践教学所具有的此种特质具有重要的理论意义,这有助于进一步阐明实践教学与理论教学、课堂教学的关系。而正是在这一关系的认识和理解上，理论上的看法比较模糊，说法较多，进而导致人们对实践教学在整个教学体系中的定位不准确，使其边缘化。

3. 从学生的角色意识看理论教学与实践教学的关系

人们经常把实践教学作为与理论教学相对应的一个概念，这种认识主要基于"理论"与"实践"之间所存在的区别。这样区分虽有其合理性，但是容易引起误解。实践教学之所以能够成为与理论教学相对应的概念，是因为其教学内容上的不同。理论教学这一概念强调理论知识的学习，所使用的材料都是以书面形式出现的。学习者主要通过教师的口头或书面的语言表达，有时还会辅以其他的书面材料来接受和理解教师所传达的知识、思想与观念，更重要的是，这些教学材料主要反映的是理论方面的知识。从教学内容上说，实践教学与理论教学不同，教师在教学过程中向学习者传达的知识是某种实际应用的技巧或能力。但是从教学方式的划分来说，实践教学与理论教学的划分是不清晰的，因为即使理论知识，也可通过让学生参与实际应用过程的方式来实现。因此，严格区分实践教学与理论教学容易引起误解，让人以为实践教学仅仅是培养和训练学习者的某种实践技巧或能力而与理论学习无关。就法学本科教育而言，这样的划分危害更大。

明确界定实践教学的内涵，不能强调其教学内容方面的特殊性，而应强调其教学方式上的特殊性。不管是理论知识的接收与理解，还是实践能力的获得与提高，都能够通过不同的教学方式予以实现，只是可能因为不同的教学内容有自身的特点所以产生的教学效果可能不同。作为教学法意义上的实践教学，所传授的知识不管是纯理论性的，还是纯实践技能方面的，都会体现在学生所扮演或担当的不同角色之中。无论法官、检察官还是律师，都应当掌握最基本的法律推理能力和分析能力，而这种能力的具备必须建立在对相关法律理论的准确把握之上。而实践教学不只是训练学生的"个案分析能力"，而是应通过提高"个案分析能力"锻炼其抽象概括能力和一般推理能力，实践教学的目的同样可以而且应该是具有理论性的。在实践教学中，学生通过扮演特定的角色，充分利用其掌握的法律理论知识来形成特定角色的立场并为之辩护，这一过程本身不只是一个"应用"的过程，而且也是一个反思和重新学习的过程。通过扮演他人的角色我们可以做到设身处地，这样我们的身心就产生了某些变化，正是这种"角色体验"和"身心变化"的历程不断陶冶和锻炼学生的人生观和价值观，有利于学生形成正确的人生观和价值观。

4. 从学生的角色意识看课堂教学与实践教学的关系

课堂教学，从字面上理解似乎是强调教与学的过程所发生的特定场所，但是课堂亦可无处不在。课堂教学无疑强调知识传授方法的传统特点，最重要的特点是教与学同时进行，教师与学生面对面完成知识的传授，而且传授的媒介主要是教师所提供的书面材料和口头言说。在这一过程中，学生的认知和理解过程大体上与教师的教授过程同步。

然而，实践教学与课堂教学之间的界限并不那么清晰、明确，毕竟许多实践教学的方式也可以在课堂上来进行。课堂本身也可通过教师和学生的共同努力而被营造成一个"实践教学"的场景。因此，将实践教学作为一个独立的教学环节是基于一个错误的观念。实践教学与课堂教学有着严格的分野，实践教学可以独立于传统的课堂教学。然而，把一种具有特殊意义的教学方式限定在一个"固定的"框架之内，从而就落入了形式主义的窠臼，不仅不能起到强调其重要性的作用，反而扼杀了它本来的意义。无论如何，这样思考的目的并非给实践教学与课堂教学划定一条清晰的界限，而是通过实践教学与传统教学方式的比较突出实践教学这种教学法所具有的特征，并据此为实践教学的开展提供理论基础和应用模式。在课堂教学中，学生并不扮演任何角色，即使引入案例讨论，学生所做的事情仍然是"自己"在学习，即使为案例角色的立场和观点进行辩护，也是"自己"在为他进行辩护，并非把自己当作案例中的角色，他始终只意识到"自己"是学生，处于"一个学习的过程"之中，而非学习之外的任何其他过程之中。如果设计一个模拟的案例讨论过程，讨论的主题并不限于如何澄清案例事实或司法判决是否正确的问题，而是要求学生"扮演"案例中的角色，要求他们从该角色的现实地位和法律立场出发参与审判过程或其他的法律程序，不管学生自己是否赞成案例角色的立场和观点，这就属于实践教学。因为此时，学生不仅仅是一个"学生"，而且他必须把自己想象成为案例中的角色，去体验该角色面临的现实地位和法律立场，他必须暂时地"生活"于其所扮演的角色之中。在这一过程中，学生所经历的就不仅仅是一个"学生"的体验，而且还包括"其他角色"的体验。在这种教学方法中，教师和学生共同用言语和行为构造出一个意识场景，这是应用实践教学最重要的因素，其他物质性的场所和设施只是辅助性的，意义在于强化这种意识场景，强化学生的"实践角色意识"。

5. 基于不同角色意识类型的实践教学安排

强调学生在实践教学中的角色意识的特殊性，目的在于消除一个误解即实践教学须有特定的场所、设施，实践教学受限于客观条件。如此，我们方可为实践教学的改革打开更宽广的视野，实践教学可以无处不在。问题的关键就是我们如何在充分利用现有的教学条件和教学设施的基础上推广实践教学，并在把握学生不同角色定位的基础上妥善处理教学过程中可能出现的种种负面影响。在这里，可以将实践教学过程中的学生角色意识大体分为两类：角色模拟型与角色担当型。

角色模拟型的实践教学是通过人为安排或布置特定的场景模拟现实中发生的具体事件，并让学生"扮演"具体事件中的不同角色，设置特定的程序，通过"角色"之间的交流和辩论来完成学习过程。角色模拟型实践教学可以被应用到很多的法学本科课程之中，不管是理论性的，还是实践性的。在理论性的课程中，模拟迫使人们清楚地系统地提出自己的设想，阐明潜在的价值观并澄清各种变量的关系，这样就有助于提出理论。因而，模糊的或不合逻辑的概念往往与理论体系的逻辑性形成显著的对比。模拟涉及一个问题的许多不同方面，这样就有助于扩展背景。教师在描述某些关系时，可能要揭露其他必须加以考虑的"隐藏的"关系。这样一来，人们往往会根据总的系统进行思考，并去把握那些使静态的事件成为显露的和动态的过程的一部分的相关原理。因此，在理论性的课程中，教师在安排角色时应当注意拓展角色的背景知识，尽量让学生能够置身其中感受到一个真实的世界，迫使学生通过角色体验来领会具体理论的意义。比如，在讲授民法中的宣告死亡程序的申请主体范围问题时，为了让学生透彻地理解为什么法定的顺序是不可超越的、处于后序的债权人为什么在先序申请人没有提出申请时不能申请宣告死亡这一问题，需要讲透法律在不同利益发生冲突时的权衡理论，此时可以引用一个具体的案例，并尽量详细地介绍各角色的地位和相互间的关系，并不断设问，直至让学生明白配偶的感情利益当然优于债权人的金钱利益。不管什么样的课程，应用角色模拟实践教学都需要准备好的素材并尽力创设"类似真实"的场景，教学效果会因"场景创设"的模拟程度而有不同。当然，由于要让学生能够深入角色，仅通过语言的或其他书面的材料宣讲很难有比较好的效果。所以，角色模拟型实践教学在理论性课程中的应用也有一定的局限性。

角色担当型实践教学是指分配给学生具体的任务，并且这种任务本身就是与现实事务无异的一份工作，学生必须直面现实并找到解决现实问题的方法和途径，通过这个寻找的过程来实现学习的目的。这种实践教学方式主要表现为校外实习和诊所教育。当然，现在大学的社团活动也可视为角色担当实践教学的一种运用，只要与所学专业紧密相关，比如，有些法学院成立以学生为主导的法律援助中心，学生通过处理大量的问题也实际上是在担当现实问题的解决者。运用这种教学方式，需要注意的是学生在不同角色之间的变换可能带来的负面影响，越接近真实的实践场景学生的意识可能越容易被实践中的角色意识所排挤，学生越倾向于使用"更实务"的方法或技巧解决问题。此时，他已经接受的理论思维方式和分析问题的方法仅仅成为确定选择的一个参考，其主导性（教师往往希望这些方式方法主导其选择）将变得不是很可靠，学院知识与社会现实之间差距越大，学院知识的主导性会越不可靠。在担当现实角色的过程中，有的学生能够较准确地把握自己在不同场景下的角色定位，而有的学生不一定会准确地把握。

因此，实习过程与模拟法庭不一样，现实的压力既可以为学生提供非常直观的学习场景，能够让学生真切地体验现实生活并从中了解学校教育与校外现实的关系，也可能对学校教育造成威胁。面对现实生活与学校教育的差距以及不同角色间的转换，有的学生可能会变得更加迷惘。我们经常会听到从校外实习归来的学生的一些抱怨，有的抱怨学校教育的虚幻无用，有的抱怨现实复杂难懂，特别是在法学本科学生实习之后，有这种感受的学生不在少数。因此，在校外实习之前，教学管理方和相关专业的教师必须给学生作个事先的交代，强调实习的目的和各种可能遇到的问题，尽量让学生明白现实过程中的角色担当也是学习的一种方式，既要深入角色也要时刻准备随时解脱角色的束缚。在实习过程中，管理方应指定专业教师随时跟踪了解学生的心态变化和心理状况，在专业指导的同时辅以一定的心理辅导，避免学生出现迷惘或反叛的情绪而影响实习的效果。

（二）法学实践性教学"当事人模式"的教学流程

"当事人模式"具有严格的教学流程。法学院经过大量的教学实践，逐渐探索出一个较为成熟的五步骤教学流程。现将其具体内容介绍如下：

1.案件的选择

"当事人模式"要求学生以"当事人"的身份来启动相关公法案件，因此，该模式对教学案例的选择是有严格要求的。为了使教学效果最大化，选择的教学案例必须符合四个要件：一是公益性。公益性是指"当事人模式"所选择的教学案例必须是涉及公共利益的社会性事件，能在一定程度上推进中国的法治进程。二是典型性。典型性是指"当事人模式"所选择的教学案例所涉及的案件必须具有指针性意义，能为类似问题的解决提供可借鉴的方案。三是现实性。现实性是指"当事人模式"的教学内容必须是正在发生的法律事件，不能将已经解决的法律事件作为教学内容，更不能将现实不存在的虚拟案例作为教学内容。四是新闻性。新闻性是指"当事人模式"所选择的教学案例应该具有新闻价值，能成为新闻媒体关注的对象，这是因为当今中国的法治环境还有待提升，某些问题的解决还必须仰仗新闻媒体的舆论监督。通过新闻媒体的报道，一方面能扩大"当事人模式"的影响力，有利于该教学模式的推广；另一方面能将"当事人模式"的社会效果最大化。

2.法律文书的写作

"当事人模式"的法律文书大体分为如下四种类型：法律违宪审查建议书，规范性文件合法性审查申请书，政府信息公开申请书，公益性诉讼起诉书、上诉书。法律违宪审查建议书的主要内容是阐述行政法规、地方性法规、自治条例、单行条例与部门规章、政府规章是否存在如下情形：超越权限；下位法违犯上位法规定；规章之间对同一事项的规定不一致；规章的规定不适当，应当予以改变或者撤销；违背法定程序。如果是针对"两高"的司法解释提起违宪审查，其审查建议书应主要论证司法解释是否与宪法、法律相抵触。规范性文件合法性审查申请书主要阐述规范性文件是否存在如下违法情形：超越法定权限限制或者剥夺公民、法人和其他组织的合法权利或者增加公民、法人和其他组织的义务；同法律、法规规定相抵触；其他不适当的情形，应当予以撤销的。政府信息公开申请书的主要内容包括：所需信息的具体描述，提供所需信息的载体形式，所需信息的名称，所需信息的用途，申请免费的证据。公益性诉讼起诉书、上诉书的主要内容包括：当事人的基本情况；诉讼请求；事实与理由；证据和证据来源；证人姓名和住址。

3. 法律程序的启动与推进

对上述法律文书，学生应通过各种方式启动相关法律程序。不同的法律事件，其启动方式存在较大差异。法律违宪审查建议书、规范性文件合法性审查申请书一般通过邮件的方式提交；政府信息公开申请书一般当面提交，距离较远的也可以邮寄提交；公益性诉讼起诉书、上诉书只能到法院亲自提交。法律程序启动后，学生应通过各种方式了解案情，参与相关法律事件的处理。比如，提起一个公益性诉讼后学生就要认真准备，积极参与庭审；在规范性文件合法性审查中，如果相关部门不遵守法律期限，没有及时答复的，可以提起督促给予答复的请求。为了促使相关法律问题的尽快解决，在处理过程中还应善于利用传统媒体与网络媒体，形成一种强大的民意。

4. 教学效果的考核

"当事人模式"在教学效果的考核方法上具有鲜明的特色。首先，应根据该教学模式的教学目标，选择考核项目，并根据教学重点来分配每项考核项目的权重。其次，合理建构"当事人模式"的具体考核指标。"当事人模式"的主要教学目标是培养学生的理论研究能力、文书写作能力、社会交往能力、实务操作能力。其具体考核指标体系可细分为四大模块：一是理论研究模块。主要考核学生从现实生活中发现法律问题，并从理论的高度分析问题、解决问题等能力。二是文书写作模块。主要考核学生撰写各种法律文书的能力，分别从论点的提炼、逻辑结构的展开、文字表达的流畅等方面进行评价。三是社会交往模块。主要考核学生的情商。分别从接待当事人的技巧、与相关部门交往的效果、协同各种工作关系的能力等方面进行考核。四是实务操作模块。主要考核学生掌握各种法律事务的处理流程、处理技巧、检索法律资料等方面的能力。"当事人模式"对学生成绩的评定方式分为评语的撰写与分值的评定。评语是对学生在上述四个方面的表现所进行的全面描述。在评语中，教师应指出学生的优缺点，特别是值得改进的地方。教学效果的分值评定采取五分制，即将学生的表现分为五个等级：1分、2分为不及格，3分为及格，4分为良好，5分为优秀。

5.教学成果衍生品的开发

在"当事人模式"中，教学成果衍生品的开发也是一个不可或缺的重要环节。教学成果的衍生品是指伴随教学过程形成的调查报告、学术论文、新闻稿件与法律随笔等。教学成果衍生品的开发具有很强的时效性，教师应及时指导学生从事此项工作。归纳而言，衍生产品的开发途径主要有如下几种：一是相关论文的写作。"当事人模式"主张学生将亲身经历的教学案例作为毕业论文的选题。特别是鼓励研究生理论联系实际，从教学案例中选择硕士论文的选题，通过自己的深入研究形成有针对性、现实性的高品质硕士论文，为推进中国的法治进程提供智力支持。二是调查报告的撰写。在"当事人模式"的教学活动中，虽然相关教学活动暂告一段落，但肯定会留下诸多尚未解决的法律问题。为了促使遗留法律问题的解决，指导教师应鼓励学生带着相关问题走向社会，进行调查研究，在取得第一手翔实资料的基础上形成高质量的调查报告，成为各级政府决策的重要参考资料。三是新闻稿件的发表。由于"当事人模式"所选择的教学案例具有较强的新闻价值，因此在教学过程中，经常会有一些新闻媒体介入。为了配合新闻媒体的报道，教师就应指导学生撰写相关的新闻报道。新闻报道要求简单明了、条理清楚、通俗易懂，这很有利于学生写作能力的培养。四是法律随笔的形成。"当事人模式"的特点就是真实。通过真实主动的教学实践，学生会对法律有一个全新的认知，对中国的法治环境有一个切身的体会。这些新的认知与体会往往能激发学生的思想火花，成为学生开始独立思考问题、重新认识社会的开始，对此，我们应鼓励与引导。因此，指导教师应及时倡导学生将教学过程中的所思所想记录下来，形成发自肺腑的法律随笔。

六、我国法学教学模式的探索

加强法学继续教育的法制化和制度化是实现法官精英化的希望所在，从目前法学教育的实际情况看，以下一些问题需要进一步思考与探索。

（一）科学组建法官继续教育机构

目前，我国各级司法机关都拥有自身的法官培训机构，这些机构为全面推广法官的法学继续教育提供了便利，对提高法官素质也起到了一定的促进作用。但由于机构的分散容易造成资源的浪费，不利于统一管理。另外，县一级的法官培训机构在师资力量上往往不够，不利于保证培训的质量。因此，有必要重构现行的法官继续教育机构。可以在全国设三级法官继续教育机构。国家法官学院负责高级法官的继续教育工作，省级法官继续教育机构负责中级法官的继续教育工作，地市级法官继续教育机构负责法官的岗前培训和初级法官的继续教育工作。

值得一提的是，为充分利用高等法律院校的教育师资、图书和其他设施，本着经济、高效的原则，可充分发挥高等法律院校的法学继续教育功能，司法部门可以和高等法律院校合作，在高等法律院校直接设立法学继续教育机构。利用高等院校进行法学继续教育是行之有效的方式，它既可以避免重复建设，从而节约大量的国家资源，又可以使法学继续教育的质量得到保障。这一方式值得推广。

（二）坚持理论教育与业务培训相结合的原则

我国现行的法学继续教育过分注重业务培训而忽视了理论教育的重要性。业务培训是法院为了帮助法官理解具体法律，贯彻某项具体的改革措施或者方针政策，促使法官学习和掌握一些司法技术或技能而进行的培训。这种培训的目的性强，强调实用，有其自身独特的作用，尤其适合岗前培训阶段。但业务培训不能成为法学教育的全部，重视理论教育也很有必要。理论教育的目的在于提升法官的理论水平和理论素养，培养法官的理性思维，促进法官对法律问题进行深层次的思考，并能透彻地把握具体法律的法学原理和立法精神。注重业务培训而轻视理论教育所培养的法官必然存在知识结构上的缺陷和整体素质的不足，并且只能是经验型而非知识型的，理论上的缺乏也必将给审判实践造成诸多困难，尤其在面对日益复杂的新型案件时，经验型法官容易把持不住。

此外，理论教育和业务培训也往往是互相关联不可分割的。因此，法学继续教育总体上应坚持理论教育与业务培训相结合的原则对法官进行培训，从而实现法官的精英化。

（三）完善教育行政许可、教育行政确认制度和构建法学院系创办"门槛"机制

教育行政确认是指教育行政机关依法对相对方的法律地位、法律关系和法律事实进行鉴别，给予确定、证明并予以宣告的具体行政行为。

教育行政许可是教育行政管理的一种有效控制管理手段，首先，禁止

人们在某些教育领域内活动的普遍自由，然后规定标准、条件，允许符合最低条件的相对人从事这些活动。教育行政确认与教育行政许可是同一教育行政行为的两个步骤：一般是确认在前，许可在后。教育部门首先应对申请开办法学教育的院系的校舍面积、师资、设备等是否符合教育法中规定的标准进行确认。对符合确认条件的院系才能赋予他们办法学教育的许可。

教育行政确认和教育行政许可是教育行政权有效地控制法学教育"门槛"的重要机制。法律人才培养在法治发达的国家往往进行数量上的严格控制，同时一个国家法学教育质量的高低会直接影响国家司法活动质量和法治程度的高低。关于法学教育的质量已经引起国家有关方面的重视。今后，教育部应加强对法学教育的办学许可的监管，对不符合办学要求的坚决不授予办学许可，对现有达不到法学教育评估体系标准的院校，将责令其整改，控制其招生规模。

（四）教育师资问题

法学继续教育质量的高低很大程度上取决于教育师资的强弱。对法官进行继续教育应当密切联系司法工作实际，有针对性地予以指导，以解决司法实践中存在的实际问题。这就要求教师必须熟悉司法工作，精通司法业务，而目前我国从事法官继续教育的专职教师大多不具有司法实践经验，所聘任的兼职教师又大多来自高等院校，他们大多具有扎实的理论功底，但司法实践经验欠缺。由他们进行理论教育较为适宜，但由他们进行业务培训则并不十分妥当。对此，我们可吸纳一些国家的有益经验，结合法官培训的性质和任务，在侧重业务培训的同时由一些优秀法官和优秀律师进行言传身教，介绍一些法学院知名教授，利用专题讲座等形式来进行。另外，鉴于同样原因，在律师队伍建设上应坚持以专职教师为辅，以固定聘任一些知名法官、律师、学者做兼职教师为主的原则。

综上所述，法学教育是精英化教育，因为接受法学教育的一部分人要成为法官、检察官，而法官、检察官应有精英化意识，对精神力量和职业道德的要求极高，这样才能确立法官在国家政治中神圣、崇高的地位。针对目前我国法官队伍的状况，法学继续教育的目的就是完成法学高等教育所承担的为社会培养和输送大批法学精英的任务，这是使我国法律家的队伍无论从数量还是质量上都得到尽快提升的有效步骤。只有这样，我国的法制建设才能迅速适应现代化的发展。建立科学化、制度化、规范化的法官继续教育体制，合理设置教育培训机构，明确教育培训目标，充实教育培训内容，优化师资结构，是借鉴外国法官继续教育制度的必然选择，也是我国法制建设适应时代发展的必然结果。加强法学继续教育也是我国法官精英化过程中不可忽视的一个方面，我国法学继续教育存在的一些缺陷即说明它有改革完善的必要。世界各国、各地区在实现法官精英化的过程中都十分重视对法官的继续教育，有些国家不仅要求法官必须具备相应的法律专业学历，明确规定只有经过专门的法学继续教育，才能担任法官这一职务或晋升高一级法官职务。

（五）注重国际合作交流，积极开展对外教学合作项目

目前，法学国际交流可通过以下几种方式来开展。

一是加强教师的国际交流。通过签署合作协议"请进来"（邀请境外学者到本校讲学）和"送出去"（把本校教师送到境外开展短期或者长期访学），借此，教师可以进一步拓展自己的视野。不少教师通过访学获得了国外科研项目，实现了深层次的国际合作。

二是选择一些"国际化"色彩浓厚的课程开展双语教学。从实际的做法来看，目前的双语教学包含了不同的层次。比如，有些课程完全用原版的教材，有些课程则推荐外语教材，有些课程是全英语授课，有些课程是真正的中、英文"双语"同时教学，还有些课程只是用全英文的课件，教师本身主要还是用中文来授课。

三是加强学生的国际交流。一般通过校际项目协议的形式，把学生送到国外进行短期或者长期的学习或者实习。另外，许多学校非常重视指导学生参加一些国际比赛，例如，国际模拟法庭辩论赛、国际仲裁大赛等。以及其他形式的对外交流，如，合作研究、联合举办国际会议、交换图书资料、开办面向海外留学生的中国法学硕士课程。

四是与国外法学院合作举办一些针对律师和法官的高水平培训课程，吸收外国法学院学生前来短期进修或学习中国法，接收境外访问学者进修，开展与境外法学院联合培养学生的工作等。为提高教育竞争力，中国有条件的法学院势必会积极开展上述各种形式的对外教育交流工作。

全球化要求法学教育有全球化的视野，要求法学院或者是法学教育机

构的教员有国际思维，法学教材要有适合全球化的知识，学生要有机会接触世界。无论提供法学教育服务的人员构成如何，他们必须具有引导世界潮流的知识、眼光和技能，积极应对全球化法学教育市场的挑战，广泛的跨国交流是法学教育的大势所趋。

（六）创新教学方法

随着高新技术越来越发达，法学教育应当借助科技手段提高教学质量。多媒体教学具有形象、生动、信息量大的特点，可以大大提高授课效率。同时它具有图声并茂的特点，使得学生的学习兴趣大大提高。但是现在多媒体教学课件有一种现象叫作教科书搬家，把教材的要点往多媒体上一放，然后便不要板书了，这样不利于师生互动。所以，我们认为不能将多媒体教学功能过于夸大，要看到其局限性，在知识的介绍上可以多用多媒体，但是在启发式和讨论式教学课上就可以少用。教师授课大纲、指定的阅读参考书目、教学拓展内容都可以上网，学生的作业提交、答疑也可以借助网络平台实现。

第三节　法学教学模式的革新

一、双主体教学模式的价值

（一）双主体教学概述

双主体教学模式的形成与发展经历了一个较为长期的过程，其理论来源肇始于现代西方哲学思想和心理学的不断发展。著名的现象学、哲学的代表人物埃德蒙德·古斯塔夫·阿尔布雷希特·胡塞尔（Edmund Gustav Albrecht Husserl）认为，每个人都是一个主体，都是意义、智慧和价值的源泉，人与人之间不是传统哲学所阐释的主体与客体的关系，而是主体与主体之间的关系，因此人与人之间是相互作用的关系。认知主义学习理论通过研究人的认知过程来探索学习的规律。认知主义学习理论认为：①人是学习的主体，学习是主动学习；②人类获取信息的过程是感知、注意、记忆、理解问题解决的信息交换过程；③人们对外界信息的感知、注意是有目的的、有选择性的；④学习的质量取决于效果。

在认知主义学习理论的基础上发展起来的建构主义更加关注学习者如何以原有的经验、知识结构和个人信念为基础来建构新的知识体系，更加强调学习的主观性、社会性和情境性。建构主义者认为,个体在进行学习的时候头脑中并不是空的,而是由于先前的生活经验在头脑中保存着自己特有的认知图式。在学习过程中,通过与外界环境的相互作用,建构新的认知图式,这种新的认知图式是创造性的,在性质上不是原有图示的延续。与行为主义的理论相比,建构主义将学习的过程视为一种质的变化,一种主动建构的过程,而不是被动的刺激反应模式的建立。

建构主义认为学习是在教师指导下,以学习者为中心的学习。也就是说,在教学过程中,教师不是知识的传授者与灌输者,而是学生学习的帮助者、促进者。学生不是外部刺激的被动接受者,而是信息加工的主体,是意义的主动建构者。建构主义既强调学习者在认知过程中的主体地位,又不忽视教师对学生的指导作用。

随着理论的发展和教育实践的不断深入,人们对双主体教学模式的研究越来越重视,研究也越来越多,对双主体教学模式的探讨更是仁者见仁,智者见智。一种比较典型的观点认为教育者和受教育者之间互为主客体。从施教过程来看,教育者是主体,受教育者是客体。从受教过程来看,受教育者是接受教育的主体,教育者则是接受的客体。双方的影响作用是双向的,分别构成互为主客体的两个认识活动循环圈。

还有学者根据建构主义学习理论和合作学习理论,提出了建构式互动教学模式,并从学习活动、教学功能与教师角色、教学与问题情境诸方面构建了相应的教学理念。也有人提出了双主体互动式教学模式及主体参与式课堂教学模式,即指在课堂教学中,参与教学活动的教师和学生都作为主体进行教学的模式。

不同的学者都力图以新的视角提出自己的见解,表述虽各有不同,但无一例外地都肯定了教学过程中教师和学生的主体地位。一方面,在教学活动中,教师是课堂的主导者、教学的设计者、节奏的掌控者、情境的创造者,在教学活动中处于主体地位,发挥主导作用;另一方面,学生是在教师指导下学习方式的选择者、自身知识的建构者,对自身成长与发展的负责者。他们都将教师与学生置于主体地位,予以充分肯定。

（二）双主体教学的特点

1. 主体性

教育教学的过程是师生共同作为主体存在的相互交往的过程。现代社会把培养和发挥人的主体性看作教育教学的根本目标和基本规律。

双主体教学模式的实质就是要调动起师生的积极参与性，充分发挥教师与学生双方的主体性，特别是要充分发挥学生的主体性。其核心就是培养学生的主体性，即主体意识、主体能力和主体人格，其外部特征为独立性、主动性和创造性。双主体教学模式是以教育者和受教育者主体性的充分发挥为保障和体现，弘扬和培育受教育者的主体性为价值追求和目标导向教育。

2. 创造性

在传统的教学中，教师十分强调学生对知识的记忆、理解，把学生当作知识的容器，一味专注于课堂讲授内容的多少以及学生考试成绩的优劣，却缺少对学生运用知识分析问题、解决问题能力的锻炼。学生的创造性往往被禁锢在对知识的记忆、理解这一范围之内，而不利于学生创造性的充分发挥。学生虽然能够熟知每一个知识点，但是缺乏创新意识和创新能力，往往导致"高分低能"的情况出现，所培养出来的人往往因缺乏其个性与创造性而变得"千篇一律"。相应地，社会也会变得缺乏活力与动力。

在双主体教学模式中，教师作为主体之一要研究学生的原有知识结构、情感、态度、兴趣、爱好，创造性地进行教学，学生要充分发挥其自身的主观能动性，积极地进行探究和学习。教师作为教学的设计者和教学情境的创造者，需要营造带有启发性、探索性、开放性的问题情境，激发学生的学习兴趣，引导学生多角度、全方位地思考、探索、交流问题，从而促进学生思考的主动性和创造性，以自己独特的思维方式创造性地思考和解决问题。双主体教学模式对于教师和学生尤其是对学生创造性的培养具有举足轻重的意义。

3. 互动性

教是为了促学，学是在"教"指导下的学，教学过程本身就是一种教师与学生互动、学生与学生互动的过程。也只有通过教师与学生的互动交流，学生与学生之间的探讨求索，才能把抽象的知识具体理解，把零乱的知识系统把握，从而达到深刻掌握知识并熟练运用的目的。

双主体教学模式整合了教育活动中的"教"与"学"两个方面，把"教"与"学"的对立与统一转化到师生主体性的互动特性中来。教育活动是教师与学生两者主体性互动的统一，教育就其本质而言是教师主体性与学生主体性的互动，教育活动能取得何种效果，取决于两者主体性互动是否具有有效性和是否达到最优化。双主体教学模式也强调学生与学生协作学习、共同探究，强调在互动、协作中掌握知识、运用知识。因此，互动性是双主体教学模式的又一重要特点。

4. 主动性

在双主体教学模式中，一方面，教师应积极主动地优化教学内容，改进教学方法，鼓励学生不断创新，引导、启发学生积极思考，激发学生的内在兴趣，调动课堂气氛，增加学生学习的积极主动性，从而提高教学效果并最终达到教育目的。另一方面，学生应主动积极地参与学习，充分发挥自己的主体性成为学习活动的主人。在教学活动中，学生不仅应该积极地对所讲的知识预习，而且还应该在课堂上积极参与学习，对课堂内容大胆地提出自己的见解，通过教师的指导以及与同学的合作交流对所学知识进行分析探索，主动建构起自己的知识体系。在课后更应该温故知新，运用自己的知识发现问题、分析问题并最终解决问题，从而能够更牢固地掌握所学知识，锻炼并不断提高自己独立分析、解决实际问题的能力。教学过程中，学生只有树立积极参与的学习态度，才能激发学习热情，最大限度地发掘自身潜能，发挥出自身的创造性，产生主动构建和不断追求进一步学习的欲望，对于取得良好的学习效果具有重要意义。

可见，双主体教学模式是一种符合人的认识发展规律及教学认识论的课堂教学模式。其是以教师和学生为主体、以学生发展为中心师生共同参与教学活动以实现课堂教学效率最大化的一种模式。其核心是培养学生的主体性，即主体意识、主体能力和主体人格，其外部特征为独立性、主动性和创造性。双主体教学模式与其他教学模式相区别的最显著特征就是教师和学生都是课堂主体，两者交互在一起共同参与"教"和"学"，从而达到教学相长、师生共同发展的教学目的。

由此，我们可以将双主体教学模式定义为：以弘扬和培育教育对象的主体性为目标导向和价值追求，以不断提高学生的主体意识、主体能力，并使之成为自我教育、自我选择、自我管理、自我完善的社会主体为根本任务，师生共同参与，教师通过优化教学内容、改进教学方法、整合教学资源、创设问题情境、引导学生自主学习、积极探索、掌握知识、发展能力，使之成为创新型人才，在此基础上形成比较典型的、稳定的教学程序或结构的一种教学模式。

（三）法学双主体教学模式的特殊适用性

法学是一门实践性很强的学科，不但要求学生系统地掌握知识，更要求学生能够学会正确、灵活地运用知识，对学生全面、客观地分析问题、解决问题的能力有着较高的要求。双主体教学模式就是通过引导学生自主实践、独立探索锻炼学生的逻辑思维能力、快速反应能力以及口头表达能力，提高学生对知识的运用能力，从而提高学生的学科素养。而双主体教学模式作为一种在现代教育理论与教育实践背景下发展起来的新型教学模式，有着其他教学模式无法比拟的独特优势。把双主体教学模式引入法学教育中，不仅有利于法学教育培养目标的实现，更有利于法学教育的长远发展。双主体教学模式对法学教育有着特殊适用性，主要表现在：

1. 法律职业人才的高素质要求需要适用双主体教学模式

法学教育不仅包括知识的传授和学术的培养，而且还是一种职业训练。作为法学专业的学生不仅应该掌握较为系统的理论知识及法学原理，更应当学会像职业律师那样思索、写作、陈述和行事。听、说、思、读、写、辩，举手投足之间都应当表现出法律执业者应有的素质要求。

法学教育的基本目的是使法律人能够认识法律，具有法律思维以及解决争议的能力。法学教育不对学生进行相关的职业训练，就无法适应法律职业的特殊要求。法学专业的学生应当具备四方面的知识技能：严密的逻辑分析能力、严谨的语言表达能力、娴熟的实践操作能力和广泛的社会交往能力。而达到这些要求必须进行职业训练。

但传统教学模式以课本为中心，以教师为中心，以课堂为中心，一开始就步入了学科化和学院化的教学，没有传授成熟的系统职业技能。学生的创新意识，思维能力，民主、合作精神以及独立探索自主学习的能力得不到应有的锻炼与提升，法学学生的职业能力得不到培养与提高。而双主体教学模式"以学为本"，真正赋予教师和学生以主体地位，充分发挥教师和学生双方的主体作用，不但能优化教学过程和提高教学效率，而且其所注重培养学生的主体性，使学生通过主动建构掌握知识，能够加深学生对法律知识的理解，极大地提高学生的法律运用能力。双主体教学模式的引入对法学教育无疑具有极为积极的创新意义。

2. 法学教育的实践性需要适用双主体教学模式

法律的生命在于经验而不在于逻辑。法律一旦被制定出来，其最终的目的是在各种社会生活及家庭生活中得以贯彻实施。就这一意义而言，法学在本质上是一门实践性的科学。法律教育的宗旨及计划是要以严格的方法培养具有健全人格，富有创造精神及善于适应时代需要的法律人才。

法学教育不仅需要学生掌握系统的法律知识、原理、制度，还需要学生具有较强的实践能力、娴熟的法律运用能力。法律执业者具备高超的社会经验和判断力是法学专业和其他专业的最大不同。法学的概念、体系，法律的法条都会变，学生通过探索"为什么""怎么样""如何用"而获得的"举一反三"的政策和制度分析能力、分析推理能力。

传统的法学教学模式是一种"填鸭式"的教学方式，禁锢了学生的发散思维以及独立发现问题、分析问题、解决问题的能力，从而使学生缺少应有的实践能力和具体操作技能。在传统的法学教学中，教师大都采用系统讲授的方法，注重课程内容的全面性、系统性和逻辑性，而缺乏对学生的法律运用技巧、实际操作技能、综合分析能力、思维的机敏，以及雄辩的口才等方面的训练。通过这种教学模式培养的学生，虽然掌握了一定的法学理论和法学知识，但由于缺乏实际操作能力和社会生活实践经验在相当一段时间内是无法适应社会需要的。因此，现代法学教育必须改变传统的教学模式，加强对学生素质和技能的培养。

双主体教学模式将学生从被动接受知识转成自主探索获得知识，使学生真正成为学习的主人。双主体教学模式不是要授人以鱼，教给学生多少知识，而是要授人以渔，让学生学会学习，培养和发展他们获取知识的能力。不是要教给他们解决某些具体问题，而是要他们学会认识问题、分析问题、解决问题的思路和方法，这对于增强学生的自主能力、实践能力都具有十分重要的意义。在这种模式下培养出来的学生才能真正掌握并深刻理解法学知识，才能真正成为符合现代社会发展需要的合格法律人才。

3.独特的法律思维的培养需要适用双主体教学模式

法律思维是法律执业者的特定从业思维方式，是法律人在决策过程中按照法律的逻辑并结合自身的经验来思考、分析、解决问题的思考模式。

法学教育不仅是授人以法学知识，更重要的是还要努力培养学生的法律思维。法学专业的学生不在于读了多少本书，记住了多少法理法条，而在于是否具有像职业律师、法院法官那样独立思考的能力。在信息时代的背景下，在法治社会快速发展的条件下，法学教育在学生在校学习的有限时间里不可能把法律的方方面面都向学生进行系统的传授。即便向学生进行了较为系统的传授，在学生毕业后法律也会不断被修改和废除，新法律也会层出不穷。因此，对学生能力的培养不仅在于使学生能够运用法律知识分析问题，解决问题，还在于创造知识，照亮法律盲点，能创造性地解决法律问题的疑难点。一旦他们具有了综合分析法律和运用法律推理进行思维的能力，在一定程度上就能够应对各种复杂和新鲜的问题，成为合格的法律执业者。法学教育不应该仅仅教给学生知识信息，而应该以培养学生的法律思维为主要目的。这种法律思维是一种取之不尽用之不竭的巨大资源，能够使学生受益终身。因此，法学教育必须着眼于培养受教育者的法律思维方法以及训练受教育者对这一思维方法的运用。

培养法律思维并不是一件轻而易举的事情，使受教育者养成良好的法律思维习惯不仅需要其具备深厚的法律知识，还需要通过实践的不断磨炼。只有在具体的法律事件或问题情境中才能开动脑筋启发思维，从法律的角度进行全面分析，积极思索解决问题的途径。才能运用法律知识，通过演绎推理等方法分析问题、解决问题，从而培养法律思维习惯。抛离了鲜活的生活和具体的法律实践就不可能养成良好的法律思维方式。法学专业的学生不仅应牢固地掌握法律知识和原理，还应通过积极参与法律实践逐渐养成从法律的角度思考、分析、解决法律问题的优良思维习惯。

传统教学模式在重视学生对法律知识的掌握的同时却忽视了对学生法律思维的培养。而在双主体教学模式中，教师经过认真选材，通过创设问题情境引发认知冲突进而激发学生的探求欲望，促使学生通过观察、猜想、假设、讨论、推理、分析、判断等对问题进行探究、检验，最终理解、归纳、总结，让学生在自主学习、合作学习、创新学习的环境下学习，经过多次不断的实践与锻炼后才能学会运用知识形成解决法律问题的思维能力与推理能力。

在双主体教学模式中，教师是教学的设计者、节奏的把握者、全局的掌控者、情境的创造者，要求教师针对特定的教学内容，选择精当的材料，创设合适的情境，提出准确的问题，引导学生进入学习情境，让学生通过探索、思考、交流去获得、体验新知识。学生是自我身心发展的自主参与者、积极学习的探索者和创造者，通过教师的引导，学生要发挥自我能动性，相互学习，并结合自身实际亲自动脑思考、动手实践、动口表达，以培养自己的思维能力、实践能力和口语表达能力，从而成为课堂的主角。在双主体教学模式下，师生之间是一种民主、平等、合作的关系。一堂课的教授与学习，不仅学生通过积极主动的探索、分析、实践，深刻地理解并掌握了知识，教师也得到进一步的提升。

因此，法学教育双主体教学模式就是在认知主义、建构主义教学思想的指导下，以教师为主体发挥主导作用，以学生为主体发挥积极能动作用而建立起来的各种类型的教学活动的基本机构或框架和活动程序。法学教育双主体教学模式必将发挥教师和学生作为主体的主动性、积极性和创造性，实现课堂教学效益的最大化。

二、双主体教学模式的设计

作为一种新型的教学模式，双主体教学模式有着其他教学模式无法比拟的独特优势，法学教育的特点也决定了法学教育需要引入双主体教学模式。法学教育双主体教学模式的实现与设计也有着较高要求。

（一）双主体教学模式下法学教育观念的革新

法学教育双主体教学模式条件下的教育理念是以教师和学生为主体，教师发挥主导作用，学生发挥能动作用，以管理为关键，以教育质量为生命，以培养复合型、高素质法律人才为目的。而确定法学教育双主体教学模式的关键是教师观念的转变、教师主体地位的准确定位，难点是学生学习态度的转变、学习角色的转换。

1.教师观念的革新与角色的自我定位

（1）教师观念的革新

教师承认并赋予学生在教学中的主体地位与能动作用，这不仅仅是态度和方法问题，更是反映教师教学思想正确与否的根本性问题。教师的每一项工作能否启迪学生的智慧，激发起学生的求知欲望，发展学生的认知能力，首先取决于教师能否正确地看待学生在教学过程中的地位与作用。长期以来，由于传统的教育理论过分强调教师是"矛盾的主导方面"，起决定作用，而学生是认识的主体这一点一直不被承认。并且，法学教育一直以传统的讲授方法传授法律知识，遵循以教师为主导、以传授法学基础理论知识为重点的原则。这种"填鸭式"满堂灌的教学方法显然不利于学生能动性的发挥和主体地位的彰显。因此，在施教过程中我们必须真正从思想上把学生看作认知的主体，承认学生的主体地位，把学习的主动权和自主权交给学生，"帮助他们在无数的生活道路中找到那一条最鲜明地发挥个人的创造力和个性才能的生活道路"。因此，在教学活动中应牢固树立重视学生的个性发展和自身成长需要，充分发挥学生的能动作用的教育观念。

要改变传统教学中以单纯传授法学理论知识为主的观念，确立传授知识与培养实际能力并重、教学内容和教学方法并重的教学理念。长期以来，我国的法学教育主要以传统的讲授方法传授法学知识，以考试的形式检验学习成果，法学教师也秉承着教师在课堂上是绝对主角的观念。因此，满堂灌的教学方式在课堂上很常见，教师与学生缺少交流互动与引导探索。这种观念与模式下培养出来的法学学生往往缺少主动性与能动性，缺乏发现问题、分析问题和解决实际问题的能力，学生往往在走出校门之后依然需要"从零开始"。因此，在法学教育双主体教学模式下，教师必须要转变观念，在传授系统的法学知识的同时注重培养学生运用知识解决实际问题的能力，在制订具体课程的教学计划、选择教学内容和安排教学环节等方面，应考虑发挥学生在法学知识学习上的主观能动性，由此调动学生的积极性，使其在积极探索、互动交流过程中掌握和运用法学知识。

（2）教师主体的角色定位

教师的主体性主要表现在在教学过程中发挥主导性，以对学生的学习进行指导、引领与帮助。学生的不成熟性以及教师自身的优势决定了对教学认识活动起领导、决定作用的只能是教师，教师必然是整个教学活动的主导者。教师主导作用的发挥就是要引领学生的学习，为课堂教学中学生的认识发展规定方向，并相应地在教学上做出安排。从根本上说，教师主导就是教学活动要由教师来决定，但并不是说教师可以决定学生。长期以来，我们对教师主导作用的理解和贯彻一直存在着问题，往往把教师的主导作用和为"学"服务割裂开来，从而相应地把学生的被领导地位和主体地位对立起来，或者把教师发挥主导作用看作一个径直的过程，认为教师主导作用必须也必然有一个落脚点，这个落脚点只能是"学"。教学所追求的目标和结果一定要由"学"体现出来。教师的主导作用实质上是环境和教育对人的发展的主导作用，这是唯物论的原理。

教师是整个教学活动的组织者、引导者，而学生是其中的积极参与者，在案例选择、资料提供、信息整合、课堂组织、引导讨论、结论评判等一系列环节和过程中，教师应始终处于主导地位，发挥主导引领作用，通过讲授、辩论或讨论等方式引导学生进入教学情境。同时，根据教学目标和教学内容的需要调动学生的主观能动性，引导学生积极参与分析、表达、讨论、辩论，思考情境中的问题，引导学生客观地认识问题、全面地分析问题与巧妙地解决问题，不断加深对法律理论和基本原则的理解与掌握。

在法学教育中，系统基础知识的掌握、独特法律思维的养成、娴熟的法律运用能力的提升以及高尚职业道德的熏陶，都需要教师发挥主导性作用在教学上做出安排，引领学生发挥能动性去掌握、构建法律知识系统，提升法律涵养。具体体现在：

①教师是教学活动的设计者

传统的法学教学中，教师扮演着"教书匠"的角色，往往只是课程、教材的具体执行者，只是在教授课程、教材。而在新的法学教育双主体教学模式中，教师正由较为单一的"教书匠"角色向多元化和复合化的角色转变。而且，现代法学教学模式发展的总体趋势是赋予学生以主体地位，重视教学活动中学生能动性的发挥，重视学生对教学活动的积极参与，根据教学的需要合理设计"教"的活动与"学"的活动。在法学教育双主体教学模式中，教师是教学活动的设计者，法学教师要创造性地进行教学，要了解学生的个性并尊重学生的个体差异，满足多样化的学习需求。在教学中要能够对自己的教育行为进行及时而适当的反思，能够针对自己创设、营造的教育情境提出贴切的改革建议。唯有如此，才能对"教"与"学"做出较为合理的安排与设计，激发学生学习的内在原动力，进而积极并富有创造性地去掌握、建构法律知识体系。

②教师是教学活动的组织者

教师是教学活动的组织者，教学的全过程自始至终都要由教师进行有效监控。在教学大纲的指导下，首先，教师要对学生全体进行客观全面的分析以确定使用适宜的教材，制定相应的教学目的，提出适当的教学要求，明确教学进度，教学评估的手段、方法等。

其次，在法学教育双主体教学模式下，学习是由教师与全体学生所组成的学习群体共同完成的，而不是孤立的单个学生的个体行为。为此，教师应在可能的条件下创造机会，组织和引导学生相互讨论和深入交流，进行协作会话学习，建立学习共同体并成为其中的一员。在这样的团体中，每名学生都能得到应有的尊重和理解，每位学生都能充分发挥自己的主动性和优势，一起研习资料提出各自有针对性的观点，并对他人的观点做出分析和评论。通过相互协作、彼此交流，使整个学习共同体共同完成对所学知识的意义建构与新的知识体系的建构。教师要扮演好组织者的角色，充分发挥自身在教学活动中的主导性作用。

③教师是学生学习的引导者、促进者、激发者

教学就其本质而言，是教师把人类在长期的社会生活与科学实验中积累起来并经过实践验证的丰富知识，通过一定的手段和方法创造性地转化为学生的真知，并启发引导学生把这种"社会经验"转化为自身能力的一种特殊的认识过程。教学不是简单的"传输—接受"过程，不是简单的教与学，而需要老师精心选择教材与案例培养学生的学习兴趣，激发学习动机。精当地选择教学方法，适时引导和激励学生使其真正理解和掌握知识并能熟练运用。

在法学教育双主体教学模式中，教师要重新确认自己的教学身份。在教学活动中，教师应发扬民主，尊重学生的个性，赋予学生主体地位，要认识到教师的职责不再是简单地传授知识，而是要精心创设教学情境，引导激励学生积极思考，自主学习，要将更多的时间和精力用于从事那些有效的、富有创造性的活动；指导学生掌握学习的方法、获取知识的途径以及学会如何学以致用；引导学生在自己原有知识结构的基础上，按照自己的学习风格和学习特征去讨论、表达、理解，通过积极思维、勇于表达等自主活动，独

立发现问题、认识问题、分析问题、解决问题，从而得出科学结论；注意培养学生分析问题和解决问题的能力，引导学生在适当的时候进行协作会话学习，并使之朝着有助于意义建构的方向发展，注意培养学生与他人的合作意识与协作能力。

教师的角色必须由知识的传递者转化为学习的促进者，由课堂的管理者转化为学习的引导者。引导者的角色要求教师能够正确判断学生是否形成了深层次的理解，并能够关注和掌握学生的学习过程和学习效果。学生是否形成了深层次的理解可以通过以下标准来判断：学生能否用自己的话去解释、表达所学的知识；能否基于这一知识做出推理、判断和预测，并学以致用，发现并解决有关的问题；能否将所学的知识迁移到实际问题或现实生活中来。要了解这些方面，教师可以通过课堂提问、课下练习、实践锻炼等多种方式来判断学生对知识是否已经理解和掌握，而这是一个循循善诱的引导的过程。在教学中教师不仅要关心学生学习的效果，而且要关注学生学习的过程，只有理解了学生是怎样学习的，才能适宜地引导并进一步促进学习者形成对知识的较为深入的理解，以达到学以致用的目的。

2. 学生观念的革新与角色的自我定位

（1）学生学习态度的转变

教学作为师生双方的共同活动，其最终效果并不仅仅取决于教师的教，教师并不能因为"闻道在先""学有专攻"就能完全支配教学的进程，随心所欲地教。教学过程是师生双方积极有效的互动过程，学生是学习的主体，学生的身心发展规律和认知能力的高低以及天赋、主观能动性发挥的程度如何等都极大地制约着教师主导作用的发挥。知识不是被动、机械、简单堆积起来的，它经过了一个由感性到理性、由量变到质变的错综复杂的不断加工的过程，而这个加工过程只能在学生自己主动、积极、独立的思维中实现。如果缺少学生对教学的积极参与，没有学生主动、自觉自愿的独立探索与沟通交流，教师的教就难以取得良好的教学效果。

学习并不是一个被动接受的过程，而是一个主动建构的过程。换言之，知识并不能简单地从一个人复制到另一个人，一个人知识的获得必须基于个人对经验的实际操作、交流、归纳、总结，通过不断反思来自主建构。只有经过学生的思考建立起来的对知识的理解才是最有意义、最有价值的，也才是最有成效的。然而，长期以来在很大程度上学生的学习方式是一个被动接受的过程，学生的学习被做了简单化处理，在教学中学生的主要任务就是掌握教材中的重点和难点，完成教师布置的作业，教学过程唯书，"以教师为中心""以教材为中心"，习惯于教师讲，学生听。

法学作为一门实用性很强的学科，要以对法律的理解为主要内容。要熟练地运用法律知识解决社会政治、经济、文化等不同领域的问题，真正掌握法律操作技巧与艺术，就必须经过长期刻苦的反复训练，就必须充分发挥学生个人的能动性达到对法律知识的深入理解并加以融会贯通、灵活运用。所以，学生必须转变观念，抛弃传统教学模式下的旧有学习观，变被动接受学习为主动建构学习，从观念上认识到自己在教学过程中的主体地位，认识到只有发挥积极性、主动性，并不断发掘自身的创造性才能真正掌握知识，才能提高自己自主学习、协作研究、不断创新的能力。

（2）学生主体的角色定位

教学过程中教师处于主导地位，对教学起决定性作用，但这并不意味着学生是被决定的，并不意味着否认学生在学习中的主体性。反过来，承认学生是教学活动的主体也并不意味着教师就是客体，并不意味着就此否认教师对教学活动的主导作用。一般来说，在教学活动中，教师既是主体，负责教学，也是客体，成为学生认识的对象；学生也既是主体，负责自己的学习，也是客体，成为教师工作的对象。但是，教学活动是一种特殊的认识活动，教学的过程是教师"教"学生认识的过程。在教学过程中学生自然是认识（学习）的主体，但教学认识是一种特殊的认识，学生这一认识主体的认识是在教师的引导下进行的。没有了教师的引导，教学就失去了它应有的规定性，也就不是教学活动而沦为了一般的认识活动。所以，在教学中既要承认教师对教学的主导作用，也要明确学生在教学中的主体角色定位，即学生是教学活动的主体，其主体性主要体现在：

①学生是相关经验的自主积累者

学习不但是知识由外向内的转移和传递，更是学习者主动地建构自己的知识经验的过程，即通过新经验与原有知识经验的相互作用来充实、丰富和改造自己的知识经验。学生并不是被动地接受外在的信息，而是积极主动地根据自己已有的知识经验有选择性地感知、提取外在的信息，建构当前事物的意义。所以，在学习的过程中学生需要不断丰富、充实相关知识经验背景。没有经验就不可能去改造经验，也就谈不上学习。学生的相关经验越丰富，改造和发展类似经验的指向便会越多。相应地，学生所产生的学习需要也就越强烈。所以，在具体的法学教学中学生个体已有的法学知识经验状况在一定程度上决定了其学什么、怎样学以及其学习所能达到的深度与广度。因此，在双主体教学模式下法学学生必须身体力行，积极参与法学社会实践，不断积累并充实自己的相关经验，只有做自我身心发展的自主参与者，才能不断地丰富并扩大自己的知识结构，理解并掌握新知识。

②学生是知识的自主建构者

"自主建构"是指学生的主观精神世界是学生自主地、能动地生成、建构的，而不是依靠外部力量模塑而成的。任何一种知识的学习过程都是一个积极主动并富有创造性的建构过程，法学专业的学习也不例外。但法学是一门实践性、应用性较强的学科，学生只有充分发挥主观能动性，积极主动地探求原委理解并内化为自己的知识，才能切实掌握并熟练运用法学知识。学生作为"学"的主体，意味着在获取知识的过程中要发挥主体作用，而学生主体作用的发挥主要是通过学生的自主学习来实现的，自主学习不但有利于培养学生学习知识、发现知识的方法，而且有利于提升学生运用知识的能力。对于法学专业的学生来说，自主学习的关键是要提高运用法律知识分析、解决现实社会中实际问题的能力，主要表现为对法律知识的系统掌握、对法律技能的熟练运用以及学生自身法律思维的客观形成。

在法学教育中，学生的主体性和教师的主体性具有协同、融合、统一性。从根本上说，教学过程中教师主体性的发挥是为了促进学生主体性更好地发展，而学生主体性的发挥又有赖于教师主体性的引导；同时，学生主体性的发挥、发展又可进一步促进教师主体性的发挥、发展。在学生主体性和教师主体性的相互促进、共同作用之中，学生不断得到进化和发展，教师不断得到充实和提高，师生共同处于一个和谐、协同的教学统一体中。

（二）双主体教学模式下法学教学目标的确立

教学目标是指经过一定时间的学习，学生学习所要达到的预期效果或者说是预定的学习所要达到的标准。双主体教学模式下法学教学目标的确立既是法学教学的基本出发点，又是法学教学的最终归宿。明确双主体教学模式下法学教学的目标，对于法学教学更好地开展以及高素质法律人才的培养具有十分重要的意义。与双主体教学模式的要求及法学教育自身的特点相结合，双主体教学模式下法学教学目标应当致力于学生主体性的发展以及高素质应用型法律人才的培养。

1. 发展学生主体性

教学过程中，没有学生主体性的发挥，知识教学就只能是简单的"填鸭式"的灌输，教学也不可能达到较好的效果。只有充分调动学生精神世界的原始驱动力，学生的学习才可能成为自身的内在追求，学生也才可能有兴趣并努力去探索知识，才会把学习当成一种需求、一种乐趣。

发展学生的主体性是法学教育双主体教学模式的首要目标，也是教学动力用之不竭的巨大源泉。主体的内在规定性为自由自主性、主观能动性和自我超越性。主体在与他人的关系之中表现出自由自主性；主体在对象性活动中（与物质世界的关系中）表现出主观能动性；主体在与自身的关系中表现出自我超越性。

在法学教育双主体教学模式中，在教师的引导下，在学习动机、学习兴趣的驱使下，要能够促使学生自我组织、自我指导、独立思考、自我评价等一系列自我教育能力的生成，帮助学生形成对不同意见、不同观点进行评价并做出判断的勇气和能力，使学生真正成为具有主体意识和自主能力的人。

2. 培养高素质、应用型法律人才

高素质是相对于学生应掌握的法律知识结构而言的。双主体教学模式下，法学学生应该具备法律系统知识、原理和制度以及相关的人文科学，弄清法律是什么、法律制度、法律与其他社会现象的关系、法律运行、法律的精神和理念等问题。法律是人们智慧的结晶，法学理论是千百年来人们知识、经验的积淀，离开了法学理论的指导与支撑，对法律的理解与掌握就会很肤浅，更不会举一反三并灵活运用法律，任何法律执业者都可能成为"工匠式"的人才。法律实用能力是一种问题思维能力和经验分析推理能力，其培养离不开艰苦的理论学习和材料积累。中国法学院的学生要成为一个实用的人才，首先要受到严格的法律理论和方法训练，学习法律规则背后的精深原理，学习法律规则创造性应用的方法，学习法律发展演化的历史及法律与社会的互动关系，等等。在理论训练的基础上才有法律实用，不认识到这一条，中国法律教育将永远没有希望。因此，系统的法学知识及原理的掌握，是法学教育的基石，对于学生实践能力及运用能力的培养具有重要作用。

应用型是相对于学生应具备的法律职业能力而言的。法学是一门实践性学科，法学院培养出来的学生不仅需要系统的理论知识，还需要具备优秀的法律职业能力。在法学教育双主体教学模式下，应当培养学生具有独特的法律思维能力，训练学生能够从法律人的角度观察和分析问题，并能结合自身经验和知识储备用一种法律执业者的独特的批判性和创新性的法律思维去解决实际问题。

在法学教育双主体教学模式下，还需锻炼学生娴熟的法律运用能力。法律工作的特质在于用法律发现并解决复杂的社会问题，因此法律工作者必须具备运用法律知识分析和解决法律纠纷、法律问题的能力，它包括法律推理、法律解释、法律程序、证据运用、法庭辩论以及法律文书制作等。

双主体教学模式下法学教育应当以能力、素质，特别是学生法律思维的培养为宗旨，而不应以某些固定的知识的传授为宗旨。法律条文可以随社会的发展而变动，但是只要具备了一种综合分析法律和事实，运用法律推理进行思维的能力以及娴熟运用法律的能力，学生就能够有能力应付各种复杂和新鲜的问题，成为合格的法律执业者。

（三）法学教育双主体教学模式的适用原则

法学教育双主体教学模式是在对于局限于教室内和理论体系内的传统法学教育模式进行反思和批判的基础上建立起来的，因而对于我国当前法学教育的改革具有十分积极的促进意义。由于我国的法学教育从一开始就步入了学科化和学院化的模式，且缺少传授成熟的系统职业技能的传统和模式，因此，法学教育双主体教学模式的适用就具有更加突出的积极意义。但法学教育双主体教学模式并不是在任何情况下都可以无限制地加以应用，其实施需要遵循一定的原则和条件，要根据学生的实际情况、教材的具体内容以及教学目标的要求等灵活地加以应用。

1.应用型原则

法学教育双主体教学模式对于开发学生的智力和培养学生的法律思维能力具有十分重要的意义，其是在对传统法学教学模式进行分析与研究的基础上建立起来的；换言之，法学教育双主体教学模式是对传统法学教学模式的扬弃。法学教育双主体教学模式既有对传统法学教学模式的批判，又包含了对传统法学教学模式的继承与发展，二者既有区别又有联系，两种教学模式的某些要素可以相互融合、吸纳，并不是一种绝对对立的关系。在具体的教学过程中，要依据不同的课程性质选择适宜的教学方法，以保证教学的良好效果，实现两者的优势互补。

法学教育双主体教学模式只是表明了教学各个环节之间的联系，而不是僵化固定、一成不变的程式，它是动态的，在具体的教学过程中，模式的各个环节要根据课程类型、性质、教学内容、教学对象等的不同而有所侧重。法学教育双主体教学模式采用什么教学方法受到教学内容、学生认知水平和现有物质条件等一系列因素的制约和限制，不是在任何时间、任何地点都能无条件地适用。并且，不是所有的知识都适合让学生通过探索、建构、交流的方式获得，对于一些经典性的原理，一些需要识记的法律条文、法律发展历史等，通过老师的直接传授不但能节省时间，还能达到较好的掌握知识的效果。而且，这种较为主动的学习方法对教师的组织协调能力，学生的自控能力、探究学习能力要求比较高，占用的时间也相对较长，难以保证教学的时效性和经济性。因此，对于法理学、法制史等应用性较弱而理论性、系统性较强的课程，采用传统法学教学模式进行教学能使学生在相对较短的时间内获得相对较多的知识信息，能够保证教学的系统性、时效性。而对于民法、刑法等应用性较强的课程，采用双主体教学模式则能更好地发展学生的能力，使学生更好地理解并运用法学知识。

2.问题型原则

现代教学论研究指出：感知不是学习产生的根本原因，产生学习的根本原因是问题。问题是学习开始的起点和目标，是学习认知、情感发展、能力提升的催化剂。没有问题，就难以诱发和激起学生的求知欲；没有问题，学生就不会主动探究。因此，教师要精心设计法律问题情境，呈现精当案例，提出有针对性的问题引发学生的认知冲突，从而激发学生积极思考，产生疑惑，提出问题，引导他们根据自己已有的知识和经验，通过科学探索来获取知识，即教师创设教学情境—学生质疑、思考并提出问题—学生主动探索寻求解决问题的相关知识和方法—解决问题并进行归纳总结—发散思维、提出新的问题，从而构成教师激发学生独立思考，积极主动地探求解决问题的方法。

法学教育双主体教学模式十分强调引导学生主动参与、亲身实践，通过独立思考、合作探究，培养学生发现问题、分析问题、解决问题的能力以及与他人交流与合作的能力。因此，在教学过程中，教师根据教学目标及教学内容创设法律问题情境具有十分重要的意义，教师要注重问题在教学活动中的重要作用，重视问题的使用以及学生问题意识的培养，使其环环相扣，让不断深入推进的问题成为学生学习的动力和贯穿于教与学全过程的主线。

3. 启发探究原则

教师的启发诱导目的在于引发学生的思考探索。一般来说，学生探索的愿望越强烈，探索性行为就会越多，探索的结果也就越好，启发诱导的成效也就越大，也就表明教师的主导作用与学生的主体性结合得越圆满。

教学过程中，教师要根据教材的内容，依据大纲的要求，把学生的学习活动作为课堂教学的基本活动，营造学习情境，创造出问题，以此引导学生积极参与知识的"再发现""再创造"过程，重视学生创造性思维的培养和良好学习习惯的养成。探究是在教师的启发引导下，学生充分发挥自己的聪明才智，通过独立思考或分组讨论、议论甚至争论，逐步解决教师提出的问题和自己发现的新问题，从而形成新的认识的过程。

根据教学内容的特点以及学生的实际情况，在提出问题后，教师要引导鼓励学生利用现有的教学资源，通过分析、探索的方法研究新情况，探求新方法，掌握新知识，培养学生的独立思维能力、合作能力，并引导学生在实践中学会应用知识。在双主体教学模式当中，教师要始终掌握这一原则的运用。

三、双主体教学模式的意义

法学教育的根本目的和基本职能是培养符合社会需要的法律人才。我国当前的法学教育存在着巨大的改善空间，我们迫切需要建立一种新型的、能培养高素质法律人才的法学教育模式。而双主体教学模式是素质教育发展的需要，它有着深刻的哲学基础，符合学生的学习规律和当代的教育教学理念。双主体教学模式对教育的价值取向、教育的目的、教育的形式、教学过程的结构和模式、新型人际关系的建立等等都将产生良好的促进效果。

（一）突破传统教学模式，优化课堂情境，符合学习规律

当前我国法学教育的一个显著特点，就是法学教育模式较为单一，即法学教学模式还主要采用"传递—接受"式教学模式，缺乏较为广泛的师生互动，也很难调动起学生学习的积极性。在法学教育双主体教学模式下，通过创设问题情境，能够引发学生对知识的兴趣和认知的需要，从而能够激发学生自主探究的学习动机。在教学过程中，学生是学习的主人，是学习的积极探究者。教师的主要作用是通过仔细选材，创设适合学生学习探究的教学情境，而不是提供现成的知识。美国心理学家戴维·保罗·奥苏贝尔（David Pawl Ausubel）指出，学生接受知识的过程是一个新旧知识相互作用的过程。学生对学习新知识有三分生、七分熟的基础，学生既有原有知识结构，又有对新知识的顺应和同化的思维属性，在教师有意义有目的地帮助指导下，依据教材循序渐进的选编顺序，能够通过探究的学习方式掌握知识。而且当学生掌握了某项知识的 60% 的时候，就要开始运用和实践并在运用和实践过程中补充和提高自己，这是后现代人学习的一种最明智的做法。法学教育双主体教学模式能够优化课堂情境，符合学生学习规律。

（二）提高教学效果，改善教学质量，符合当代教学理论

发展是教学的最初目标与最终归宿，而发展的实现则有赖于教学中为学生创设相应的条件，提供适宜的内容。维果斯基和赞可夫等人的研究和实践表明，对学生的发展产生积极影响的条件是教学要在略高于学生现有心理发展的水平上进行，通过不断设置认识矛盾，激发学生的认知需求，促使学生运用自己的智力、意志和情感去研判、分析、解决问题。而双主体教学模式正是对这一教学理论的具体运用，符合当代教学理论。

双主体教学模式还有助于建立良好的师生关系，有利于教学双方最佳状态的发挥。传统"一言堂"式的教学中，教师满堂灌，学生被动听，课堂气氛沉闷，教师的"教"得不到学生的积极回应，教师的情绪自然受到影响，潜在的灵感难以激发，不利于教师讲课水平的充分发挥。而双主体互动式教学，由于教师与学生在课堂上积极互动，互相呼应，无论是课堂提问还是案例讨论，气氛都异常活跃，不经意间师生的距离也得以拉近，容易形成一个整体，从而有利于教学双方最佳状态的发挥，有利于教学质量的提高。

（三）提高教师主体教学意识，发掘教师教学能力

教学双主体的教育理念要求教师在教学过程中关注学生已有的知识和经验，让学生走向生活，参与教学，让课堂充满创新活力。要求教师实现角色转换，把教学过程作为师生交往、共同发展的互动过程。因此，与"双主体"相适应，教师在学生主动、自主、积极的探究、合作过程中，有了展示自身个性的空间，有了表达自我情感的舞台。也只有如此，教师才能融入学生中去，才能让学生从内心接纳自己并接纳每一个学生。在这样的环境中，教师的作用自然能积极、主动地发挥。

双主体教学对教师的教学能力更是一种无形的促进与提高。教师要在大量的案例中有目的地选择一些精当的案例，这些案例要有针对性、要恰当，并根据教学大纲提出问题（问题应具有逻辑性和启发性），提高学生的分析研判能力。教师还要考虑教学过程中学生可能提出的问题，并准备如何应答。这对教师的知识结构、表达能力和反应能力都提出了更高的要求。在案例分析的过程中，学生思考问题的角度以及所提出的问题对教师也会有所启发，这就起到教学相长的作用。同时，教师也要有较高的教学设计与组织课堂的掌控和管理能力，对学生循循善诱，使教学活动沿着正常的轨道有节奏地进行而不偏离主题。

（四）强化学生主体作用，培养学生自主学习精神，提高学生分析问题与解决问题的能力

法学教育不是单纯地灌输某种既定的、不变的法学知识和法律条文，而应当是培养学生理解法的真谛，使其拥有先进的法律意识，掌握法律的整体框架和运行的内在规律。学会如何学习和运用法律，形成良好的法律思维。法学教育双主体教学模式的价值，不仅有利于学生掌握系统的法学知识和原理，还能培养学生实际参与法律操作，解决实际案件和实际法律问题的能力。更重要的是，双主体教学模式更关注学生创造性法律思维与能力的培养和锻炼，使学生不但能够掌握从法学角度观察问题的方法，而且还能养成独立分析、辨别和创新的能力，能及时吸收新知识、解决新问题，以便能够应对未来在社会生活中可能面临的各种复杂的法律问题，适应法学的快速发展，成为适合社会需要的法律人才。

学生通过对现实法律事件的观察、思考乃至参与，不仅能很牢固地掌

握经过认真思考、探索、交流而形成的法学知识，而且可以运用理论对现实问题提出批判性、建设性意见与建议。这对于提高学生自主学习的能力，培养学生独立思考的能力，提高学生分析问题与解决问题的能力是大有益处的。培养学生的探索精神，锻炼其查找知识、分析异同、辩证思维、沟通交流等能力，能使学生逐渐养成自我教育、自我学习的习惯，真正发挥学生的主体性，成为学习的主人。

第四章 法学教育改革

第一节 协调发展理念与法学教育改革

一、协调发展是我国法学教育改革必须践行的基本理念

法学教育是我国社会主义现代化建设的重要组成部分，有着十分重要的地位。国际经验和我国现实反复表明，全面深化改革、全面依法治国、全面从严治党，都离不开法律的支撑和保障，离不开法律人才在各项制度建设中所起到的关键性作用。作为高等教育的一部分，法学教育从来都在国家现代化进程中扮演至关重要的角色。

毫无疑问，法学教育自身同样也需要发展、需要创新。而如何创新？如何发展？协调发展的理念是制胜的要诀。协调发展是我们党在认识把握协调发展规律、总结汲取中外发展经验教训的基础上，着眼于解决当前经济社会发展中存在的不平衡、不协调问题提出的重要发展理念，是持续健康发展的内在要求。

所谓协调发展，就是妥善处理发展中的重要关系，着力形成平衡发展的结构。协调发展理念的提出是对我国突出存在的发展不平衡问题的正面回应，通过协调各种关系和比例来解决各种发展的不平衡问题。协调发展是破解当前发展短板问题的根本方法。协调发展不仅是一种新的发展理念，也是推动科学发展的有效方法，更是有效解决当下发展短板问题的治本之策。协调发展的提出不仅是基于我国在推进社会主义现代化的过程中存在的现实发展不平衡问题，更是实现经济永续发展的必然选择。

协调发展在法学教育中主要通过以下几方面体现出来。

（一）法学教育与社会经济文化发展的协调

教育的终极目的是为了更好地服务于社会各个领域，促进经济、文化等各方面的发展。因此，法学教育必须与社会的经济文化发展相协调。我国经济飞速发展，科学技术突飞猛进，出现了许多新的未知领域，比如，互联网＋、自媒体、物联网等。在经济飞速发展的同时，也带来了环境过度开发利用、温室气体效应等环境问题，方方面面都急需要法律进行调整和规范。法学教育也面临着与这些领域的衔接重任。

（二）法学教育与其他学科教育的协调

法学教育属于高等教育，是在初等、中等教育基础上的进一步深造。首先需要与初等、中等教育相协调。此外，法学教育作为高等教育之一，还应该与其他高等教育，如，政治、哲学、文学等人文社会科学的教育相协调。同时，法学教育也是一种实用性、复合性的教育，不能与其他自然科学完全脱节，如，知识产权的保护、公共设施、基础设施等建筑工程的法律问题等。如果有理工科知识，就能更好地从法律角度进行思考和开展工作。

（三）法学教育自身发展中的协调

在法学教育自身的发展中，也需要讲究几个方面的协调。一是法理精神教育与法学知识教育相协调。作为法学教育，不能仅仅教给学生法学知识或者说教给学生如何去学习法学知识，更重要的是，要将法理精神，如，平等、正义、公平等法治理念贯穿在教学当中，使学生受到潜移默化地影响，让这些法治精神植根于学生的心中，这样当学生走向社会、走向工作岗位时，才不会为了金钱而迷失方向，才不会为了工作岗位而丧失良知。这样培养出来的法学人才才能真正做到有法必依、违法必究，维护法律权威，做一个真正的法律人。有了真正的法律人社会才会真正的协调与和谐。二是理论知识教育与应用技能培养相协调。目前各大高校普遍注重法学理论知识的教育，这当然是无可厚非的，但若过分强调理论知识教育而忽视应用技能的培养，则将使得学生的能力发展受到很大的限制。三是本科生、硕士研究生、博士研究生三个阶段教育应相协调。

诚然，在我国法学教育中还存在着区域、专业、学校之间的发展不平衡、不协调，这种现象的存在实际上也是不利于积极推动法治国家、法治社会建设的。我们应该抓住新发展理念的大背景，将协调发展理念运用到法学教育改革之中，促进法学教育朝着更加科学、更加合理的方向发展。

二、在法学教育改革实践中贯彻协调发展理念

法学教育改革一直是法学界探讨的话题，如何进行法学教育改革，以便实现法学服务于社会、服务于人民、服务于经济的目的也是困扰着我们的课题。协调发展作为一种新的发展理念，为法学教育改革尤其卓越法律人才培养指出了方向和道路，对法学教育改革乃至整个教育界都有极大意义。

（一）加大对法学学科和法学师资培养的投入力度

法学既是一门需要雄厚理论知识的学科，也是一门实用性非常强的学科，具有自身的学科特性。在推动我国法治建设的进程中，法学教育和法学人才的培养将起着举足轻重的作用，但如上所述，法学教育和目前的社会经济发展总体上不协调，远远滞后于后者。一方面与我们传统的德治文化和非诉文化有着千丝万缕的联系；另一方面也与我国对法学教育的支持力度有关。因此，国家应加大对法学学科的建设和支持，加强法学师资的培养，增加法学学科的经费支持力度，推动法学教育与企业、公检法等部门的交流与融合。

（二）加大中西部地区尤其是西部地区的法学教育

随着"一带一路"的建设，中西部地区的经济将得到极大的发展，与周边国家的法律事务也将日益增多，致使本来就不能满足现实需求的中西部地区的法学人才缺口增大。因此，应该加大对中西部地区法学教育的投入，开设符合本地区实际的相关专业课程。

（三）加大国际法学专业的培养力度

我国要引领国际法治的建设，要提升国际法治实力，要维护国家利益，除了经济实力的提升外，更重要的是能主导国际法制的建立，掌握国际法的话语权。"一带一路"为我国资本走出国门开辟了新航道，投资到海外的资本能否在国外、国际上真正获利，有赖于对国外法律的掌握、了解，有赖于对国际法体系的认知和理解，更有赖于一个良好的国际法治环境。无论是从国内资本的走出去看，还是从与周边国家的各种纷争看，无论是从中国在国际上的地位看，还是从中国在国内的改革看，都需要高端的国际法律人才。因此，必须加大国际法学专业的培养力度，推动国际法学教育的发展。

（四）地方高校法学教育的改革要有切合自身实际的目标和定位

法学教育是一个综合工程，不同的学校应将法学教育进行一个合适自己的定位，并根据定位对法学教育进行适度的改革。例如，地方一般高校和教育部直属高校对研究生的培养，因其学校定位的不同，理应有所区别。地方一般高校应该面向本区域，培养适合于本地区的应用型人才，而教育部直属高校相对师资力量较强，可以培养偏重科研的研究型法学人才。

总之，我国法学教育尤其卓越法律人才培养改革可以借协调发展理念这股东风，注重理论联系实际，顺应"双一流"建设的时代契机，作出积极的改革，以培养更多社会需要的法治人才。

第二节　法律职业共同体构建视域下的法学教育改革

一、法律职业共同体的意义厘定与构建目标

（一）法律职业共同体之意义厘定

法律职业共同体对于推进法治国家、法治政府、法治社会建设有着重要的基础性意义，这是因为"建立在共同知识训练背景基础上所形成的共同的知识体系、思维方式，以及由此而上升为更高级的共同的理念、共同的价值追求甚至共同的信仰（即对于法治的信仰）"的法律职业共同体，其"最终目的是寻求一种共同的法治理念和法治精神"，从而实质地、稳定地、执着地、持续地推动法治中国的建设进程。法律职业共同体一词，最早是学者在考察西方国家的法治史中，发现罗马法时代就活跃着一群垄断了法律专门知识的法学家和垄断了对社会纠纷解决终极权力的职业法官的特殊阶层，这一特殊的知识群体和职业阶层就是人类社会最早的法律职业共同体。

法律职业共同体可以描述为以法官、检察官、律师、法学家为核心的法律职业人员所组成的特殊的社会群体，它必须经过专门法律教育和职业训练，是具有一致法律知识背景、模式化思维方式、共同法律语言的知识共同体。它以从事法律事务为安身立命之本，有着共同的职业利益和范围，并努力维护职业共同利益的利益共同体。其成员间通过长期对法治事业的参与和投入达成了职业伦理共识，是精神上高度统一的信仰共同体，具有知识共同体、利益共同体和信仰共同体等共同性特征。

不难看出，所谓的法律职业共同体，就是以共同的法律专业知识为背景，并以法律为基本职业，且自觉地按照法律的思维方式和行事程序观察问题、发现问题和处理问题的一个比较稳定的社会特殊职业群体。与其他社会职业共同体相比较，法律职业共同体具有如下一些基本特征：

1. 有共同的知识背景

它必须经过专门法律教育和职业训练，必须系统地、全面地、深入地接受以法言法语为表征、以权利义务为内容、以公平正义为价值、以法律推理为基本思维模式的法学特殊理论体系、知识体系和逻辑体系，是具有统一的法律知识背景、模式化思维方式、共同法律语言的知识共同体。

2. 有共同的科班渊源

由于法律职业共同体具有其他社会职业共同体不一样的特殊知识门槛要求和执业资格限制条件，如，在绝大多数国家或地区，除纯法律学术研究者外，凡从事法律职业者，必须通过严格的法律职业资格考试并取得合格证书，方可执业。而要想通过或取得这样一种严格的法律职业资格证书，就必须系统地在大学法学院系接受比较长时间的严格法学教育和职业技能训练，没有这个严格的过程和特殊的经历，就不可能取得法律职业资格证书。正因为如此，凡从事法律职业者全部或者绝大部分出自法学院系，具有科班上的同源性。在英美法系国家或地区，由于法官、检察官绝大部分又是从最优秀的律师中产生，而所有的律师又都几乎来自大学的法学院。可见，科班、选任上的同源是法律职业共同体最为显著的特征之一。

3. 有共同的价值追求

法律是一种隐含着自由与秩序、公平与正义、独立与平等、安全与效益等内在价值的特殊社会规则，在接受法律知识的系统教育和法律职业的严格训练过程中，法律所内在的价值观也同时植入法律人的脑海，并成为法律人自觉的一种品格。因此，对自由与秩序、公平与正义、独立与平等、安全与效益的坚持和信守就意味着对法律的坚持和信守。

4. 有共同的社会目标

法律是治理国家和管理社会最基础、最有效、最持续的手段，在法律面前、规则面前、程序面前人人平等这一法律一般性、普遍性适用原则的约束下，通过法律所治理的国家、社会和民间，是一种基于法律理性和法律秩序下的理想社会。就法律人而言，其共同的理想社会就是法治社会。

5. 有共同的推论思维

法律职业共同体有着以法律逻辑和法律推理为核心的推论思维模式，法律人（立法者、执法者、法律学者、律师、法官、检察官等）的执业和工作过程实质就是一个利用以法言法语为基本元素支撑的法律知识图谱和理论逻辑结构，借助于既定的、特定的价值理念，本承"以法理释法条，以法条断法案，以法案评法条，以法条证法理"这一独特论证思路和逻辑位序的一个推论过程，即是从一个或一些已知的命题、概念或规定（如法理、法条），通过推理、分析和论证以求得出新命题、判断、裁决、结论（如法条、法案）的一种思维过程或思维形式。因此，推论的方法也就成为法律职业共同体所共同的、经常使用的最基础方法。

6. 有共同的行事准则

法律人在具体的行事过程中，有基于对特殊知识的认同和推论思维的定势，本着事实定于证据、裁断依于法律，严格按照规则和程序办事，不寻求法外之事、法外之理、法外之情、法外之利。因此，严格依法办事、一切按规则行事，几乎成为所有法律人共同遵循的办事准则和行为方式。

7. 有共同的职业伦理

法律人其成员间通过系统的法律知识熏陶、严格的法律技能训练、长期的法律职业投入、经常性的与法律朝夕相处，已自觉地形成对法律的高度信仰、高度依赖、高度信守等基本品格，由此对其所从事的法律职业有崇高的荣誉感和自豪感，进而形成敬畏法律、忠于法律、践行法律、维护法律并不惜为法律而牺牲的特定职业品格和法律伦理精神。因此，法律职业共同体是一个有高度法律信仰精神和忠诚意识的伦理共同体。

8. 有共同的关联利益

法律人虽然所从事的具体职业具有很大的差异性，有些甚至具有对抗性，如，在刑事审判中，检察官与辩护律师之间就具有一定的对抗性。但是，无论是法官、检察官，还是律师或者公证人、鉴定人、法律专家，其发表见解、表达主张、陈述意见、判断案情，均应基于法律、证据、规则、程序等广泛认同和严格适用的推论思维、行事准则——即所谓的行规，违背这些为所有法律人遵守的基本规则，就必然会铸成各种冤假错案，就必然会损害全体法律人的荣誉和威信，进而导致人们对法律人不信任、不尊重、不依赖、不期望的社会心态和一荣俱荣、一损俱损的严重后果。因此，法律职业共同体是基于法律、证据、规则、程序等广泛认同和严格适用基础上的共同利益，是以从事的不同法律职业为基础但有着共同的职业利益，并需要努力共同维护职业共同利益的利益共同体。

（二）我国法律职业共同体之构建目标

国家统一司法考试制度的推行和建立后，由于法官、检察官、律师必须共同参加并取得国家统一司法考试的合格证书，也被学者冠以我国法律职业共同体的真正开始，学理层面意义上法律职业共同体开始在法律实践中探索运行。

完善法律职业准入制度，健全国家统一法律职业资格考试制度，建立法律职业人员统一职前培训制度。建立从符合条件的律师、法学专家中招录立法工作者、法官、检察官制度，畅通具备条件的军队转业干部进入法治专门队伍的通道，健全从政法专业毕业生中招录人才的规范便捷机制。加强边疆地区、民族地区法治专门队伍建设。加快建立符合职业特点的法治工作人员管理制度，完善职业保障体系，建立法官、检察官、人民警察专业职务序列及工资制度。

二、法律职业共同体构建对法学教育改革的基本要求

（一）新的法律职业资格取得制度对法学教育改革的刚性需求

坚持立德树人、德育为先导向，推动中国特色社会主义法治理论进教材、进课堂、进头脑，培养造就熟悉和坚持中国特色社会主义法治体系的法治人才及后备力量。建设通晓国际法律规则、善于处理涉外法律事务的涉外法治人才队伍。健全政法部门和法学院校、法学研究机构人员双向交流机制，实施高校和法治工作部门人员互聘计划，重点打造一支政治立场坚定、理论功底深厚、熟悉中国国情的高水平法学家和专家团队，建设高素质学术带头人、骨干教师、专兼职教师队伍。

（二）法律职业共同体构建的起点在于法学教育的转型与改革

域外的法治经验告诉我们，法治之所以能在西方代表性市场经济国家和民间社会的生成发展，在很大程度上取决于或归功于法律职业共同体的存在、执着和努力，尽管大陆法系和英美法系的国家或地区在历史文化、法律传统、立法形式、制度安排等方面存在一定差异，但其法律职业共同体的发展模式却存在一些鲜明的共同性特征，即"成熟的法律教育体系；严格的资格考试制度；合理的法官选任模式；持续的职业培训机制；独立的职业自治机构；规范的法律职业道德"。这些特征无疑也就构成了西方法律职业共同体形成和发展的根本条件和深厚基础。同样，我国法律职业共同体的构建也应包括统一成熟的法学教育制度、统一严格的法律职业资格考试制度、统一公正的法律职业人才选拔制度、统一常态的法律职业人才交换制度、统一健全的法律职业人才职前和任职培训制度、统一规范的法律职业人才管理与处罚制度等一系列基础条件。除此之外，还包括政治、经济、社会、文化、家庭、个人禀赋等客观的或主观的、外部的或内部的等方面的因素。但不管怎样，法学教育是基础、是源头，更是起点。由于法学教育肩负着法律知识的传授、专业人才的培养、法律价值的熏陶、法律思维的塑造、法匠精神的养成、法律技术的培训、法律伦理的内化等重要使命和多元任务。因此，某种意义上讲，我国法学教育是否转型和改革到位一定程度上制约我国法律职业共同体构建的方向、质量和品质，甚至在一定程度上决定着我国法律职业共同体在未来社会的地位、声望和法治国家建设的命运。足见积极地、尽快地、适当地回应国家统一法律职业资格制度与法律职业共同体建设的需要，对现行严重滞后、僵化的法学教育进行全方位、大规模的改革已势在必行。

而现在的情况则更为严峻，由于我国法学教育深处政制改革、市场改革、司法改革、社会改革、教育改革、大学改革、教学改革、教师体制改革的漩涡中心，法学教育的重要性和紧迫性被前述诸多改革的主题所冲淡甚至淹没，其应有功能和恰当定位未从法治国家建设和法律职业共同体构建这一高度进行充分权衡，并作通盘考虑量和顶层设计，致使法学教育虽深处各种改革的漩涡之中，但总见雷声大而雨点小，这应该是我国新时期法学教育改革最值得认真思考的地方。

三、围绕法律职业共同体构建之法学教育改革的定位

（一）法律职业共同体构建要求法学教育必须是需求型法律职业教育

法律职业共同体的构建，由于在一定意义上决定于法学教育的基础培养与潜化熏陶。因此，探索法学教育与法律职业共同体构建的对接就成为法学教育定位的首要环节。尽管大陆法系和英美法系在法官、检察官的选拔，

律师的执业，法官、检察官、律师和大学法学教授之间职业流动与转型的制度方面存在许多的差异，但大学法律院系作为培养法律职业人才的基本功能、角色和地位具有相当的一致性。大学法律院系的法学教育，作为法律职业教育的基本形式和重要载体，发挥着向国家、企业、社会和其他各行各业培养和输送各类法律专业和职业人才的重任。因此，以国家、社会和市场法律需要和职业需求为导向的成熟、系统、规范、优质西方法学教育是其法治兴盛、法律职业共同体得以形成并稳固，社会能依照法律的轨迹平稳运行的基础条件。

由于法律职业共同体的构成主体是具有鲜明职业特征和职业归口的法官、检察官、律师、公证员、鉴定人、法学专家和其他以法律专业知识作为职业背景的从业者，而提供这些人才和群体就是国家、社会和市场对法学教育的需求，在某种程度上，也就是国家或社会从市场角度对新时期法学教育的需求。处在这样一种新的需求形势之下，我国传统以人才培养为主旨、以学历教育为表象，而对国家、社会和市场需求尚未有充分回应的法学应试教育、被动教育模式必须转型为以法律职业人才培养为主旨、以提供法律职业共同体初级备选队伍为使命的法律职业教育型、积极主动教育型模式，以回应、满足、适应国家、社会和市场对法学教育的需求。

为应对国家统一法律职业资格制度建立和法律职业共同体构建这一对我国法治国家、法治政府和法治社会具有基础性的刚性需求，新时期的法学教育必须坚定地、毫不犹豫地把法学教育定位为以国家、社会和市场需求为基本导向的法律职业教育。即本着专业化、职业化、精英化、多元化的基本原则，围绕培养法律专业知识功底扎实、职业布局与就业去向相对稳定、追求成为行业或单位精英，人才类型能满足法治国家、法治政府、法治社会多元需求的具体目标，按照学有所博、学有所专、学有所精的递次进度与因材施教、因需设教、因类分教等针对性原则，以法律职业人才培养为基本导向，把法律职业型人才培养具体划分为"学术型法律职业人才"与"应用型法律职业人才"两类。其中，"学术型法律职业人才"集中培养有学术爱好、敏于观察、有发散性思维、知识获得能力强、具有创新潜质的研究型法律专门人才；"应用型法律职业人才"则着重于培养专业知识功底扎实、专业综合运用能力全面、社会责任感强、职业操守良好、合作能力突出、社会亲和力较好的职业型优秀法律实用人才。

（二）法律职业型法学教育改革的通盘考量与顶层设计

以法律职业教育为导向的法学教育转型，就必须把现行大学法律院系主要以法律知识的传授为主的、被动灌输式的、单边说教式的学历教育做全面反思和彻底改革。在通盘考量法律职业人才基本素养中最需要大学法律院系提供或解决的法律知识体系、法律价值伦理、法律思维方法、法律基本技能等方面的需求，对现有法学教育改革作出顶层设计。我国现阶段迫切需要启动的是逐步改革现有以法律知识传授为里、以法律学历教育为表的被动式教育模式，围绕法律职业人才培养和法律职业共同体构建，赋予大学法律院系法学教育如下多元的功能和使命。

1. 法律知识体系教育

即大学法律院系的法学教育应当以传授受众以全面、完整、系统、规范的法律专业知识为基本立足点，应特别重视学生专业知识基本功的培养、训练和考核。

2. 法律价值伦理教育

即应培养学生的法律意识、法律价值、法律伦理，养成法律人应有的法律信仰、法律精神和法律道德，使法律人具备应有的法律使命感和社会责任感。

3. 法律思维方法教育

即应注重对学生进行以法律逻辑、法律推论、法律思维、法律方法为基本内容的思维方法方面的教育和培养，使学生逐渐在大学教育阶段自觉养成依法办事、依规行事、依程序处事等基本习惯，锤炼为凡事皆依法律、规则、证据、程序而行的基本素养和良好品格。

4. 法律技能训练教育

即应加强学生在法律实践、法律应用环节方面的培育和训练，严格规范学生的应用实践环节，彻底改变现有的法律实习、见习、研习完全走过场、做形式的教育流弊，借鉴甚至可以移植师范学院、医学院学生实习的做法，增加法学教育中法律职业技能训练和实习教育的课时，并使其能贯彻、落实和见效。

如果我们的大学法律院系的法学教育能在法律知识体系教育、法律价值伦理教育、法律思维方法教育、法律技能训练教育中做到兼顾、平衡将有明显成效，我们的法学教育就能对法律职业人才培养和法律职业共同体构建有所作为。如此，我国法学教育就可以与将实施的国家统一法律职业资格制度进行有效的对接，进而满足法律职业共同体构建的需求。

第三节 法学教育改革中绿色发展理念的践行

一、绿色发展理念适用于法学教育改革

新发展理念是针对我国经济社会发展中存在的突出矛盾和问题提出来的，构成了相互促进、相互贯通的集合体，集中体现了今后五年乃至更长时间内我国发展思路、发展方向、发展着力点，它们的主题主旨相同、目标指向一致。在法学教育中，也需要思考和贯彻新发展理念，因为这些理念科学全面地回答了新的形势下我们要"实现什么样的发展、如何实现发展"的重大理论和实践问题。

新发展理念中的绿色发展，其本意看起来与法学教育并没有直接关系，表面看其解决的是环境问题，是人与自然和谐问题，是民生问题。我国资源约束趋紧、环境污染严重、生态系统退化的问题十分严峻，人民群众对清新空气、干净饮水、安全食品、优美环境的要求越来越强烈，这已经成为突出的民生问题。坚持节约资源和保护环境的基本国策，坚持生态良好的文明发展道路，加快建设资源节约型、环境友好型社会，形成人与自然和谐发展的现代化建设新格局十分重要。实质上，绿色发展理念贯穿我国各个领域，包括法学教育之中。绿色发展理念对法学教育提出了诸多要求，需要我们加以应对。绿色发展理念在法学教育中的总要求是：其一，各项教学目标的制定需要符合人与自然和谐的规律，有利于学生的学习和记忆规律。其二，课程的设置和学制的选择能科学利用学生时间，在最短的学制内达成学习目标。其三，既要使绿色发展理念科学贯穿于法学学生的学习内容，又要符合法学的体系规律。

二、法学教育目标定位中绿色理念的践行

法学教育目标问题在法学教育领域一直备受争议。作为基础性问题它不仅影响法学教育改革的走向，甚至决定法学教育改革的成败。近年来，我

国法学教育得到蓬勃发展，但教育目标存在分歧，主要有三种不同观点，总结起来包括法学素质教育主导模式、法学职业教育主导模式和法学多元目标模式。一是法学素质教育主导模式的目标，实质上也就是"精英说"，即将我国法学教育目标定位于法律精英教育。精英教育是作为高度经验理性的法治的需要。同时，法律职业者作为"产品"要有众多的知识，更需要高尚的职业道德和职业品格。二是法学职业教育主导模式，即认为我国法学教育的目的在于培养适应社会经济、政治、文化等各方面发展要求的职业法律人才。对有志于从事法律实务的人进行科学且严格的职业训练，使他们掌握法律的实践技能及操作技巧，能够娴熟地处理社会中各种错综复杂的矛盾。因此，法学教育的使命在于进行职业教育或者进行职业训练。三是法学的主目标模式，也就是"综合说"，即认为法律从业人员的培养体制具有二元结构或双重性，也就是由通识教育和职业教育两大部分构成。该观点进一步认为，法学教育的国际化和通识教育与职业教育的一体化已成为当今各国法学教育的共同选择。

我国传统文化中历来重视人与自然的和谐统一，道法自然，也就是说万事万物的运行法则都是遵守自然规律的，而不是违背规律、破坏自然。法学教育目标的设定也需要遵守教育规律，尊重人的学习、理解、记忆的自然规律，符合学生学习、掌握法学知识和更好地运用法律知识的规律。法学教育学的学科属性决定了对法学教育目标问题的研究不应脱离对教育学中教育目标论的相关研究。因此，法学教育应该根据不同的教育层次来区分教育目标。在本科初级阶段，以素质教育为目标；在本科高级阶段和研究生阶段，以职业教育为目标。因此，单纯的素质教育或职业教育并不能准确地表达法学的教育目标。但应该明确的是，职业教育并不应该理解为职业技能教育，而将教育目标定位让学生学会写文书、掌握辩论技巧等具体的技能培养。应该强调的是法律职业共同体的职业教育。在共同体内部，应该让人才在不同的细分职位间流动。所以，职业教育的目标应该是统一的，并不应该是割裂法律共同体，单纯针对法官、检察官、律师、高校教师等某一项细分职业而培养。法律职业共同体是基于职业的特定内涵和特定要求而逐步形成的，法律职业共同体的特征具有同质性，职业道德的传承是其重要特征。法律职业共同体虽然附带地以法律职业谋生，但仍不失其公共服务的精神。要培养的是在这一特殊社会群体的优秀从业者。他们必须经过专门法律教育和职业训练，是具有统一建设的法律职业共同体，由法官、检察官、律师、法学家为核心的法律职业人员所组成。在教育的过程中，需要给他们相同的法律知识背景、模式化思维方式，需要用共同法律语言。某一阶段具体的法律事务是根本，但是更主要的是他们有着共同的职业利益和范围。这一共同体需要其成员间通过长期对法治事业的参与和投入达成职业伦理共识，是精神上高度统一的信仰共同体。法律只有成为一门稳定的专业化的知识体系，才能独立于大众感知的道德和变动不居的政治形态进而获得自主性，只有具备与众不同的思维逻辑和法律技艺，才能掌握在法律共同体的手中。而如果在培养之初就割裂这种自然的联系，过于细分培养，则不利于法律共同体的建立。因此，我们既要注重学生全面的素质提升，又要注重高年级、研究生阶段法律素质的提升，两者相辅相成不能偏废，并且需要贯穿在法律职业教育的整个过程。

三、法学教育内容中绿色理念的践行

（一）在具体法律规范中科学体现绿色理念

法学教育内容的绿色理念是指我们应该科学地在法律系统知识中体现绿色发展理念，而不是机械地、不顾法学基本理论地接入绿色内容。人类和自然是否能和谐共生是决定其生活品质的关键因素。正如爱默生所言，令人快乐的力量并不在于自然的魔力，也不在于个人，而是在于人与自然的和谐。我国曾经经过了一段人定胜天思想的影响，而今天，人们对人与自然和谐的重要性有了重新认识。近年立法和法律实践中，人与自然和谐理念得到越来越多的重视，尤其在环境法、自然资源和动物的法律保护等领域体现明显。

人与自然和谐所体现的价值理念非常基础和宽泛。人与自然和谐是个哲学问题。人与自然的关系问题既是哲学中的一个重要议题，也是一个经久常新的永恒话题，它伴随着人类的产生而存在，并经历了一个逐渐发展、深化的演变过程。人与自然的关系是人与人的关系的投影，人与人的和谐是人与自然和谐的前提。如果没有人与人之间的和谐，无论如何都不可能出现人与自然的和谐关系。科学发展观认为人与自然是一个统一的整体，要求人与自然和谐发展，辩证地处理好人与自然的关系，一方面尊重人；另一方面爱护大自然。科学发展观体现了深刻的生态哲学思想，它不仅扬弃了人类中心

主义，而且超越了生态中心主义，为我国乃至世界的发展都指明了方向。

人与自然和谐也是生态法学的核心理念。生态法学是生态学和法律学相互渗透、相互结合而形成的交叉学科。该学科以生态学揭示的人与自然相互作用规律为基础，应用法律手段来协调人与自然的相互关系。人与自然协同进化是生态法学总的指导思想，主张将法律关系的主体扩展到整个生命体，并为人之外的生命体设定法定代理人制度。

（二）教育内容符合学习的循序渐进规律

一个人的青年时代总是镌刻在他的记忆中，这个时期留下的印象最为强烈和牢固。但是课程中选择哪些应当记住的事物时，要小心谨慎，深思熟虑。因为这些知识是终身难忘的。因此要小心耕作，以便获得尽可能多的丰硕成果确定哪些是精华和实质部分取决于每一种思想的主导精神，这种选择和确定要经过反复思考。法学教育内容的绿色还应体现在教育内容符合自然规律的循序渐进，而不是揠苗助长。如，学者忧虑的，法科学生大多数呈现一种奇怪的知识结构，一方面，能对"前沿的"、深奥的东西如数家珍，滔滔雄辩；另一方面，不屑于学习基础知识，对基础知识只有单薄的、贫乏的认识。由于对热点问题感兴趣，在课程讲授的过程中，很多教师在内容上就倾向于讲授热点事件。当然对社会热点的把握是十分重要的，可以激发学生的学习兴趣。但是讲授时间毕竟有限，应该科学安排教学内容，在学生按照学习规律掌握基础知识和体系的基础上再思考重大疑难问题，更符合学习和教学的自然规律。此外，学习规律应该是先基础，再研究。建设世界一流大学、建设研究型大学，不等同于在本科阶段就灌输太多的研究性知识，忽视对学生基础知识的传授。要培养学生进行整理、发现事实的重要性和关联性的能力；根据事实关系正确调查收集法律、判例、规则的能力；为了满足客户的需求而正确地把法律适用于事实的能力；碰到伦理问题和棘手问题能够妥善处理的能力；以书面或口头形式对事实和意见进行适当表达的能力；在有限的时间里有效完成工作的能力。在本科阶段，这些能力培养应该占绝大部分课堂时间，而不是在学生的基础还未打牢的情况下，就引入太多争论性问题。

四、法学教育途径中绿色理念的践行

践行绿色理念，在教育方法上应该注重以下问题：

（一）让学生在观察中学习

在获得一般概念之前，我们需要把主要精力集中于具体的观察之中，而不是相反。遵循自然的求知途径教育学生。让他们去观察、去验证。这种教育方法将使学生学会用自己的而不是别人的尺度去衡量事物，这样可以避免许多弯路，无须在以后的法律生涯中再花很长的时间去根除这些偏执或成见。通过这种方法能锻炼学生的思维习惯，并且获得明晰的观念和彻底的知识，从而使他们运用自己的判断力对事物进行公正而无偏颇的判断。每一种抽象的概念都直接或间接地建立在观察的基础上，只有观察才能使抽象概念具有实际价值，而且还意味着他能够运用正确的抽象概念去指导他所进行的每一次观察，而他的抽象概念则从属于观察。成熟是经验作用的结果，因此它需要时间。一般来说，我们年轻时所获得的抽象概念与现实知识之间很少有一致的关系，前者只是我们头脑中的词语，后者则是我们观察的结果。

学生学习法律，无论他们学习的是技能还是理论，都不应该让他们纯粹从书本中了解法律的面貌、形成其概念。因此，不要急于把高深的理论知识塞给学生，而要让他们一步一步地认识法律，认识法律的真实境况。如果只以各种不同争议的法律观点去教育初学法律的学生，让其从书本中诸多的争议观点、他人的谈话中推导、演绎出法律观念，然后将这些观点用于法律实践中。这意味着他们的头脑中可能充塞着大量错误观念，意味着他们可能会以一种谬误去认识法律，或者徒然地希望世界去适应他们的观念。在法律学习的早期播下谬误的种子，意味着他们在今后的学习过程中的很大一部分精力要用于根除这些错误的认识，因此而浪费大量的精力和时间。

我国现有法学硕士、法学博士教育以培养法学学术研究人才为目标，而法学本科教育则定位于专业基础教育，是作为未来法学硕士、法学博士教育的知识准备阶段。这种教育格局和教育理念决定我国现今法学本科教育阶段必然注重法学理论系统化的传授，与此相随，课程设置围绕法学理论体系而展开，职业技能训练课程相对较少，而课堂教学则注重法学理论讲解，以教师讲授为中心。在这种教育理念和教学模式下，学生自然被动地听。因此，我国法学教育过程中，一方面要多安排实践课程，培养实践的师资力量；另一方面也一定要将实践教学落到实处，而不是走过场、喊口号。要让学生真正在观察中学习。

（二）课程安排符合学习、教育的自然规律

一个人所有的理智能力中，判断力是最后才达到成熟的。所以，法学学生最先学习的内容和安排的课程应该是准确的法律知识，如，安排现行法律规范的内容教育课程。在讲授的过程中，本科的初级阶段应该先把各个部门法的规定作为基础，而把理论性和思辨性的内容放到高年级或者硕士阶段。学习初期应该把时间用于收集资料，消化有关的知识，而大规模地形成各种观点为时尚早。最终的解释必须在之后的时间作出。判断力的运用需要成熟的经验，否则便不能发挥作用，所以应顺其自然，成熟后再使用。而且，不能在学习的早期灌输各种偏见，以免使其判断力永远处于瘫痪状态。课程安排中，学习过程中，法理学学习的困难往往就源于课程安排时间不符合学习和教育的自然规律。如，将该门功课安排在本科第一学年，由于没有对部门法具体内容的认识，学生难以真正理解其理论性要旨。如果大一不开该门功课，等学完部门法，学生在具体学习中又因缺乏理论性知识的指导而存在学习困难。因此，建议可以考虑将法理学内容细分，在大一和大四分别讲授不同层次的知识。这样就能两者兼顾。

（三）校际差异是自然规律

中国的高等教育注重通才培养实际上是初级教育和中等教育的延续。中国教育在小学、初中和高中阶段强调"语数外"和"德智体美劳"并重，到高等教育阶段则强调全面发展，所以大多数高校在制定本科和研究生全程教学计划时，不仅会把本专业的几乎所有相关课程都安排进去，而且会安排大量的通识课程和相关专业课程，学生能否承受则另当别论。另外一个结果则是高校的校际差异变小，各高校间相同专业的课程设置相互比对经常雷同，不仅泯灭了各高校自身的特色，也使得大学生都变成了流水线上的标准件。

大学应分层发展，分别实现不同的教育目标。法学院也应该根据学校的地域、师资、学生就业等特点，在学制、课程等方面体现自己的特色。针对需求进行专精化本硕贯通培养，即选择优秀生源从法学本科四年级开始，提前进入硕士研究生阶段的法律职业课程学习，接受较为长期的体系化、专精化的职业教育。

（四）遵循人际差异自然规律

在教育途径上，很多人都希望把毕业生培养成全面型人才，容易忽视个体的特征，从而抑制了其创造性。但每个人都是独一无二的，即便都想成为法律职业共同体一员的人也需要围绕以人为本的个性化理念展开教育，鼓励学生按自己的兴趣爱好去学习和工作。在教育途径上，需要更为灵活，以满足不同学生成才的需要，途径的选择应以学生的前途和教育者的社会责任为核心，具有前瞻性和规范性。另外，也会有不同本科专业的学生想在研究生阶段学习法律，学校和学院可以尝试用更为灵活的学分选修方式让他们能够自由选择学制，获得学位。如，在四年或更灵活的时间内修得双学位，或者是在一个专业毕业后，修满学分后给予法学学位。

总的来看，绿色理念绝不只是个自然环境保护的问题，而是可以影响法学教育改革的基础性理念，在法学教育中对该理念的贯彻，可以更好地遵从教育规律，能更为高效地培养具有绿色理念的法学学生。

第四节　开放与共享理念下我国法学教育的改革发展

一、校门与校门之间的开放与共享

自 20 世纪 70 年代末期我国恢复法学教育以来，随着国家、社会和市场的需求以及公民法治意识的日益增长和提高，我国法学教育的规模也越来越大，而且层次很多，包括博士、硕士、本科、专科甚至中专。这样的法学教育固然带来了法学教育的繁荣和法律人才的增长，但同时也导致了一系列的问题，其中比较突出的就是所培养的法律人才参差不齐。

这些年来，中国人民大学、北京大学、清华大学、政法大学（包括中国政法大学、西南政法大学、中南财经政法大学、西北政法大学）以及武汉大学、厦门大学、湖南大学、中南大学等一些法学专业较强、有法学专业博士点的高校一直坚持不断地培养博士、博士后，向各法律专业的院校输送了不少师资人才。人才培养质量相距甚远的情况有所改善，但因为人才培养的周期以及博士招生的规模缩减等因素，这个速度是很慢的，和现实的需求相比远远不够。

如果说，有法学专业博士点的院校向其他院校输送博士毕业生、博士后等人才作为师资，也是一种法学教育资源的开放与共享的话，那么这种开放和共享是无意识的、非主动的。但不可否认的是，这种开放和共享对于提高法学教育的整体质量起到了很大作用。除了这种主要的资源开放与共享的方式以外，还有一种小范围、小规模的开放与共享的形式，例如，个别院校之间的合作，互助援建、派遣师资、交换学生等。

二、跨出校门的开放与共享——理论与实践

可以说，进入 21 世纪以来，中国的法律教育一直存在着一个困境，就是学生不仅需要理论知识，还需要得到实践经验的传授。但教师大都不从事司法实践，没有亲身实践的经验。虽然很多课堂都倡导案例教学法，在教学中大量引用案例，但这些案例的讲授都是为了服务于理论知识的学习，也都是老师们从文献或从媒体得来的，并没有涉及实际操作的经验。

既然老师没有精力或者不能再做兼职律师，那怎么解决这个缺乏实务操作的难题呢？我们的法律教育者们也在不断探索。以中国人民大学法学院为例，它是我国第一批与法律实务部门开展兼职、挂职等交流合作的高等法学院校。

从卓越法律人才首批基地院校的探索和实践已经证明，"双千计划"对于法学教育与司法实务的融合必将起着良好的效果。"双千计划"主要是师资力量的改善，加强了师资队伍的司法实务经验，实现了理论教学和实务部门的开放与共享。在开放与共享的新发展理念下，这一开放与共享可以考虑扩大到法科的学生。目前法科的学生都有实习环节（或称为实践教学）的要求，学生在实习环节学到了一些实践知识，然而因为实习时间较短，个人所在的部门和机遇不同，所得到的收获也有很大差别。有很多学生实习后反映说没有学到东西，在律所打杂或是在法院订案卷，而实习单位的反馈则往往是实习学生帮不上忙，反倒添乱。这和实习时间太短有很大关系。任何一个案子在法院、检察院或是律所都是有一定周期的，时间太短，对实习双方都没有良好效果。法学和医学一样，是职业性非常强的学科，不仅需要扎实的理论，而且还需要实践经验的积累。正因为两者的相似性，法律的实践教学甚至取了一个专有名词，叫法律诊所教育。或者可以考虑在有硕士点的法律院校推行本硕连读，6 年或 7 年制，中间必须实习 1 年。

三、走出国门的开放与共享——本土化与国际化

自 20 世纪 70 年代末我国恢复法学教育开始，中国已经培养出了一大批法律人才，法律人才的总量是很大的，但是质量参差不齐，而且缺少高端的法律人才。在全球化的背景之下，中国的企业开始走出国门和外国的合同签约与谈判与日俱增，对涉外或国际法律人才提出了需求。国内各法律院校提出了涉外型或国际型法律人才的培养目标，纷纷开设实验班、涉外班或国际班、全英文教学班等培养涉外型法律人才。但也许是土壤或师资的原因，也许是语言能力的原因，从所反馈的情况来看，有学生反映似乎国外的法律没学到，国内的也不清楚，于是在毕业的时候便出现了十分尴尬的局面，国内的司法考试无法通过，有能力的就选择了继续出国深造。

在国内法律院校培养涉外型或国际型法律人才，应该坚持法律的本土化为首位，以国内的法律教育为基础，英语（或一门外语）作为主要语言，国际的法律规制作为提升。这是因为：

首先，法律对中国而言，也是西学东渐的产物，中国的法律规则相对于其他国家而言并不是南辕北辙的东西，尤其在全球化的背景下，各国法律规则趋同性很强。学好了国内法律，打好国内法律的底子，再了解或学习他国法律、国际规则，事半功倍。

其次，对于涉外型或国际型法律人才而言，英语（或一门外语）至关重要。法律人在参与国际或外事、商务谈判的时候，困难的地方并不在于不通法律，而是不通语言。例如，中国在和波兰的一次商务合同谈判中，是将波兰语翻译成英语，英语再翻译成为汉语，经过两重翻译，歧义甚多，结果发生理解歧义，最终导致巨大损失。

最后，有了国内法律的良好功底，掌握了英语（或一门外语），再了解或学习他国法律、国际规则，就会很快速的了。

总之，在全球化的背景下，开放与共享不仅是国内的，而且是面向国际的。法学教育应立足于本土法律，放眼他国或国际。法学教育应该是本土化与国际化相结合。狭义地讲，国际型法律人才是指通晓国际法律规则和实务、具有极强的外语能力的复合型法科人才和学术型法科人才。而广义上讲，在全球化背景下，法学院培养的全部法律人才都应具有成熟的"全球化意识"、具备国际视野，能够适应未来全球化发展趋势。

第五节　新发展理念下的法学教育改革刍议

一、法学教育改革的背景

全面推进依法治国，必须大力提高法治工作队伍思想政治素质、业务工作能力、职业道德水准，着力建设一支忠于党、忠于国家、忠于人民、忠于法律的社会主义法治工作队伍。建设高素质的法治专门队伍，必须由正规化、专业化、职业化的法治人才组成。法治人才主要包括法官、检察官、律师、法学家、立法者等法律工作者。要推进依法治国建设，高素质的法治工作队伍绝对是一个关键因素。在全面推进依法治国、建设社会主义法治国家的进程中，尽最大努力培养高素质的法治人才乃重中之重，而科学合理的法学教育是实现其目标的基础。随着社会经济结构的不断变化和发展，法学教育也应不断改革和完善。

改革开放以来，法学教育逐步得到恢复并实现了持续、高速发展，无论是规模还是质量都有了较大提高，政法院校数量迅速增加，法学学科逐渐完善，师资队伍不断壮大，培养了一大批高素质的法律人才。我国是目前世界上发展速度最快、规模最大的法学教育大国。然而，我国法学教育仍存在理论教育与实践教育不协调、学术型人才与应用型人才的比例不协调、学校的教育过于封闭、学校与实务部门相脱节等一系列问题。在新发展理念下如何协调好法学教育中存在的问题，如何使法学教育在对传统教育和国外经验进行借鉴和继承的过程中有所创新，如何在开放的理念下使法学教学更有活力等问题是法学改革中必须予以解决的问题。

现代各国法律制度中，从未吸收外国经验或借鉴外国模式极为少见，高等法科教育同样如此，互相沟通与借鉴是提升法科教育竞争力与所培养人才的竞争力的重要条件。开放的发展理念也不排斥对国外先进制度和成功经验的吸收和借鉴。

二、新发展理念下的我国法学教育改革

（一）充分认识法学教育的二重性，明确不同层次法学教育目标定位

法学教育既是一种科学教育和人文教育，同时也应是一种职业教育。如，

法律本科教育的主要目标是向社会各行业输送具备基本法律素养的人才；研究生层次的法学研究科教育的主要目标是培养法律学术型人才；法科大学院的主要目标是为社会培养法官、检察官、律师等法律专职人才。这是一种分工明确、效果显著的"三三制"法学教育模式。我国虽然也在一些大学确立了法学本科教育、法学硕士（博士）教育、法律硕士教育三种教育模式，但各个不同层次法学教育的目标定位和教学重点等方面模糊不清、重叠繁复，即便作为重中之重的法学本科教育也存在着大众教育或精英教育、通识教育或职业教育的争论。尽管国务院学位委员会、全国法律硕士专业学位教育指导委员会等机构以及各招生单位均将法律硕士的培养目标确定为培养高层次的复合型、应用型法律专门人才，但对于这一培养目标与法学硕士的培养目标区别在哪里、为达到这一目标应采用哪些不同于法学硕士的培养方法等根本性问题，社会各界尤其教育行政部门、招生院校和法律硕士教育工作者尚缺乏清晰的认识，这是目前我国法律硕士教育面临的最大问题，也是法律硕士教育中诸多问题产生的根本所在。我国在今后的法学教育改革过程中，应当明确不同层次法学教育的目标定位，使各个层次的法学教育之间分工明确。唯有如此，才能够开展有针对性的法学教育，满足社会发展对法学人才的各种需求，同时也能够使每一个进入法学教育门槛的学生对自己的前途有预见性，在校期间能够对自己准确定位，能够有针对性地付出努力。

（二）提高实践教学的能力

高等学校分为三种基本类型：①学术性研究型大学，培养拔尖创新学术型人才；②专业性应用型的多科性或单科性的大学或学院，培养应用型高级专门人才；③职业性技能型院校（高职高专），培养在生产、管理、服务第一线从事具体工作的职业技术人才。就我国现状来看，应用型人才的培养与社会经济结构不相匹配。市场需要的是复合型、外向型的人才，而我国在人才培养模式上更多的是以学术型人才培养模式来培养应用型人才。而这种模式下培养出来的应用型人才既不是学术型人才，也不是实用型人才，更不是技能型人才。

从目前我国法学专业毕业生的实际情况来看，大部分学生的实务能力薄弱，不具备相应的专业技能。这是由我国长期以来法学教育重视基础知识和理论的传授，忽视了法学是一门实践性很强的学科的事实，对实践教育没有足够重视而导致的结果。

（三）从国情校情出发实行有中国特色的学分制

建立一种教学管理制度，最根本的目的是提高教与学的质量，更好地培养大批合格的人才。因此，实行学分制必须以此为前提。另一方面又要从我国的国情和校情出发，在教学管理中把思想教育与传授知识、全面发展教育与个性发展教育、基础教育与专业教育、学分制与学年制、选课制与班级授课制有机地结合起来。

目前，我国各大高校学习推行"学年学分制"，试图改变我国现有僵化的人才培养机制。但现实的操作过程中，实施的效果并不理想，以学年、学科、学院、课堂为一体的学术精英模式仍占主导地位。更为重要的原因则是很多高校扩招的幅度过大，准备时间又比较匆忙，在原有的老问题还没有完全解决的情况下又增加了扩招后的新问题。这对学术型人才的培养影响不大，但不利于应用型人才的培养。因此，国家教育管理部门及各大高校应继续借鉴其他国家的学分制度，结合我国的特殊国情制定出能够保障学术型人才和应用型人才均可在学校接受最为科学合理的教育学分制度。

（四）优化师资队伍结构配置

法科大学院可以邀请法官、检察官到学校担任教员，并对他们的薪金明确作出法律规定。此外，法律还赋予律师协会协助法科大学院开设实务课程的义务。这无疑在国家人事制度层面上为高校的实务型教学提供了人员基础。我国高校的法学教师虽然在学术上具有很深造诣，但在培养学生实践能力方面普遍存在着不足。在这种情形下，不利于培养应用型人才。我国也应当积极探索高校教师与具有丰富实践经验的法律实务界的律师、检察官、法官等联合培养人才的教学模式。国家层面上，教育部与法律实务部门启动互聘"双千计划"，旨在改善法学教育界和法律实务部门之间的脱节关系，推动中国法制建设；高校层面上，很多高校也在自我探索与实务部门亲密合作的方法和途径。

最后，在人才引进方面，高校应积极引进能够担当实践教学的教师，使应用型人才在学校期间能够学到对己有益的知识，真正做到因材施教，使学生在投入工作环境之前能够更多地积累实践方面的知识经验。

第五章 法律人才培养方案

第一节 应用型复合型卓越法律人才培养方案

一、高校应用型复合型卓越法律人才培养课程设置共性大于个性

高校应用型复合型卓越法律人才培养方案在课程设置上基本相同，大致为通识课程、专业课程与实践课程几大类。其中，专业课程中又细分为专业基础类、专业必修与选修类课程。各项课程的大致学分比例安排也有相似之处，专业课程的比例都是占据绝对优势地位。在专业课程中，专业基础课的学分均值及比例较专业必修课与专业选修课程学分均值及比例都要高。因此，高校对于应用型复合型卓越法律人才的培养，都毫无例外地重视学生基础课程的教学。

二、培养方案的差异化反映了学校人才培养目标的差异

高校应用型复合型卓越法律人才培养方案差异比较明显的情况有：

第一，虽然都是专业课程比例最大，但985工程高校培养方案中专业课程均值的比例高于211工程高校和一般本科院校，而且其学分均值的绝对值也是最高的，比211工程高校专业学分均值高约14个学分，可认为985工程高校更加注重专业素养的培育。

第二，在理论课程的学分均值上，985工程高校最高。就专业课程而言，一般本科院校更加注重于专业基础的培养，学分占比约为32%，与通识课程的比例相当。985工程高校与211工程高校，尤其985工程高校，其专业基础课程的均值比例相对较低。而在专业必修课与选修课程的学分均值与比例上，985工程高校较211工程高校与一般本科院校都高。

第三，就理论课程与实践课程均值的比例来看，一般本科院校高于985工

程高校，后者又高于 211 工程高校。985 工程学校实践课学分所占总学分比值与专业选修课相当，平均有 24 个学分。相比一般本科学校，985 工程学校、211 工程学校更重视实践课程的培养。

第四，就通识课程与专业课程的比例来看，在 985 工程高校的培养方案中，专业课程学分均值大致是通识课程的 2 倍，而 211 工程高校与一般本科院校大约是 1.7 倍左右。这说明 985 工程高校培养方案中更加重视专业素养的形成，为培养应用型、复合型法律人才而努力。

三、985 工程高校没能很好完成国家所赋使命

承担我国法学本科教育的高等学校可分为 985 工程院校、211 工程院校、一般本科院校、民办本科院校和独立学院五个层次。不同层次的高校对法学本科人才的培养目标有差异，作为 58 个应用复合型法律人才培养基地就有 985 工程高校、211 工程高校和一般本科高校。按照教育部最初确定的方案，"985 工程"建设的总体思路是：以建设若干所世界一流大学和一批国际知名的高水平研究型大学为目标，建立高等学校新的管理体制和运行机制，牢牢抓住重要战略机遇期，集中资源，突出重点，体现特色，发挥优势，坚持跨越式发展，走有中国特色的建设世界一流大学之路。可见，985 工程高校肩负着"建设世界一流大学"的使命，应当是高水平研究型大学。但从高校的卓越法律人才培养计划来看，985 工程高校显然没能很好地完成国家所付使命。985 工程高校虽然在为培养应用型、复合型法律人才而努力，专业课程课时是通识课程课时的两倍，其他内容也有些差异，可与 211 工程高校及一般本科学校相比较，在卓越法律人才培养方案上确是共性大于个性，没有充分体现高水平研究型大学的特色，也没有结合本校具体情况充分利用本校的其他优势学科来制定应用型、复合型培养方案。而其他高校却在探索，如，南京师范大学、西北政法大学。

四、按照改革的目标制定出符合各高校自身特点的方案

虽然我国高等法学教育为适应司法建设需求正快速发展，并培养了一大批优秀法律人才，但由于社会主义法治理念教育还不够深入，特别是培养模式相对单一、学生实践能力不强、应用型复合型法律职业人才培养不足等问题，足以说明我国高等法学教育还不能完全适应社会主义法治国家建设的

需要。提高法律人才培养质量成为我国高等法学教育改革发展最核心最紧迫的任务。可见，司法改革为法学教育的发展提供了广阔的实践空间和深厚土壤，也急切呼唤法学教育不断创新和发展，为高水平的司法队伍输送优秀的法律人才。教育部、中央政法委决定联合实施卓越法律人才教育培养计划，就是体现司法改革与法学教育互动的有效尝试。作为实施卓越法律人才教育培养计划的重点，培养应用型复合型法律职业人才的目标和宏观标准就是：适应多样化法律职业要求，坚持厚基础、宽口径，强化学生法律职业伦理教育、强化学生法律实务技能培养，提高学生运用法学与其他学科知识方法解决实际法律问题的能力，促进法学教育与法律职业的深度衔接。而这一目标的实现，是需要不同层次的学校结合学校的具体情况来满足不同社会需要。如果应用型复合型卓越法律人才的培养方案都是同类型，没有差异性，只会陷入"培养模式相对单一"的窘境。事实上，在应用复合型的卓越法律人才高校中，有的高校理工类专业见长，如，北京理工大学、北京航空航天大学；有的高校则是财经类专业突出，如，中央财经大学、对外经济贸易大学。又如北京大学法学院在教学和人才培养上的定位，就是要"追求大气"，希望在开阔的国际、历史、职业和学术视野下，针对中国社会的近期和长远需求，努力追求为中国各行各业的社会主义建设培养出大批具备前瞻、创新、反思和批评能力的高素质领导型和创新型人才，主要是但不局限于法律和法学人才。因此，肩负应用复合型卓越法律人才培养重任的高等学校，就应当结合学校的自身优势，制定体现自己特色的应用复合型培养方案，满足司法改革和司法队伍的建设中对不同层次优秀人才的需要。

总之，无论是 985 工程高校、211 工程高校还是一般本科院校，卓越法律人才的培养仍然应当以加强专业教育为基础，扎实的法学基础知识和深厚的理论功底终究是优秀法律人才首先要具备的。虽然素质教育作为一种新的教育思路提出后，各个高校在培养方案中加大了通识课程所占学分，一些高校也提出了"宽口径、厚基础、强能力"的培养模式，但社会的发展始终要靠专业技能来实现。而在应用复合型法律人才培养中，采用相对的分层培养方案和目标具有可行性，结合了各高校的办学条件、办学能力等主客观因素，更能满足不同学生自我学习、自我发展的成才需要。

第二节 法学新兴学科课程纳入卓越法律人才培养中的思考

法律人才必须信念执着、品德优良、知识丰富、本领过硬。法学新兴学科因其新的研究方法、全方位的视野、发散的思维而具有对法律现象进行新的思考而发展迅速，富有生命力，更能培养学生的法律实践能力。法学新兴学科在"卓越法律人才"培养尤其课程中如何科学设置，值得探讨。

一、学科划分对法学教育的影响

有关学科的分类，目前尚无统一的标准。学科分类体系是直接为科技政策和科技发展规划以及科研项目、科研成果统计和管理服务的。这种以服务科研为主要目的的学科分类法对法学教育产生了一定的影响。

首先，体现在对从事法学教育的师资的影响。由于从事法学教育的老师同时必须完成规定的科研任务，尤其课题申报、论文发表等任务。因此，从事法学教育的教师在授课时难免更多地从法学学科出发，而不是从法学教育科学出发。教师也难免缺乏法学内部知识的融合。我国法学学科的大势是学者个体除了自己熟悉的学科，基本上没有掌握其他学科的知识，这就限制了学者以及学生的问题意识、研究方法和学术视野。不能及时汲取其他学科的知识，造成法学研究视野狭窄、方法单一，既不能准确认识和发现问题，也不能妥当地解决问题，很难满足社会实践和理论创新的需要。

其次，以科研服务的学科分类做法对高校的定位产生了消极影响。大学之所以能在时空发展上超越其他任何组织，皆因大学满足了人类社会培育新人以保持其可持续发展进步的永恒需要。正是因为如此，人才培养也即育人，成为大学最基本的价值和无须证明的公理与天职。但是，在以科研服务的学科建设中，我国很多高校定位于综合性、科研型大学，无不主要以科研成果来评价高校。法学学科划分对法学教育产生了不可忽视的负面影响。

第三，课程设置没有充分以问题为导向。法律课程的开设主要以法学中部门法学科的划分或国家颁布的主要法律（基本法）为依据。这些核心课程是必须开设的专业基础理论课和专业课。确立法学本科教育的核心课程，不单纯是对新办法学专业的评估问题，而且事关法学教育的大局，既关系到法学教育的规格，更关系到法学教育的发展；既涉及学生打下坚实的基础，增强后劲，更涉及培养学生的创造力问题。

显然，将学科作为教学科研基层功能单位的唯一根据，现在看是存在很大问题的，其集中表现为学术研究视野狭窄、僵化，将鲜活的现实问题割裂为片面且形式化的研究课题，对学科以外的知识缺乏兴趣。在教学上则表现为：教学内容的条状分布，缺乏与其他学科的照应。[①]因此，法学教育界出现了这样的呼声：从学科主导转向问题主导，从理论法学转向临床法学。学科划分上的独立并不等于学术上的划地为牢，更不可能以此为据将各种社会现象割裂和封闭起来。法学研究必须把法律放在社会的大背景之中，尽管客观上存在学科分立，但法学研究者应有融合法学和相关学科的知识和法学内部各学科知识的基本观念，并尽量付诸法学实践。

二、法学新兴分支学科的兴起及得到法学教育重视的原因

（一）法学新兴分支学科的兴起

随着经济社会的发展和研究的深入，出现了许多法学新兴分支学科。何谓法学新兴分支学科？法学新兴分支学科是相对于传统学科而言的，确定新学科的标准大致有基本原理、研究方法、研究对象和研究内容以及研究体系等几项。从形式上看，正常地、系统地开展法学研究的时间不长、研究水平不高或者面临重新建设任务的法学，都可以纳入法学新分支学科。已被公认的法学分科并不一定都是传统学科，如，经济法学、国际经济法学等都似应划入新兴学科。法学新分支学科之所以兴起，是由于经济、政治、社会、文化和生态环境较之以前发生了较大变化。

（二）法学教育重视法学新兴分支学科的原因

包括法学教育在内的整个教育中的一个难以回避的内在矛盾是社会活动的变动性和无限性之间的冲突。任何一种现有知识体系都是对过去人类社会活动规律的认识和总结，虽然在一定程度上能够指导未来的活动，但永远无法包容社会和自然界的全部发展和变化。法学新兴学科的兴起，要求我们转变对法学学科的传统观念。转变对法学学科的传统观念、重视法学新学科建设是摆在我国学术界面前的一项紧迫任务。除了重视法学新学科建设外，法学教育中也应将法学新学科引入课程设置中。

---

① 时延安．学科、领域与专业人才培养 [N]，法制日报，2014-1-15（10）．

就法律规范而言，法学新学科以形成新的法律规范为前提，这些新的法律规范对我国的经济社会运行会产生重要影响，法学教育的受众群体应当对这些新的法律规范有所掌握，否则会导致法学知识的狭窄与片面。这种情况在现实中并不少见。法学新兴学科研究的法律规范有民法规范、行政法规范、刑法规范等，通过引入新的研究方法，能开拓全方位的新视野，培养发散的思绪，对法律现象进行新的思考。因此，在法学教育中，在注重传统法学学科的同时，应当加大开设一些新兴法学学科的教育。因为随着社会不断发展应运而生的新学科，是发展迅速、富有生命力的学科。这些次级新学科在汲取传统法学知识的基础上，根据各自关注领域又分别自成体系，延伸和深化人们对法学的认识。

如果说 21 世纪之前我国的法学积极服务于经济建设是我国法学教育的不可动摇的根本任务，那么在 21 世纪仅仅满足于一般的刑法、民法、法理的教学已不能适应改革开放的需要。法学新兴学科的优势使得其有利于卓越法律人才培养"切实提高学生的法律诠释能力、法律推理能力、法律论证能力以及探知法律事实的能力"目标的实现。

增加的高年级课程中，相当多的课程为法学新兴学科，如，知识产权法、环境法（能源法、自然资源法）、健康保护法、土地利用与规划不动产法、体育运动法等。

三、法学新兴学科课程纳入"卓越法律人才"培养需注意的问题

（一）不宜将法学分支学科课程纳入"卓越法律人才"培养课程体系

法学新学科分支众多，如，军事法学、体育法学、医事法学、科技法学、财税法学等不断被提出。法学分支学科的衍生是直接受日益频繁的立法活动的影响，在对传统的部门法学做深化研究的过程中实现的。但应当注意的是，法学分支学科课程不宜纳入"卓越法律人才"培养的课程体系。新时期我国法学教育要求"宽口径、厚基础"，教育部将法学原来的七个专业合并为一个专业。在新的分支学科形成之后，原有的部门法学可以概括其研究内容，但却完全无法取代。将法学分支学科课程纳入"卓越法律人才"培养课程体系，不符合"宽口径、厚基础"的要求。如，有观点认为，"法学与外语""法学与知识产权""法学与航空航天"等复合型人才培养模式在本科层次是否具有推广价值是值得思考的，不能将二级学科（甚至是所谓三级学科）概念

引入到法学本科教育中。因此，在本科阶段，法律教育应侧重于法律专业与职业的素质教育或通识教育；在硕士研究生阶段，应侧重于法律思维和法律职业技能的教育。

（二）法学新兴学科课程的设置应因校而异

法学新兴学科众多，需要开设的新兴学科课程自然也众多。就新兴学科课程在培养方案中的地位，不同的高校做法存在如下差异。

第一，单独特别突出知识产权法学新兴学科。知识产权法学被纳入北京大学大类平台必修课，法学院之外的学生都应选修此课程。劳动法与社会保障法则作为大类平台选修课，供全校学生选修。

第二，将法学新兴学科课程（知识产权法、环境资源法、劳动法）提到与传统学科课程同等的地位。如，清华大学将法学新兴学科的知识产权法、环境资源法、劳动法作为专业限选课（这种限选是学生都需要选修的课程）。

第三，劳动与社会保障法是开设两门还是一门的问题。劳动与社会保障法实为一门课，但不少高校意识到劳动与社会保障法其实是两门性质不同的课程，一般将其作为两门课程（劳动法和社会保障法）开设。如，武汉大学、吉林大学都将劳动法、社会保障法作为独立的两门专业选修课程；北京大学则将名称完善为"劳动法与社会保障法"。

第四，其他新兴学科课程的开设。除了知识产权法、劳动法、社会保障法、环境资源法之外，其他新兴学科课程是否予以开设？清华大学开设了网络与电子商务法；北京大学开设了体育法、财政税收法、会计法与审计法、青少年法学；吉林大学开设了医事法专业选修课。可见，各高校存在一定的差异。

综上所述，知识产权法、环境资源法、劳动法这三门法学新兴学科作为新兴学科应纳入法学教育课程设置得到了一致认同；其他的新兴学科，如，体育法学、科技法学课程的设置，则可能是根据学校的特色和师资而定。

（三）边缘法学课程宜作为非法学专业的选修课

法学新兴学科以形成新的法律规范为前提，区别于边缘法学的是其他学科与法的关系，如，法医学研究医疗技术、医疗管理、医疗事故和医风医德的法律规范和法律制度，为医学活动的顺利开展提供有力的法律保障。军事法学、体育法学、医事法学、科技法学、财税法学等为本体法学新学科，而"法学与外语""法学与知识产权""法学与航空航天"等则为交叉学科，是法学边缘学科。本体法学新学科随着法学研究涉及生活范围的扩大而产生，以制定新的法律规范为目的，它是法学、法律的纵向深入发展，是法学理论和实践的再深化。"厚基础、宽口径"原则要求"卓越法律人才"培养设置中应区分法学新兴学科课程与边缘法学课程的开设，并关注法学新兴学科课程而非边缘法学课程的开设。

目前，法学培养方案中有一定数量的边缘法学课程。边缘法学课程集中反映在犯罪学、刑事侦查学上。关于边缘法学课程的开设，我们赞同此观点：由于大学的功能除了培养人才外，还肩负知识创新的任务。为此，大学不能仅仅满足于"卓越法律人才"培养的教学，还需要形成自己的教学和科研特色，同时也能适应国家对法律人才的特殊要求，并充分保证某些法学学科按照国家经济建设和法制建设的要求向纵深方向发展，成为国家乃至世界的一流学科。如果能延长学制（中国政法大学 4+2），那么对于像湖南大学这类非政法类复合型法律人才的培养，可以采取法学学科及该校优势学科或者特色学科所在一级学科融合的复合型人才培养模式，即"法学学科＋优势学科"或"法学学科＋特色学科"模式。边缘法学不宜纳入"卓越法律人才"培养的课程体系，但应鼓励开设边缘法学选修课，纳入大学而非法学院的人文素质选修课，以丰富学生的知识和拓展学生的思维，激发日后学习的兴趣。

第三节 新发展理念下法学本科生问题意识的培养

贯彻新发展理念，不能回避问题而是要解决问题。在创新、协调、绿色、开放、共享这五大发展理念中，创新排在第一位，意味着创新发展理念是方向，是解决问题的钥匙。只有不断推进理论、制度、科技、文化等方面的创新才能解决现实难题，推动社会全面进步。法学本科教育要贯彻新发展理念，就应将学生创新思维和创新能力的培养作为教育工作的重要内容来抓，以培养高素质的法治创新人才，为解决法治建设和社会发展过程中的问题服务。在法学本科教育阶段，要培养学生的创新思维和创新能力，首先就应培养其问题意识，因为意识到问题的存在是思维的起点，没有问题，就不会有真正的科学发现和创新。只有具有强烈的问题意识，法学本科教育培养出来的人才才能不负使命，为解决现实问题贡献力量。

一、培养法学本科生的创新思维需要具有的问题意识

创新思维是指在科学创造的过程中由已知探求未知，从而获得新思想、新观点、新理论的思维活动。它是开拓人类认识新领域的思维方式，不仅能揭示客观事物的本质及内在联系，而且能在此基础上产生新颖的、具有社会价值的、前所未有的思维成果。它有两个显著特点：一是敢于冲破旧理论规范的束缚。二是以研究旧有理论为基础，找出其内在矛盾加以克服。所以，从功能上看，创新思维是指具有创新功能的思维活动；从结果上看，创新思维是指产生创造性成果的思维活动，即指达到前所未有的新认知水平的思维活动。创新思维的形成离不开创新主体的问题意识。

哲学上，问题一般指需要研究和解决的实际矛盾和理论难题。问题意识是对主体知觉、揭示矛盾内外部诸方面之间的关系、进行辩证思维的主观能动性的反映。心理学上，问题意识是指个体在认识活动中因遭遇到疑难而产生的困惑、怀疑和欲求解决的心理状态。它能够促使个体主动去发现问题、分析问题、解决问题，以超越现状。越来越多的心理学家认为，问题性也是思维的重要特征之一。思维的问题性表现为人们在认识活动中，经常意识到一些难以解决的、疑惑的实际问题或理论问题，并产生一种怀疑、困惑、焦虑、探究的心理状态，这种心理又驱使个体积极思维，不断提出问题和解决问题。基于此，问题意识一般包括两层含义：第一，问题意识是一种问题性的思维品质，体现了思维的批判性、深刻性，也反映了个体思维的独立性和创造性；第二，问题意识是个体在认知活动中能动地意识到唯有用已有认知结构解决问题时产生的一种困惑，探索的心理状态。在法学本科教育阶段，对于学生创新思维的培养来说，应着重培养学生如下三种问题意识。

第一，归纳、提炼问题的意识。归纳、提炼问题是指从法治社会现实的种种现象或矛盾、涉法案件的各种材料或证据、已有研究的文献资料或观点中归纳、提炼出应予以解决的问题或者关键性问题，进行思考、处理或研究。而归纳、提炼问题的意识是一种归纳、提炼问题的自觉自愿的心理趋向，是一种找出问题症结的积极追求。很多情况下，与法学有关的问题并非摆在那里等我们去解决，而是要我们从种种矛盾、种种纠纷、种种观点中去挖掘，去归纳、提炼关键性问题。如果我们缺乏这种归纳、提炼问题的意识，就不能从种种矛盾、纠纷或观点中找准问题的症结，就不能找到解决问题的最佳

的或有效的途径。如果我们缺乏归纳、提炼问题的意识，就不会主动地去探寻问题之源，其结果要么是跟在别人屁股后面走，要么是在堆砌的材料或众多的问题面前无所适从，谈不上创造性地开展工作，谈不上观点创新或方法创新。因此，法学本科生要形成创新思维，首先就应具有归纳、提炼问题的意识。

第二，发现新问题的意识，新问题是相对于已有问题而言的，是别人未发现或未提出的问题。发现新问题就是在现实生活、法律规定或具体案件中见别人之未见、言别人之未言的问题。现实生活中，在解决涉法旧的问题的过程中，涉法新的问题可能产生，但新问题不一定会马上显现，这就需要法律人去发现或预见。只有早发现或早预见，才能早解决或早防止。发现新问题的意识是对新问题表现出的一种积极的、能动的反映。这种问题意识非常重要。发现问题和系统阐述问题可能要比得到解释更为重要。解答可能仅仅是数学或实验技能问题，而提出新问题、新的可能性，从新的角度去考虑问题，则要求创造性的想象，而且标志着科学的真正进步。培养法学本科生发现新问题的意识应是其创新思维培养的主要内容。法学本科生将来从事立法工作、司法工作、法律服务工作也好，从事法律研究工作也好，从事非法律职业也好，要在自己的工作岗位上有创新。光有归纳、提炼问题的意识还不够，还需要善于发现工作中的新问题，从新问题中得到新观点、新思路、新方法、新方案，为我国的法治建设、社会协调发展贡献力量。

第三，质疑意识。质疑就是对权威的理论、既有学说、传统观念等不是简单地接受和信奉，而是持批判和怀疑的态度。由质疑而求异，才能突破传统观念和思维定势，另辟蹊径，大胆创新。对司空见惯的事情不是认为理所当然而是能提出尖锐问题的能力，不仅是科学发明的关键，而且也是许多领域中有创见性的思想家的显著特征。可以说，质疑是科学精神的基本要素，有质疑才能提出深刻的问题，有质疑才能推动现有工作的进步。因而质疑意识是一种比归纳、提炼问题的意识、发现新问题的意识更深层次的问题意识，也是形成创新观点或方法的关键意识。立法工作者如果缺乏质疑意识，就难以认识到立法的不足，在立法上难以实现创新；检察官如果缺乏质疑意识，就难以发现侦查、审判环节的法律适用问题，在法律监督上难以实现创新；法官如果缺乏质疑意识，就不能在审判案件上实现创新；法律服务工作者如果缺乏质疑意识，就不能从纠纷或案件中发现对方当事人的问题，在维护当事人的合法权益上实现创新；法律研究者如果缺乏质疑意识，更难以形成创新观点或思路，推动法治进步。因此，具备质疑意识应是立法工作者、司法工作者、法律服务工作者和法律研究者实现创新的重要思维品质。这种意识在法学本科教育阶段就应培养。

二、法学本科生养成问题意识的必要条件

法学本科生问题意识的养成必须具备如下三个条件。

第一，具有较为系统的法学专业知识。这是法学本科生养成问题意识的首要的内在条件。没有已知，就谈不上未知。人们总是基于自己已有的知识来建构新知识。知识储备越丰富，认知触角越广泛，认知结构出现不平衡状态的频率也将越高，个体的未知领域也就越大，就越能引发人们去思考问题、提出新的问题，个体认知结构越合理、整合水平越高，就越能有效同化新知识，越能揭示知识之间的联系，发现新问题。因此，从认知规律来看，法学本科生只有具备较为系统的法学专业知识，才有可能对法学、法律领域的问题具有探索性、前瞻性的领悟，才能提出有价值的或深刻的法学问题，实现观点创新；反之，如果法学知识储备不足，知识结构不合理，视域不开阔，对法学知识的理解就难以深入，无法与问题情境建立联系，无法厘清问题的来源，从而无法形成法学、法律方面的问题意识，创新就无从谈起。因此，法学本科生要有问题意识，形成创新思维，就必须储备充足的法学专业知识。

第二，具有多向思维、批判性思维方式。这是法学本科生养成问题意识的重要内在条件。首先，问题意识离不开多向思维。多向思维是相对于单向思维而言的。单向思维主张的是统一，迫使人们按照一定的思维方式去考虑问题，这会导致独立智慧活动的停止以及思想的僵化。法学本科生如果具有的是单向思维方式，就不能跳出思维定式多角度、多方面去考虑法学问题，就不能形成提出新问题的意识和质疑意识。而多向思维使个体的思维处于自由状态，思路开阔，能够从不同的角度去思考和观察，从不同的层面去发现和提出问题，从不同的方面去讨论和分析问题，易于形成问题意识，从而易于创新。因而多向思维是法学本科生养成问题意识的必有思维素质。

第三，问题意识也离不开批判性思维。批判性思维是一种反省思维，它要求对他人或自己的思维进行严格审视和质疑，通过积极寻找证据或其他

相关信息来检验或验证拟加接受的结论或信念，并用理性标准做出合理性评价。它强调不要盲目接受现成的观点，不要墨守成规，要敢于质疑现有知识、观点。在批判性思维中对一切假设敞开质疑，积极地寻求分歧观点，探查并不偏向于某个特定的结果，具有追根究底的特性。可见，要养成发现新问题的意识、质疑意识均离不开批判性思维。批判性思维是创新思维的动力和基础，可以说，没有批判就没有创新。法学本科生要培养创新思维，必须具备这种思维方式。因为法学本科生只有在批判思维的过程中，才能学会提出新问题，探索和发现解决问题的新方法；反之，如果缺乏批判性思维，就容易陷入原有知识的陷阱而不能自拔，形成盲从的习惯，难以进行知识创新。因此，从这种意义上说，培养学生的批判性思维就是开发其创新思维的能力。

三、法学本科生问题意识的培养路径

法学本科生专业知识的积累，多向思维、批判性思维方式的形成，都需要一个较长的时间过程，决非一日之功。因此，其问题意识的养成需要经过系统的训练。在新发展理念下培养法学本科生的问题意识应多管齐下，从教师和学生两个主体入手：

（一）法学专业教师应是学生问题意识培养的引领者

法学本科生如何在大学四年内养成问题意识，法学专业教师起着关键作用。法学专业教师如果没有培养学生问题意识的理念，就不会在教学中有意识地采取各种措施来培养学生的问题意识，那么学生的问题意识是很难养成的。教师应从课堂内和课堂外两个场景来引领学生养成问题意识，形成创新思维。

第一，课堂教学是培养学生问题意识的主战场，教师在课堂的每个环节、每个方面都应考虑学生问题意识的培养，尤其要在教学内容的安排、教学方法的选用、师生关系的构建等方面引领学生问题意识的养成。

首先，教学内容是培养学生问题意识的土壤。课堂上，学生所提出的问题大多产生于教学内容。因此，教师在每一堂课都应安排一些存在探讨空间的、能激发学生思考的内容，以引起学生对法学知识的兴趣与疑问。这就要求教学内容不能局限于一本教材的观点，而是有选择性地介绍其他教材或刊物上的不同观点，特别是新的学术观点，供学生学习与思考，让学生从不同观点的介绍中产生问题甚至质疑。

其次，教学方法是培养学生问题意识的工具。教师应选用有利于培养学生问题意识的教学方法进行教学，引导学生多思、多疑、多问，避免一堂课一讲到底。讨论式、启发式教学方法能带动学生自主思考，培养问题意识，教师应将其作为主要教学方法根据教学内容选用。运用讨论式教学，教师应充分准备要讨论的内容或主题，能让学生在讨论中发现问题、提出问题。教师应不求问题解答，更不求答案的唯一性，而是要把讨论的问题引向深入。采用启发式教学，教师要突出对教学内容的探讨，重视设问，让学生思考。教师应在所讲授的内容关键处设问，在知识的运用处设问，引导学生对法学观点大胆质疑，帮助学生发现问题。当然，教师在启发式教学过程中，不应把"问题"强加给学生，而应通过精心设置问题情境让学生主动思考，提出问题，解决问题。

最后，平等的师生关系是培养学生问题意识的环境。课堂上师生之间要保持平等、和谐、民主的人际关系，营造宽松、愉悦的课堂教学氛围，消除学生在课堂上的紧张感，让他们充分展现个性。这就要求课堂教学民主化，教师真正把课堂还给学生，让学生有更多自主思考的时间和空间，不受约束地与教师平等对话，探讨法学、法律问题。教师与学生之间、学生与学生之间相互启发，不断碰撞出智慧的火花。只有在民主化的教学中，学生才会无所顾忌地对所学内容进行批判性思考，提问、质疑的积极性才能提高，才可能有创新的见解。

第二，课外辅导是学生问题意识养成的加速器，教师应在学生课外自主学习和实践教学两个方面，进一步引领、带动学生主动、积极思考法学、法律问题。

首先，法学专业教师要做学生课外阅读的引领者。因时间所限，学生在课堂上接触的专业知识是非常有限的，光靠课堂教学是难以达到养成问题意识所需的知识条件的。这就需要教师引导学生在所学知识的基础上带着问题进行课外阅读，拓展和加深所学知识，围绕问题进行思考，形成课内与课外的互动、学与思的互动。每门课程的专业教师都应该围绕课堂上的内容与问题精心选择并布置一些本领域有代表性的书籍、论文，供学生课外阅读，并要求学生做读书笔记。

其次，法学专业教师要做学生思考法治中国、法治政府、法治社会过程中的现实问题的引领者。法学是应用于实践的科学。法学本科生要养成强烈的问题意识必须走出书本，面对法治中国、法治政府和法治社会的现实，关注、思考法治过程中民众反映强烈的现实问题，特别是司法实践中出现的热点案件和法治政府实践中出现的重大法治事件。教师应选择一些法治实施中的现实问题让学生思考与讨论，也可提供一些现实案例和素材组织学生讨论，让学生自己提出问题、分析问题和解决问题。

最后，法学专业教师要做学生践行法学知识的引领者。在模拟法庭、法律诊所教育、学年论文、毕业论文、毕业实习等实践教学环节，教师都应贯彻培养学生问题意识的理念选材、选题、设问，让学生带着问题或带着发现问题的想法去创造性地开展实践性工作，让学生在实践中养成提出问题、分析问题、解决问题的意识。

（二）法学本科生是自身问题意识养成的修行者

在大学四年内，法学本科生能否最终养成问题意识，取决于学生自身的学习行动。如果没有学生的自觉行动，教师做得再多再好，也无济于事或事倍功半。通过大学四年的法学专业学习，有的学生养成了问题意识，而有的学生并没有养成问题意识，就足以说明这个问题。因此，学生问题意识的养成，最终要靠学生的自我修行、积极作为。法学本科生问题意识的养成必须进行多学、多思、多实践的"三多"修炼。

第一，要多学。多学就是要掌握足够的法学专业知识和学会运用法律思维考虑问题。学是思之基，也是实践的基础。学生如果没有掌握系统、扎实的法学专业知识和法律思维方法，就没有思考法学问题的基础，也没有进行法学实践的知识和方法储备。因此，法学本科生在大学四年内应扎扎实实地学好专业知识和思考问题的法学方法。法学专业知识与法学方法的掌握不是光靠听老师讲课，记一些基本概念和观点就可以完成的，而是要广取博学，通过多读书才能取得成就。这就要求学生不但在课堂内认真学习，而且要求学生自觉在课堂外充分利用时间多读法学专业书籍、多看法学学术论文，从中获取更多的专业知识，为问题意识的养成创造必要的知识与方法条件。

第二，要多思。多思就是要运用法学知识与方法多思考法学方面的问题，包括法学理论问题和立法、司法实践问题。学生如果学习知识而缺乏思考，只是被动接受别人的观点和理论，就会故步自封，不能提升自己所学，更不能从知识中发现问题，提出质疑，那么问题意识是无法养成的。通过大学四年的学习，有的学生养成了问题意识，而有的学生没有养成，主要原因在于：有的学生不但学了，而且思了；而有的学生虽然学了，但没有思；甚至有的学生既不学也不思。因此，学有所思对于问题意识的养成是非常重要的。为养成问题意识，课堂内，学生应在教师的引领下自觉主动地思考问题，大胆提问，与教师形成良性互动；课堂外，学生在阅读的过程中，应积极思考问题，大胆质疑所读观点或知识，养成边读边思的良好习惯。

第三，要多实践。多实践就是要多参加一些将法学专业知识与法学方法应用于析案解问的实践活动，如，模拟法庭、实案分析、专业实习等。因为将法学知识与方法运用于实践的过程中更容易认识自己的不足，也更容易化解所学所思的疑问，更能提出贴近现实的法学问题。因此，法学本科生要养成问题意识，绝不能停留在书本上，停留在自己的思维中，而是要自觉地参与到法治中国、法治政府、法治社会的实践中去，通过各种途径与现实案例或重大法治事件打交道，通过对案例或事件的分析发现法治实践中的真问题，思考解决问题的路径，从而提升自己的认识和能力。

第四节 卓越法律人才的素养和能力

我国高等法学教育还不能完全适应社会主义法治国家建设的需要，社会主义法治理念教育还不够深入，培养模式相对单一，学生实践能力不强，应用型、复合型法律职业人才培养不足。提高法律人才培养质量成为我国高等法学教育改革发展最核心、最紧迫的任务。但是，迄今为止，学界对何为"卓越法律人才"、卓越法律人才应具备哪些素养及能力都还没有完全达成共识。

一、卓越法律人才：法学教育的培养导向

在教育部和中央政法委开始实施培养卓越法律人才的计划后，"卓越法律人才"就成了一个非常热门的高频词汇。在法学教育界，似乎有把卓越法律人才的培养目标泛化的现象，不论何种性质、何种类型的高校，都在讨论如何把培养卓越法律人才作为自己的法科教育培养目标，并且是作为唯一的或基本目标来实施，这就有点偏离了法学教育的基本方向。当然，如果作为法科教育的培养导向，倒是无可厚非，但把它作为法科教育的基本培养目

标，则是在不切实际地"大放卫星"或高喊口号，不顾自己学校的软件与硬件建设基础，而过度高估自己学校的培养模式与培养水平。这对于法科教育而言，并不是好事。因此，培养卓越法律人才应是法科教育的培养导向和最高目标，而不是法科教育培养的基本目标。因为法学教育的培养目标，不论何种性质、何种类型的高校，首先是培养合格的法律人，这才是法科教育人才培养的基本目标。至于卓越法律人才的培养，这应该是在先进的法学教育理念和法律人才培养体制指导下，通过提升法学教育水平，从而在培养达到合格法律人基础之上使之更加优秀或具备更加全面的素养，这是法学教育人才培养的最高目标，而非有的学校提出的法学教育的基本培养目标。具体而言，所谓"形成科学先进、具有中国特色的法学教育理念，形成开放多样、符合中国国情的法律人才培养体制"，实际上是国家对法学教育提出的改革方向和发展导向，也是卓越法律人才培养的总体目标。所谓"培养造就一批信念执著、品德优良、知识丰富、本领过硬的高素质法律人才"，是对培养造就一批卓越法律人才的素养提出的明确要求，而且明确指出是培养造就一批高素质法律人才，而非要求所有培养的法律人均成为卓越法律人才。实际上，因为每个学生的素质、能力与兴趣等方面的差异，也不可能每个学生都能达到卓越法律人才的标准和要求。卓越法律人才培养是有别于普通法学教育的精英教育和培养目标。

在卓越法律人才的总体培养目标之后，"应用型、复合型"卓越法律人才的具体培养目标是适应多样化法律职业要求，坚持厚基础、宽口径，强化学生法律职业伦理教育。提高学生运用法学与其他学科知识方法解决实际法律问题的能力，促进法学教育与法律职业的深度衔接。从法律理性的三个维度，即理论理性、实践理性和职业理性对"应用型、复合型"卓越法律人才培养提出具体的要求。适应多样化法律职业要求，坚持厚基础、宽口径，提高学生运用法学与其他学科知识方法的能力，是"应用型、复合型"卓越法律人才在理论理性方面应具有的能力；提高学生解决实际法律问题的能力，促进法学教育与法律职业的深度衔接，是"应用型、复合型"卓越法律人才在实践理性方面应具有的能力；强化学生法律职业伦理教育，是"应用型、复合型"卓越法律人才在职业理性方面应具有的素养。

二、卓越法律人才的界定

我国法学教育的最高目标是培养卓越法律人才。但是，究竟何谓"卓越法律人才"，这是应该首先弄清楚的问题。从语义角度来看，所谓"卓越法律人才"，首先应是合格的法律人，然后是杰出或非常优秀的法律人，才能称之为"卓越法律人才"。

第一，卓越法律人才首先是一个合格的法律人。合格的法律人应是指在法学教育过程中基本掌握了法学理论、法律思维与法学方法的法律人。法律人经过专门的法律训练，熟识法律思维与法治精神。能够从事专业的法学研究或法律实务的有法学教师、律师、法官、检察官和公证员等法律职业。因此，在法学教育的培养过程中，要注重培养法科学生的法律思维能力，对法律体系与问题解决路径的理解，以及在此基础上独立学习并掌握陌生或新生法律的能力。其中，当然包括对法律规范本身的了解，但更重要的是对法律体系与功能的认知，以及法律思维与法学理解能力的养成，每个法律人都必须学习并终身发展这种能力。简言之，我国的法学教育的培养过程要兼顾法学理论、法律思维与法学方法三方面的基本养成，只有在这三方面达到了培养目标的基本要求，才能称之为合格的法律人。如果不能在这三方面达到基本的要求，则是不合格的法律人，这是法学教育的失败"产品"。其连法律人最基本的培养要求都养成不了，何论卓越法律人，所以，卓越法律人才首先应是一个合格的法律人。

第二，卓越法律人才是非常优秀或非常杰出的法律人。单纯从词义学视角对卓越一词进行解读，所谓"卓越"，就是卓尔不群，拒绝平庸，即出类拔萃、高超出众、非常杰出之意，与英文中的 excellent、extinguished、outstanding 同义。然而，出类拔萃和高超出众是否就意味着优秀？人才的成长历程需要经历一般—优秀—卓越三个阶段。从这个意义而言，卓越的涵义应当是优秀中的优秀，即非常杰出，故卓越法律人才就应当是非常优秀和非常杰出的法律人才。也就是说，在法学教育过程中培养的合格法律人，要想称之为卓越法律人才，仅仅是优秀的法律人还不够，还必须是非常优秀和非常杰出的法律人才能达到这个标准。按照这个标准，我们实际上把法学教育过程中培养的法律人分成了几个层次：不合格的法律人、合格的法律人、优秀的法律人和非常优秀的法律人。从法律人的专业素养角度而言，所谓卓越法律人才，要求其在法学理论、法律思维与法学方法方面养成了非常好的和非同一般的能力。

第三，卓越法律人才是具备了全面素养且非常杰出的法律人。前述界定是对卓越法律人才从法律人的专业素养角度讨论的，但卓越法律人才并不仅仅意味着具备了非常优秀和杰出的法律素养，而是应该具备全面素养且非常杰出的法律人。卓越法律人才还应当是具备信念执着、品德优良、知识丰富、本领过硬的高素质法律人才。也就是说，卓越法律人才仅仅具备非常优秀的法律素养还不够，还需要具备上述各方面的高素养。因此，有学者比较形象地描述到，"内外兼备、知行合一、智勇双全、道术并重"的法律人才是卓越法律人才的形象。

这是从语义角度对卓越法律人才的界定，但这种界定并不能反映卓越法律人才的实质意蕴。因此，其他学者对此有各种各样的解读，迄今为止，如何界定卓越法律人才仍远未达成一致。如，有学者界定为"具有较好的人文科学素养、较强的社会责任感和法律职业道德、法治精神、丰富的法学知识、充足的法制实践，具备某一领域法律技能的高素质创新人才"。卓越法律人才是具有良好的职业道德和职业修养，具有深厚的法律知识功底，能够熟练地运用法律知识解决实际问题，具有国际视野的优秀法律人才。可见，这些界定多从卓越法律人才的修养与能力角度进行了解读，故要讨论卓越法律人才的能力，则先要讨论卓越法律人才的修养。

三、卓越法律人才的素养

如何判断法律人是否达到了卓越法律人才的要求，目前尚无明确的具体衡量指标。卓越法律人才应当具备信念执着、品德优良、知识丰富、本领过硬等素质，才能称之为卓越法律人才。因此，这是对卓越法律人才各方面的素养提出的具体要求，明晰这些素养的具体内涵，可以为判断卓越法律人才的具体衡量指标以及如何培养卓越法律人才的能力提供参考。

（一）信念执着

这是从思想和理念认同角度对卓越法律人才提出的素养要求。卓越法律人才是中国特色社会主义法治的建设者和捍卫者，应当对中国特色社会主义道路、中国特色社会主义理论体系、中国特色社会主义制度、中国特色社会主义法律体系和司法制度有全面认识、深刻理解和高度认同，增强理论认同、政治认同、感情认同，增强道路自信、理论自信和制度自信，自觉做到忠于党、忠于国家、忠于人民、忠于法律，立场正确，毫不动摇。同时，卓越法律人才应该养成对法治的信仰，对法治精神的尊崇，树立自由平等、公平正义的社会主义民主法治理念，具备运用法治思维和法治方式的能力，以保证宪法和法律的遵守和执行。卓越法律人才要形成坚持依法治国、依法执政、依法行政和坚持法治国家、法治政府、法治社会一体建设的法治意识。只有养成和具备了社会主义法治国家的信念，卓越法律人才作为法治建设的生力军才能在走向社会后坚持推动和做到"科学立法、严格执法、公正司法"，进而促进国家治理体系和治理能力现代化的真正实现。卓越法律人才必须始终保持理论上的清醒认识，坚定法治信仰和法治理念，确实做到内化于心，外化于行。

（二）品德优良

卓越法律人才应当具备道德感、正义感、伦理观念和责任担当精神，这是法律人应具备的良好品德和伦理修养。卓越法律人才应该德才兼备，既要有超越于普通人的知识和法律修养，更要具备较高的道德正义感及伦理修养。卓越法律人才从事法律工作，经常和社会阴暗面接触，尤其需要品格高尚、德行良好，才能定力深厚、厚德载物，才能身正严明、信守法律规则而"出淤泥而不染"。卓越法律人才应具有良好的道德伦理修养和价值观念，要求学生具有良好的道德修养，养成坚定不移的法律信仰、忠于法律的社会责任心和正义感、刚正不阿的思想品格、为民服务献身法治的人生价值追求。在我国社会主义核心价值观和核心价值理念中，所谓的"爱国、敬业、诚信、友善"，就是公民的基本道德规范，是从个人行为层面对社会主义核心价值观基本理念的凝练。它覆盖个人在社会生活的各个领域，是公民必须恪守的基本道德准则，也是评价公民道德行为选择的基本价值标准。作为我国法学教育培养的卓越法律人才，首先在个人行为层面应该做到核心价值观的这些理念要求。对国家要忠诚、对职业要敬业，对他人要友善，个人行为要诚信。古罗马时代的法学家乌尔比安就提出每个人的行为准则应"诚实生活、勿害他人、各得其所"。卓越法律人才作为优秀杰出的法律人，更应该养成和恪守社会主义核心价值观的理念。同时，卓越法律人才还应该具备良好的法律职业伦理。法律职业伦理在法律人才素养中占据重要位置，因为法律职业伦理体现了法律职业的道德价值，是法律人的价值观，也是对法律职业行为准则的价值评价，体现了法律职业共同体的道德价值。卓越法律人才对中国法治建设的反思和批判应当是善意的和建设性的，而不能是肆意谩骂和攻击。因此卓越法律人才必须具备法律职业伦理方面的良好素养。因此，对于卓越法律人才，应加强社会主义法治理念教育，逐步完善作为法律人的法科学生的法律思维和法治精神教育，加深学生对依法治国、公平正义等法治理念的理解。坚持立德树人、德育为先的导向，加强法科学生的职业意识、职业伦理和执业纪律教育。卓越法律人才培养是有别于普通法学教育的精英教育，对此应当建立健全学生的遴选和淘汰机制，以保证法科学生具备成为卓越法律人才的道德品质与智力要求。总之，法学教育的目的在于"培育出传授法律精神、促进民主政治、维护社会正义与秩序、保障公民权利、实现司法公正等方面发挥积极作用的法律家和法学家。"

（三）知识丰富

"知识丰富"要求卓越法律人才既要具备系统扎实的专业知识，也要有宽阔的学术视野，即法学教育的学生培养要"宽口径、厚基础"。既掌握法律系统内部的知识，也掌握法律系统外部的知识。所谓法律系统内部的知识，就是由若干法学专业课程所承载的知识。它要求学生掌握法学专业涵盖的由十几门二级学科所构成的课程体系，包括通识课程、核心课程、选修课程等必备的专业知识。在这些课程的教学内容中，特别要注重对学生进行法学基本概念、基本问题、基本原理等知识的教学。通过这些课程的学习，使学生对法律的结构体系、制度规则、法理精神以及运行规律有深切的把握。法学专业知识是否系统扎实是法律人从事法律职业的前提、基础和知识背景。作为卓越法律人才，在面对日益完善和纷繁的法律关系、法律规定和法律制度时，不仅要掌握法律专业知识，熟悉法条和诉讼程序，而要理解和掌握法律规则和法律背后的法律意识、法律精神和法律价值，以及与之相联系的政治、经济、科技、历史、文化、社会、道德、伦理和传统等背景。不仅要知道法律是什么，还要知道法律为什么如此规定，在此基础上，还要求进一步创新思维，提出法律应当是什么。所谓法律外部的知识，主要是指与法律事务相关联的其他领域的知识，譬如经济学、政治学、社会学等方面的知识。一个卓越的法律人才，仅仅具备法律内部的知识是不够的。因为法律知识虽然是一个相对独立的知识体系，但法律知识对应的社会现象却不是独立的，更不是孤立的，而是与其他社会现象密不可分的。中国社会的复杂性和潜隐性使得法律的应用更加复杂，尤其需要卓越法律人才具有相应的社会经济等方面的知识和科学常识，对社会现实有比较深刻的感悟，完善其知识结构，才能游刃有余地开展工作。

"知识丰富"的卓越法律人才，主要表现为复合型法律人才。复合型法律人才是指具有完善扎实的跨学科基础知识，具有深厚的法学学科体系知识，能适应我国经济发展、法制建设需要和法律职业特殊要求的新型法律高级专门人才。复合型法律人才在实践中比较常见的有法律＋经济、法律＋外语、法律＋医疗、法律＋金融等专业或学科交叉型法律人才。由于专业化、精细化是社会进步和分工细化的必然结果，因此也导致法学和法律职业发展的专业化和精细化。当然，学校不可能把法科学生全部培养成具有跨所有学科知识背景的复合型人才，只能是学校根据本校的学科优势和特色，为在校期间的学生提供这种复合型的课程体系，由学生按照自己的兴趣和职业生涯规划来选择不同方向的复合型课程，为适应将来工作需要而不断加强学习，使自己具有多方面知识，从而更好地向社会提供优质的司法和法律服务。

（四）本领过硬

知识丰富是本领过硬的重要条件。所谓"本领过硬"，指在工作岗位上表现出来的理论知识扎实、工作能力突出与职业素养胜人一筹。主要体现在专业能力和职业技能等方面。卓越法律人才应具有从事法律职业的能力，要求具备以下基本专业技能：沟通、协商能力，谈判妥协能力，辩论的技巧能力和方法，制作法律文书的能力，获取、掌握和应用信息的能力，制定规则的能力，起草合同的能力，审核、鉴定和有效运用证据的能力等等。应当具备法治理念和法律思维，熟悉认定案件事实的方法，掌握常用法律方法和法学方法，了解社会科学方法等，从而可以胜任立法、司法、律师、行政执法、企业法务、法学研究和教学等专业的法治工作。同时，卓越法律人才应具有从事其他社会治理的能力。当今社会，对法律的社会需求是多方面的，除了专门的法律职业人员以外，党政机关、事业、企业单位等其他组织也还需要具有法律素养的工作者。因此，卓越法律人应当做到"知行合一"，除了掌握专业知识和技能可能还不够，还需要掌握其他方面的能力，如，管理能力、创新能力、实践能力、协调能力等方面，要能周到地谋划，事先预计事态发展的各种可能性。

四、卓越法律人才应具备的能力

大学教育应当以培养能力为主，而不是偏重传播知识。高校有以下八种功能：提高交流能力；培养分析能力；强解决问题的能力；培养价值判断的能力；提高社会交往和互动的能力；培养对个人和环境的理解能力；改善个人对当今世界的了解能力；增长艺术和人文学科的知识。法学院集中力量对学生进行各种律师技能训练，即使有学术性探讨也是作为培养合格和优秀的律师而附设的，在法学院中并不占主导地位。法学对学生的主要要求是了解法律（包括判例），了解运用法律的必要程序和技巧，对案件的分析和对法律的理解。法学是一门应用学科，要立足于客观现实，而不是纯粹的规范科学，更应当重视学生的应用实践能力培养。法律的生命不在于逻辑，而在于经验。但长期以来，我国法学本科教育过于偏重理论知识的传授，忽略实践能力的培养。在这种经院式教育模式下培养出来的法科学生当然无法快速适应社会的现实需求，使得用人单位往往需要再次教育和培训，从而大大增加用人单位的成本。但在我国法学教育中，根据对卓越法律人才在个人修养和素质方面的要求，应该在重视理论知识的教育基础上，重视法律实践能力与职业伦理素养的培养。具体而言，应注重以下方面的能力培养：

（一）法学理论与法学方法的运用能力

卓越法律人才必须注重养成用法律思维来对法律体系与问题解决路径的理解能力，以及在此基础上独立学习并掌握陌生或新生法律的能力。其中，包括对法学理论及法律规范本身的了解，但更重要的是对法律体系与功能的认知，对它的制度构造、原则与规则之间的体系关联认知。因此，法学教育的主要功能是培养学生认知和学习法学理论、法学思维和法学方法，并运用法学理论、思维和方法来适用法律的能力。而培养适用法律的能力，主要是通过培养其法教义学上的知识和能力来实现。法教义学是指以法规范为研究对象，以阐明法规范的含义为主要任务的学科。一方面，法教义学以立法为核心，并基于判例和学说上关于法律解释见解的积累，而构成一套关于现行法内容的知识体系；另一方面，法教义学包含了一套探求"新"的法律"知识"的方法。法律需要解释才能够适用，而法教义学形成了一套法律解释的方法，运用该方法可以使一个关于特定法律规范的疑义得以解决。法教义学之所以是法律适用能力的核心，是因为这套知识体系就是可以直接运用于司法实务工作的知识和方法。通过法教义学方法来学习法律，能够使学生更为清晰和准确地掌握法学理论知识。同时，掌握了法教义学的分析方法，对培养研究型法律人才也是有利的，因为法教义学的分析方法能够培养法科学生的问题意识，发现问题以及分析和解决问题的能力。

（二）综合人文社科知识的拓展运用能力

卓越法律人才除了应当具备系统和精深的法学理论功底、较强的实务操作技能之外，还应具备强烈的人文精神和多学科的综合知识体系。由于法律是关于公平正义的艺术，法科学生对公平正义应有强烈的追求；同时法学也是一门人文社会科学，法律人应该具有较强的人文主义精神，坚持以人为本、为权利而斗争的法治意识。此外，法律虽是一个相对独立的知识体系，但法律对应的社会现象却不是独立的，更不是孤立的，而是与其他社会现象密不可分的。因此，法律人还应具备多学科的综合知识体系。不了解法律适用背后的行业背景和行业知识，一方面可能导致法律适用无从下手；另一方面可能导致法律适用的结果是机械的和不合理的。特别是在当下很多新型行业或新问题的出现，要求法律人必须尽可能多地了解和学习其他专业的理论知识。法科学生应按照自己的兴趣和职业生涯规划来选择人文社会科学课程，为适应将来工作需要而储备多方面知识。

（三）逻辑思维与逻辑推理能力

法律规则、法律裁决都是典型的三段论逻辑推理，司法过程实际就是一个逻辑推理的过程。逻辑是基本的自然法则，公正的判决必然是符合逻辑的。因此，逻辑思维与逻辑推理能力也是实现法律正义的基本能力。具有较强的逻辑思维能力，能从同中看到异、从异中看到同，能从感性认识到理性认识，予以归纳和升华。逻辑思维与逻辑推理能力的培养，首先要熟练掌握法律逻辑，通过大量的案例教学、课堂讨论、法律实务来培养学生逻辑基础知识、逻辑推理方法和逻辑思维能力。其次，通过模拟审判、法院检察院实习培养学生运用归纳与演绎的能力和提高学生逻辑推理能力。

（四）法律实务操作能力

法律实务操作能力是在法律实务过程中所应具备的实际操作能力，除了法律适用的能力以外，还包括以下几方面的能力。第一，具有在案件事实中发现问题的能力，需要有敏锐的观察力和洞察力以及较强的辨别力与判断力，能够从案件事实中去伪存真，看到问题的关键和本质所在。只有发现和找到了案件中的问题，才能有针对性地收集证据和进行法律适用。第二，具有较好的分析运用证据的能力。在有针对性地收集证据和保存证据的基础上，根据案件事实和证据反映的合法性和关联性来分析运用证据，最终才能支持其法律适用及其意见。第三，具有很强的法律文书的专业写作能力，能严谨准确、逻辑缜密地表达自己的观点和思想，无论是撰写各式各样的裁判文书、学术论文及调研报告，还是写诉状、代理词和辩护词，都能做到思想性与实用性的完美统一。第四，具有很好的论辩表达能力，法律人在发表实务案件的意见中要能做到逻辑严密，切中关键和要害，且有理有据和以理服人，需要很强的论辩表达能力。论辩能力则是法律职业不同于其他职业的特别要求，法律人必须具备很好的表达技巧和辩论能力。

（五）法律职业伦理认知能力

法律职业伦理体现了法律职业的道德价值，要求法律人具备公平正义、严守规则、诚实守信、谨严敬业的观念。这是法律人的价值观，也是对法律职业行为准则的价值评价，体现了法律职业共同体的道德价值。切实遵守法律职业道德和职业伦理，具有良好的职业伦理道德是法律人品德良好的具体表现。因此，卓越法律人才必须具备法律职业伦理方面的认知能力并在实践中信守法律职业伦理。

（六）持续学习与发展的能力

法科学生在校期间即使达到了卓越法律人才标准，但在走上工作岗位之后还需要接受社会实践的历练和工作经验的积累，也还需要接受继续学习乃至终身学习。一方面，因为法律所对应的社会是在不断发展之中的，社会中的新问题是层出不穷的，需要法律人不断学习了解和认知社会中的新问题和发展新趋势；另一方面，法律作为一个职业，本身就是一个终身学习的职业，新的法律不断被制定出来，法律人需要自己不断去学习新的法律规则和法律制度。因此，卓越法律人才必须具备持续学习与发展的能力。只有具备了这种能力，才能在社会中有持续发展的潜力。有了较强的发展潜力，不论今后是从事法学研究、法律事务，抑或国家和社会管理事务，才有可能真正成为某一领域的卓越人才乃至领军人物。同时，卓越法律人才应具有批判精神和创新能力。有批判才有进步、才有创新。创新是法律和法学发展的动力，也是法律人才永葆卓越的前提。创新能力要求法律人保持对法律世界的热烈和无偏见的探索精神，发现问题并积极思考。

（七）社会交往与团队协作能力

法律人的社会交往与团队协作能力包括两个方面：沟通交往能力与团队协作能力。法律职业是一种人际交往职业，其对沟通交流能力的要求比一般的职业更高。因此，与人打交道的沟通交往能力是卓越法律人应当具备的基本素质。由于目前的法律问题比较复杂，因此一般是采取组成团队人员来解决的模式。因此，法律人在社会中还应具备团队协作能力，能够与其他人共同协作和有序组织在一起，这也是很重要的一种社会工作能力。

第五节 卓越法律人才培养目标和培养模式的创新

一、卓越法律人才培养计划实施中存在的突出问题

教育部的"卓越法律人才教育培养计划"文件中明确了其主要的培养目标是"培养造就一批信念执着、品德优良、知识丰富、本领过硬的高素质法律人才"，并在此基础上进行了类型化区分。具体而言，即我们必须以涉外法律人才的培养为突破口，以西部基层法律人才的培养为着力点，将应用型、复合型法律职业人才的培养作为卓越法律人才教育培养计划的重点。与此相对应的是，该培养计划也提出了三种法律人才分类培养模式，即"应用型、复合型法律人才培养模式""国际型法律人才培养模式"和"西部基层法律人才培养模式"。

就培养目标而言，卓越法律人才的培养计划应借鉴美国和德国的法学教育模式，注重实务人才的培养，即在重视学生个性化发展和自主选择的基础上对其分门别类，因材施教。卓越法律人才区别于传统的法律人才的地方在于"复合"，即学科间的融合、交叉与渗透。因此，卓越法律人才的培养目标应当更加注重"复合"的专业素养、通识教育、综合素质与能力。就培养模式而论，法学学者以及各法学高等院校也从自身的定位和资源出发进行了一定的创新。

当前我国法学学者及各大高校对卓越法律人才计划中所阐述的培养目标和培养模式是缺乏一定程度的统一认识的。事实上，培养目标关系着卓越法律人才培养的方向与定位，而培养模式则与卓越法律人才培养的实践效果息息相关。不难想象，在对两者欠缺统一认识的前提下，不同高校的法学教育在法学人才的培养上可能较难达到教育部的预期成效。因此，在肯定和鼓励百家争鸣的同时，以此出发，加强对培养目标与培养模式的统一认识，并以此为基础对高校法学教育进行统筹布局，从而更有力地推动我国卓越法律人才的培养进程。

二、对卓越法律人才培养目标和模式的有益探索

（一）正确厘清三者关系，树立清晰明确的培养目标

毫无疑问，界定明确清晰的培养目标是卓越法律人才培养的前提和基础，因为这不仅关乎卓越法律人才培养的方向和定位，而且对于法学高等教育能否真正做到面向社会需求培养人才，调整人才培养结构和提高人才培养质量，其意义可谓非同一般。要正确把握卓越法律人才培养的定位，界定明确清晰的培养目标，最关键即在于明确通识教育、专业教育与职业教育这三者的内涵与关系。

通识教育源于自由教育，最早由希腊著名的哲学家、教育家亚里士多德所提出。一般而言，通识教育是建立在对人与社会本质的认识基础之上的一种大学教育思想和培养策略。高等教育应当教育学生成为具有博闻、能动性的公民，这样的公民应能够批判性地思考，分析社会问题和寻找解决社会问题的方法，应用这些方法，并在其中养成社会责任感。因而，在高等法学教育的领域下，我们应将通识教育视为灵魂指引，通过让学生学习精选的人文科学、社会科学和自然科学等几大领域通识课程，培养学生具有广博的知识、独立思考的创新精神、较强的社会责任感、综合良好的人文素质以及至善求真的完善人格，这往往在法律人才培养的过程中具有基础性的价值和决定性的作用。

专业教育中的"专业"一词意味着在某些方面领域比他人通晓和拥有更多的知识。而专业教育就是对学生进行社会化的过程，以本专业的习俗、伦理、工作关系以及本专业人士共同遵循的期望规则来对学生进行教育。同样地，在高等法学教育背景下的专业教育主要就是强调法学基础理论知识和

技能教育的学习，包括法学方法、法学思维、法律语言和法律推理能力的掌握。因而，卓越法律人才培养的核心内容即教授学生专业知识与技能的专业教育。法学专业的学生毕业后无论是从事学术研究，还是从事法务工作，都必须具备较强的社会主义法治信仰、扎实的法学基础理论知识以及真正养成以法律逻辑分析和解决社会问题的思维方式。

职业教育实际上是和基础教育、高等教育和成人教育并行的一种教育分类，其主要内容包括从事特定职业所必须掌握的知识和技能训练。实际上，在国外的法学人才培养模式中，专业学习与职业培训基本是两个相对独立的阶段，对于学生的法律职业技能的培训大多是在大学毕业后由实务部门承担，而鉴于中国的特殊国情，培养完全的职业法律人的任务很大程度上也交由法学高等教育来完成。法学院系既不具备对学生进行全真的法律职业体验教育的环境，同时也缺乏兼具理论知识与实践经验的高水平师资队伍。由法学院系单独承担系统的法律职业技能训练任务显然是难以保障教学质量的。因此，法科学生需要在大学与法律实务部门联合培养的作用下获得一定的法律职业技能，如，法律分析和论证的能力、法律检索和事实调查的技能、口头和书面沟通以及谈判的技巧、组织和管理法律事务的能力等等。也正因为如此，职业教育成为法学高等教育背景下卓越法律人才培养目标中的重要内容，但其绝非是全部内容。因为如果只是为了单纯追求就业率的高低而摒弃通识教育和专业教育，过分强调职业教育的话，那么最终只会培养出徒具皮囊的"法律工匠"，甚至会培养出缺乏法治信仰和法律职业道德而善于投机专营的"讼棍"。

因此，无论是培养应用型、复合型的卓越法律人才，还是培养涉外型的、西部基层的卓越法律人才，其培养目标的统一性和一致性都应当体现在以通识教育为灵魂指引，以专业教育为核心实质，以职业教育为重要内容的高素质优秀法律人才。

（二）有效部署教学内容，规范与优化培养模式

除了确定明确清晰的培养目标外，卓越法律人才培养计划的有效实施更离不开培养模式的规范与优化。高校应以上述培养目标作为方向指引，即在正确界定通识教育、专业教育以及职业教育三者在卓越法律人才培养中的地位和关系的基础上，统一有效地部署和安排与其一一对应的教学课程与教

学内容。

对于通识教育而言，它的核心命题是"人才的培养是为社会需求而设"。而它的基本要素包括了人与社会、教育与大学、教学与课程等诸多方面。这就决定了它的基本特征是从大学之外的专业知识和技能以外的问题来思考大学使命，既不以满足大学内部需要为目的，也不以满足职业界需要为目标。因此，我们所设想的通识教育绝不应该仅仅只是一两个学期，十几门课程的修完就可以实现的。甚至毫不夸张地说，一个有素质的人一生的教育都应当沉浸在通识教育这个广阔的海洋之中。但放眼当下中国法学高等教育所推行的通识教育，大多只是在大学一二年级开设十几门或自然科学，或社会科学，或人文素质类的课程来完成的。这样的做法并不能真正实现通识教育对人的全面培养。相反，不过是又一个"填鸭式"的应试教育的典范。也正因为如此，我们应该摒弃现行普遍的通识教育课程设置的观念与做法，将通识教育贯穿于法科学生大学教育的四年，甚至是衔接到之后的研究生教育当中。具体而言，根据学生知识的不断积累和素质的逐步提升，从大一到大四期间，分阶段性地设置由易到难、由简到繁的数门通识教育的主干必修课程，在此期间根据学生的个性化发展和自主选择，辅之以几十门一般的通识课程作为选修，力求在卓越法律人才培养的整个过程中均重视这一作为灵魂指引的通识教育。毕竟要培养一个能有效地思考、清晰地沟通、明确地判断是非以及正确地辨识真、善、美等普遍价值的"健全"的人不是轻而易举、一蹴而就的。

对于专业教育而言，强化实践教学环节固然非常重要，但也绝不能忽视系统的法学专业理论知识、法学方法的学习和法律思维养成的重要性。要知道，失去了坚实厚重的法学理论和法律思维作为基础，高等法学教育就会成为"无源之水、无本之木"，法学专业理论知识的重要性更不必说，这里我们更需重视的是法律思维的养成。简单来说，法律思维就是"像律师或者法官那样思考问题"，它是一个合格的"法律人"所不可或缺的。相较之下，法律人的素质和水平的高低更多地体现于其对法律思维方式的掌握和运用程度，而非获取法律知识的多少。而从比较法的角度来看，虽然大陆法系和英美法系的法学教育模式各有不同，但其核心和立足点均在于对学生法律思维能力的培养。具体而言，在课程设置方面，除了教授传统的法律概念、原理、制度等法律知识的课程，比如，《民法学》《刑法学》《行政法学》

等，来充实法律思维的知识结构部分，我们还应重视培养学生的法律信仰、法律观念和法律理性的课程，如，《外国法制史》《法哲学课程》等，尤其从培养学生尚法的精神角度去教授这些课程，以更好地培养学生科学的法世界观和法价值论。此外，在课程安排上，对于一些方法类、工具类的课程，如，《法律逻辑学》《法律语言学》《法律解释学》等，我们也不可偏废，通过这样的课程可以很好地传授学生进行法律思维活动的手段和措施，帮助学生正确进行法律思维和法律思想表达，为以后的法律实践活动打下良好的基础。

而就职业教育而言，其专门的职业技能与培训应多方位、多渠道寻求和整合社会资源，但这并不是说高等法学教育就应对其置若罔闻。相反，大学应对此承担起前期基本技能教育和方法论提供的义务。技能应该是伴随学生的整个工作生涯的。仅仅依靠法律学校很少能培养谈判能手，但学校可以培养学生一些基本的技能，然后让他们终身去学习体会。这就好比在通往法律职业殿堂的道路上存在有众多的技能之门，法学院不可能带领学生走完每一道门，但却可以向学生指引技能之门的方向以及打开若干重要的技能之门，让学生看到门内的风景。在日后的法律职业生涯中，则由学生根据自己的职业需要自由选择该开启哪些技能之门并走下去。具体而言，则是根据学生在不同时期的身心发展以及对知识的汲取和能力培养的需要，开设专门的"法律专业技能类"的课程模块，分层次和阶段地设置于大学一至四年级的学习阶段，力图做到课程内容循序渐进、相互衔接，以使学生更系统地接受前期法律职业技能培训。例如，大一年级作为法律专业技能培训的初级阶段，可主要开设一些司法观摩、实践讲座及社会调查类的课程，让学生对法律专业技能有一个基本的感性认识，以提高他们学习的兴趣和热情；大二、大三年级作为法律专业技能培训的中级阶段，可重点开设一些针对学生实践知识的体验课程和模拟课程，如，模拟法庭、模拟法律谈判、法律文书写作、口才及辩论技巧等，让学生在体验中领悟和掌握更多的法律职业技能；而作为法律专业技能培训高级阶段的大四年级，则主要是依靠法院、检察院、律师事务所这些专门机构的配合，让学生直接参与到真正的司法实践中去，如，法律见习、法律援助、法律咨询等，为学生毕业后能尽快适应现实的执业环境和真实的案件业务打下牢固坚实的基础。

概言之，要达成卓越法律人才培养目标与培养模式的统一认识，我们所寻找的契合点即在于如何正确地理解通识教育、专业教育和职业教育这三者在法学教育中的内涵以及各自的地位、关系。只有从真正意义上理解这三者的内涵以及相互之间的关系，才能确立清晰明确的培养目标，并以此为方向指导法学教育中的教学内容和课程的设置，建立起行之有效的培养模式。同时我们也期望，各高校法学院能够在较好平衡这三者关系的基础上，根据自身的条件和资源，个性化选择和设置具有自身特色的培养目标和培养模式，从而更好地推进我国卓越法律人才的培养。

第六章 法律人才培养模式研究

第一节 我国法学硕士与法律硕士人才培养模式

我国的高等教育已经进入"空前繁荣"的大众化教育阶段，越来越多的目光关注着研究生教育。近年来，法学研究生教育的扩招更是成为焦点。但是，我国法学研究生教育偏重知识的传授，法学研究生教育与法律职业没有形成有机的结合，难以养成法律职业所必备的基本职业素养。对比分析法学硕士与法律硕士，我们可以发现，法学研究生教育在课程建设、培养模式，以及职业衔接等方面存在不少的问题和缺陷，亟须改革。我们应该充分借鉴国外法学研究生教育先进的、成功的经验，提高法学研究生的综合素质，修正法学研究生教育的培养目标和课程设置，加强法学研究生教育的教育资金投入和师资队伍建设，提高法学研究生教育的国际竞争力，努力把我国法学研究生教育办成具有中国特色的先进性、实用性教育。这既是国家经济社会发展的迫切需要，又是研究生教育改革的迫切需要，还是法治社会建设对法学教育的必然要求，更是中国特色法学教育模式应有的特征。

一、法学硕士与法律硕士培养目标与必要性

法学硕士和法律硕士虽然在学位上处于同一层次，都培养高层次的法律人才，但是为了满足不同需求的法律人才培养需要，二者的人才培养目标和必要性是不同的。

（一）法学硕士和法律硕士的培养目标

在法学教育体系中，法学硕士与法律硕士教育具有与生俱来的内在联系和不可分割的二重性，主要体现在职业技能培训和学术研究性质。尽管法学硕士和法律硕士对法学理论知识、能力求知方面的要求不甚相同，二者在

培养目标方面各有侧重；尽管二者同属于研究生教育层次，但是不同类型的人才定位，并不能互相取代。

1.法学硕士的培养目标

法学硕士教育制度设置的初衷是为法律教育和科研机构培养学术型人才，它所预期的毕业生是学术法律人，而非实务法律人。法学硕士的培养目标是通过对法律专业知识的精致研究和深入学习，让学生通透掌握其思维方式和理论原则，侧重于对法学专业的学术性研究。

法学硕士的培养目标事实上并不难理解。攻读法学硕士学位的学生中很大一部分都会投身到法学理论研究中来，通过对其专业知识的深入理解，使其对其所在领域有深入透彻的了解。在其对其专业知识熟练掌握的基础上，再通过对社会生活的了解，使其不断创新，在法学理论研究上有新的造诣，使法律能够不断地符合人们的日常生活，更好地服务社会。

2.法律硕士的培养目标

我国法律硕士培养的理念侧重于法律实务知识和实践应用能力，主要培养面向立法、司法、律师、公证、审判、检察、监察、经济管理、金融、行政执法与监督等部门、行业的高层次法律专业人才与管理人才。法律硕士教育的理念在于改变法律高层次人才培养比较单一的状况，加快培养国家急需的高层次法律专业人才和管理人才。

与法学硕士不同的是，法律硕士教育将职业能力的培养作为其首要的目的。这一部分人才的执业能力的要求要高于法学硕士。法律硕士专业学位是我国研究生教育阶段的一种专业学位，它注重培养立法、司法、行政执法、法律服务与法律监督等法律方面人才及经济管理、社会管理等方面需要的高层次法律专业人才和管理人才。对于法律硕士，我们要求的是有较为广泛的法律知识，并能够在社会实践中熟练地应用。相对于法学硕士，法律硕士的教育目标则更倾向于务实性、应用型人才。通过其对法律的社会实践，更好地在法律应用中发现问题解决问题，从而贯彻我国依法治国的大政方针。

目前，我国法学专业的硕士研究生有着不同的应然培养目标，二者又是相互关联且相互区别的培养定位。法学硕士教育制度的初衷是为法律教育机构和科研机构培养学术型人才，它所预期的目标是毕业生能够成为学术型的法律人，而非实务法律人。

而法律硕士的培养目标是为实际部门培养德才兼备的、适应社会主义市场经济和社会主义民主、法治建设需要的高层次的复合型、应用型法律专门人才。

二者的培养目标不同，相应的专业划分、课程设置和教学模式、科研和论文要求、法律职业背景、质量评估体系等都相互区别。

法学硕士教育侧重于理论研讨和学术训练，法学硕士是以培养从事法学理论研究为目标的专门人才。而法律硕士教育培养的是法律家，是培养既具有较深的法律专业学术功底，又具有较强的实践能力，能够在法律实践中解决问题的法律实务人才。法律硕士教育培养的人才偏重于"务实、应用"。相对于法学本科和法学硕士的认知型教育，法律硕士则可以被视为一种类似于职业教育的综合性教育。法律硕士的生源广泛，可以具有不同的专业背景与法学专业相结合，旨在培养复合型、应用型的务实人才。

（二）法学研究生教育的培养必要性

法学硕士的培养有助于法学研究生教育的理论升华，法律硕士的培养能更好地助推法学研究生教育的实践理论。完善我国的法治是背负在我国所有法律研究者肩上的重担，为推进我国法治建设，完善我国法治，大力推行法学研究生教育，培养法学理论的专门人才和务实的实践型人才都是不可或缺的。这既是国家经济社会发展的迫切需要，又是调整和优化法学研究生培养结构的迫切需要，还是法治社会建设对法学教育的必然要求，更是中国特色法学教育模式初步形成的应有特征。

1. 法学硕士的培养必要性

依法治国的前提和基础是有法可依。完善我国的法治建设是依法治国基本方针的根本要求，推行法学硕士教育是完善法治建设的内在要求和基本方针。为了推进我国法治建设，完善我国法治，推行法学硕士教育，培养法学理论研究的专门人才都是不可或缺的。

法学硕士是从培养高层次研究和教学人才为主的研究生项目。它所预期的是学术型、专业型法律人。虽然在现实中，从事基础研究和高校教学工作的学术性人才标准越来越体现在博士层面，法学硕士的需求空间在逐渐变小，但不可否认的是，通过法学硕士教育为我国法学博士教育输送有用人才的数量还是不容小觑的。因此，作为从法学本科到法学博士的过渡，法学硕士教育也是不能缺少的。

2.法律硕士的培养必要性

法治建设不仅需要高层次的科研、教学法学人才，还需要以高等专业知识和熟练专业技能为基础和依托的复合型、应用型人才。根据法学研究生教育模式和就业工作方向，社会现状看，大部分获得法学硕士学位的研究生最终还是选择从事法律实务工作，只有极少数的硕士生继续攻读博士学位进而走上学术道路。但是，法学硕士课程设置是基于培养学术型人才，攻读法学硕士学位的研究生并不能很好地与社会实际需要相接轨。

也就是说，法学硕士教育并不能很好地适应社会发展的需要。此时，法律硕士（法学）可谓是应运而生。同时，法治社会建设对法院、检察院专业人才以及专职律师有大量需求，市场经济条件下企业对复合型法律人才的需要也助推了法律硕士的发展。因此，法律硕士教育符合社会各层面的应用型法律人才的需要，培养法律硕士也便势在必行。

二、法学硕士与法律硕士的入学条件比较

自恢复硕士研究生培养制度以来，法学硕士研究生教育取得了长足的进步，是法学专业硕士研究生中最成熟、最成功的教育类型。法学硕士研究生教育从20世纪80年代的限制性招生发展到近年来众多高校和科研机构纷纷设立法学院系和法学硕士点，法学硕士的招生数量不断攀升。

法律硕士专业学位研究生教育创设于1995年，法律硕士教育经历了一个从法学本科生与非法学本科生兼招（1996年），到限于招收非法学本科生（2000年），再到法学本科生与非法学本科生兼招（2009年）的过程。法律硕士自设置以来就与法学硕士学位的入学考试分别进行。

二者在招生入学方面有如下差别。

（一）报考资格的差别

法学硕士的考生必须具有国民教育序列大学法学专业本科学历，但不招收同等学历的非本科生。为了保证非法学专业的本科生能够进入到法律专业领域，为法律专业领域的人才培养注入更多其他学科因素，2009年之前，法律硕士只允许非法律专业的本科毕业生报考，而报考法学硕士无此限制。那时候，规定本科阶段学习法学、刑法、经济法、商法、经济法、行政法、商法等13个法律专业的学生不得报考法律硕士。

2009 年，根据教育部通知，为缓解就业压力，在法学硕士和法律硕士之间增加一个全新的专业——法律硕士（法学），招生对象为法学本科毕业生，学制一般为两年。法律硕士（法学）改革后，允许本科是法学专业的毕业生报名。但是，复习范围和试卷与非法学的有所区别。目前，法学专业的硕士研究生招生分别使用三个专业代码，即法学硕士（0301）；法律硕士（030108）和法律硕士（法学）（410200）。

（二）入学考试的不同

无论是法学硕士还是法律硕士，都必须参加入学考试，都必须经过初试和复试两轮考核。法律硕士与法学硕士入学考试的公共课都参加全国统考，但是在专业课考试上，法律硕士是全国联考（统一命题、统一阅卷），法学硕士是有资格招生的高校各自单独命题。

法律硕士专业课考试为全国联考科目，有统一大纲，已形成了规范的复习教材，考生复习资料和范围都是公开的，这对备考是极为有利的。而参加法学硕士专业课考试，其难度有目共睹。随着越来越多的非法律专业的有志之士投身于法律行业，法律硕士入学考试的难度也呈增大的趋势。

1. 初试阶段

法学硕士初试一般包括四门考试：外国语（一般为英语，100 分）、思想政治理论（100 分）和两门专业课。外国语和思想政治理论全国统一命题、统一考试，而专业课的考试由考生所报的学校自主命题。

法律硕士的初试考试主要采取"3+2"的模式，学校没有自主命题的权力，考生要参加全国统考卷外国语（一般为英语，100 分）、思想政治理论（100 分），还要参加全国联考，即专业基础课程（民法、刑法）和综合课程（法学理论、宪法和中国法治史）。

法学硕士和法律硕士的初试，都必须参加全国统考的外国语（一般为英语，100 分）和思想政治理论（100 分）考试。但是，在专业课程考察方面却着实不同，法学硕士的专业课程考察更加全面和综合，法律硕士的考试则更加集中。同时，法学硕士和法律硕士都必须达到国家统一规定的分数线，或者具有自主招生权限学校划定的分数线，才能进入复试阶段。

通过对比法学硕士和法律硕士近几年的国家分数线可以发现，二者的分数线要求差别不大，考生达到国家分数线，并符合地区类别的分数要求即可。

2. 复试阶段

法学硕士的复试内容一般包括专业笔试（考生所报考的专业科目），专业面试、外语的口语和听力考试。复试的内容主要包括专业知识、综合知识（限所报考的专业知识）和外语（听说能力），复试的方式主要是笔试和口试相结合。

在法学研究生复试阶段，法学硕士更加注重专业知识和理论基础的考察，同时对外语的考察比较严格，特别注重对外语听说能力的考察。

而法律硕士主要是以综合、应用考察为主，侧重其知识的覆盖面，对英语的要求也不如法学硕士那么严格。

三、法学硕士与法律硕士的培养模式比较

法学硕士的培养模式总体上还是归属于传统的导师指导学分制，学生在攻读法学硕士学位进行期间，要求掌握法学的基础理论知识和系统的法学体系知识，并且要求掌握一门外语，最后根据对法学知识的掌握，由导师指导进行学术论文的写作，最终以论文答辩作为检验学生学习效果的标准。

（一）法学硕士与法律硕士的培养模式比较

我国自 1995 年引入法律硕士教育机制，作为新生事物的法律硕士培养模式有待进一步完善。虽然法律硕士的培养模式是参考借鉴欧美等发达国家的教育经验，但由于个体差异、国情区别，情况迥异，法律硕士所能参考借鉴的经验也是有限的。法律硕士不分专业，入学后主要是学习现行的法律法规，注重实践和应用，入学后才设导师，有的学校是第一年没有导师，等到第二年再进行分配，每个导师带的学生相对要多。法律硕士的论文一般要求在两万字以上，也是以通过论文答辩作为颁发毕业证和学位证的前提条件。法律硕士的培养模式具有实践性的特性，增强了法律硕士研究生的应用能力，最大限度地避免了高学位低能力现象。

1. 学制的比较

法学硕士的学制经历过两年制和三年制两种类型。

法学硕士设立之初一般都是三年制，第一批招收法学硕士的各大院校基本沿用三年制的教学机制。

参照国外硕士教育的学制规定，2002 年，中国人民大学首开先河，招

收两年制法学硕士，不少高校纷纷效仿。比如，北京大学、中山大学、武汉大学、中南财经政法大学等。但是，由于两年制的法学硕士引发了不少突出问题，法学硕士第一年抓紧所有时间上课修学分，到了第二年就开始为找工作而奔波，导致找工作与撰写毕业论文相冲突。中南财经政法大学在意识到两年制的问题后，于2007年开始正式取消两年制法学硕士，全面恢复三年制。目前，大多数法学院校采取三年制，学制的具体年限由各学校自行研究施行。

法律硕士的学制也经历了两年制、三年制两种学制。1996年，中国人民大学开设了两年制的法律硕士培养机制，但是，从2007年开始，中国人民大学又取消了两年制的法律硕士，恢复三年制。另外，在职攻读法律硕士专业学位的弹性学制一般要求为三年，但可以在二至四年浮动的弹性学制内完成学业，最短学习年限为二年，最长学习年限为四年，含授课时间、论文写作和论文答辩时间。

2. 课程设置的比较

法学硕士已经形成了比较成熟的培养机制。法学硕士的课程由必修课和选修课组成，必修课和选修课的课时搭配设置比较科学。法学硕士的课程设置，首先帮助学员熟悉法学学科，为法学学科的学习建立系统性、完整性的基础，通过学习应用掌握专业的法律技能，解决法律的实际问题，更好地提升自己应用法律的能力。所以在课程设置方面相对于法律硕士来说，比较成熟、完善，而且更加科学，更具有操作性。

目前，法律硕士课程设置主要有以课本为主的法学本科教学方式、适用于法学硕士对象的专题教学法和迎合司法考试需求的培训式教学法三种主要模式。

这三种模式的课程设置可以都具有一定的合理性。但是，针对法律硕士到底应该如何安排课程，业界目前还没有统一的说法和界定。

法学硕士的课程设置，在方法课和专业课方面突出其专业性和研究性的特点。但是，法律硕士的课程设置更接近于法学本科生的课程，课程设置侧重于对基础法学知识的了解和应用知识的掌握。

3. 师资力量的比较

给法学硕士与法律硕士上课的教师基本相同，很多教师同时给法学硕士和法律硕士上课，也有的仅带法学硕士或者法律硕士。

目前，国内各法学院的法学硕士任课教师配置的相对比较合理，一般都突出了法学硕士的专门性和研究性的特点。但是，随着法学研究生不断扩招的实际，凸显出法学硕士研究生与导师的数量比例严重失衡的现实问题。法学硕士的导师一年不仅要指导几名甚至更多的法学硕士，还要完成普教本科和继续教育的教学任务，同时还要完成其他教学、科研和兼职任务，任务之多、之重可以想象。

而对于法律硕士的师资力量配备，很多学校处于一种应付的态势，甚至很多教师都无法找准合适的切入点，该怎么样给法律硕士上课。目前，各高校的一般做法是在法律硕士研究生入学伊始并不分配导师，而仅仅是安排任课老师像培养法学本科生一样按部就班地给法律硕士上课，到了第二学期甚至是第三学期毕业论文开题时才给学生分配导师，使得法律硕士的导师在一定程度上直接沦为纯粹的硕士论文指导教师，失去了作为法律硕士导师存在的本质意义。同时，各高校在法律硕士实务指导教师的配备方面，也是非常欠缺的。

4. 教学模式的比较

目前，法学硕士和法律硕士的教学模式没有太大的差别，基本上还是以教师讲解、导师指导论文为主导的教学模式，侧重于系统讲授基本原理和基本知识，选修课的数量和质量都不能达到学生的实际需求。并且课程的设置缺乏灵活性，课堂上师生之间缺乏互动。这种落后的教育模式影响了教师和学生的积极性、主动性和创造性。

5. 毕业条件的比较

我国法学硕士和法律硕士在毕业条件要求方面也几乎没有差别。实践中各学校并没有根据二者不同的培养模式设置不同的毕业条件，几乎都是按照各学校对学分的规定修满相应的学分，需要参加一定期限的专业实习，然后通过学位论文答辩就可以顺利毕业。这种以修满学分、参加实习和论文答辩，作为普遍适用的毕业条件在一定程度上阻碍了教学模式的改革，同时也滋生了学生懈怠进行研究和实践的弊病。

（二）法学硕士与法律硕士科研能力的培养比较

法学研究生科研能力是指法学研究生从事研究法学及其相关活动的科研活动，完成科研任务所需能力的总称。研究生的基本科研能力主要包含创新能力、逻辑推理能力、资料搜集与处理能力、问题解决能力及语言表达能力等五项基本技能。法律研究和科研能力并非简单的逻辑推理、演绎归纳，而是一项非常系统、科学的创造性的工作。

1. 培养科研能力的有效方式

当前，在我国法学研究生科研能力的培养模式中存在很多问题。其中，在知识补足、方法传授、鼓励和引导方面存在的问题尤为突出。应矫正培养理念和培养方式上的偏差，调适其培养技巧，以提升法学研究生的科研能力。

一是矫正培养理念。树立因材施教的理念，针对每个学生的特点、知识储备以及前景规划，有针对性地制定包括科研能力在内的个性培养方案。树立普遍培养和重点培养的理念，既采用普适性的方法，又结合学生的发展潜质和成才规划采用合适的培养方法。

二是调整培养方式。调整课程的结构，开设跨学科的课程。创新导师制度，推行"双导师"模式，为每名学生配备一名"主导师"的同时，还需要配备一名适合学生特点的"副导师"，让导师带领学生加入其课题组，让研究生在导师的指导和带动下参加导师主持的课题研究是培养法学研究生科研能力的有效方式。

三是改进培养技巧。充分发挥学生的积极性和能动性，在科研能力的组织形式上讲究技巧和方法，全面提高学生的科研能力。

2. 选题之比较

法学硕士和法律硕士虽然在特点、培养方式和培养目标有很多不同点，但是二者在课题研究的选择上确有相同点，同时也各有侧重。

（1）选题的共同点

法学硕士和法律硕士的选题都倡导独立的思想和自由的精神，实事求是、客观真实地反映研究或调研对象、成果。在选题时都应考虑以下几个因素：一是选题本身的研究价值和研究意义，课题应具有因材施教性和可行性；二是参考导师的意见和建议，同时兼顾学习方向和自己的学习期限；三是准备和收集选题的资料；四是研究学术界的研究状况。

（2）选题的侧重点

法学硕士选题的侧重点在于创新性和前沿性。法学硕士通过阅读或调查研究收集、积累知识和材料，再对掌握吸收的法学理论知识和法学研究现状进行归纳和总结，最后结合自己的思考形成自己的新观点，以此进行理论创新。

法律硕士选题的侧重点在于融合性和实践性。因为法律硕士培养的目标是复合型、应用型的人才，是指具有理论知识和实践能力相结合的人才。所以，法律硕士通过专业学习并结合自身实践经历，收集、归纳、融合并总结知识和材料，再对掌握的知识进行融会贯通，结合实践经验进行归纳总结，最后结合自己的思考和导师的指导进行毕业论文的写作。

（三）科研要求之比较

只有当申请人的学业水平达到国家规定的学位标准时，才可以向学位授予单位申请相应的学位。充分考虑法学硕士和法律硕士在学术深度方面的差异、理论型人才和实践型人才的不同特点、二者在毕业论文写作和答辩等方面的区别，对于二者的科研能力要求也应该有所区别。法学硕士的科研能力应当强调创新性，注重学术水平和科研能力；而法律硕士的科研能力应当强调实践性，注重理论与实际间的联系以及解决实际问题的能力和可行性。

（四）法学硕士与法律硕士的特色日渐趋弱

法学硕士与法律硕士是两个既相互联系又相互区别的概念，但是经过十多年的发展和实践，法律硕士的职业性和应用性的特点并没有得到充分凸显，法学硕士的研究性和学术性也被逐渐淡化。相反，其特色日渐趋弱的情形反而越来越严重。

1.法学硕士学术性特色不突出

随着研究生扩招政策的不断施行，法学硕士的招生也呈现出迅速膨胀的态势。在之前，法学硕士的招生规模十分有限，限制招生规模带来的福利是每名导师只能带两三个学生，学生可以很好地跟随导师做课题、做研究，导师也可以倾尽全力辅导学生做调研、做科研。但是，扩招后的情形完全变了，每个导师所带学生数量有将近十名甚至更多，何况导师还要完成普教本科和各类继续教育、科研工作和其他事务，这种现象极大地违反了研究生教育规律的客观要求，从而导致学术训练不能有效地进行。以前法学硕士要求公开发表一到两篇论文，现在，由于资源有限无法满足需求，学校对这方面的要求也仅仅停留在文件层面，学生的主动性也大大削减，导师对学生论文的关注度也大不如前。同时，课堂讨论和科学调研的减少或者取消使得学生和导师的交流越来越少，法学硕士教育的学术性和研究性特色就无法凸显。

2. 法律硕士应用性特色不明显

按照对法律硕士培养目标的定位，法律硕士培养的是应用型和复合型的人才。但是在现行的培养机制下，法律硕士人才培养的应用性不够突出。教育部关于法律硕士（法学）的指导性培养方案要求不少于一年的实践教学，不少于半年的实务实习时间。由于法律硕士（法学）学制一般为两年，学生往往在研究生一年级的时候待在学校上理论课程，研究生二年级开始到社会上找工作，学校很难组织统一的教学实践活动。学生的实习往往是由学生自行找单位盖章，再自行"编造"实习日志，导致实践教学的效果大打折扣，进而影响法律硕士的应用型特色效果。

四、法学硕士与法律硕士的就业模式比较

法学研究生毕业后的走向主要是直接就业或者继续攻读博士学位。因此，法学硕士和法律硕士在毕业走向方面的区别并不大，同时也正因为这种区别不明显，导致二者在就业方面出现比较激烈的竞争，甚至出现冲突。

（一）就业方面的比较

法学硕士和法律硕士在毕业方向的法律职业分层并不明确。近几年，全国就业形势十分严峻，加之法律硕士的持续升温，大量法学本科生涌入人才市场，法学硕士已不再是招聘会上的宠儿。虽然法学本科生、法律硕士、法学硕士的培养方式和就业侧重点有所不同，但是，当每年毕业生在人才市场上过招时，三者的竞争和比较就在所难免，法学界也就上演了一场轰轰烈烈的"选秀"战。法学硕士被推上就业竞争舞台的"风口浪尖"，法学硕士研究生也纷纷谋求通过司法考试，到律师事务所做律师或者到企业充当法律顾问、考取公务员或者谋求其他出路，这也导致相当一部分学生难以静下心来研修以继续深造读博。

法律硕士专业学位研究生毕业后主要从事立法、司法、行政执法、法律服务和企业管理等实际工作，工作单位可以是法院、检察院、律师事务所或者公证处，也可以是国家机关、事业单位或者大型企业，等等。另外，有相当多的法律硕士专业学位研究生毕业后考取了法学博士研究生，主要从事法学科学研究。

法学研究生就业竞争非常激烈。但是，近年来不少地方和单位出现了

限制招收法律硕士的现象，这些限制主要体现在报考资格方面：一是在招录条件明确要求为法律专业，硕士以上且本科为法学专业；二是招录时明确规定了具体的专业要求。比如，宪法学、民法学、行政法学等。这种条件限制是对人才专业背景要求更加专业的表现，也在一定程度上缓解了法学硕士和法律硕士在就业方面直接面对竞争的压力。

（二）攻读博士学位的比较

法学硕士和法律硕士在顺利通过论文答辩取得硕士学位后，除了选择直接就业，第二条出路就是攻读法学博士学位。法学博士并没有针对法学硕士和法律硕士的类型、特点和区别制定不同的培养方案。虽然法学硕士在修读硕士学位阶段已经研修过很多课程，但是在攻读法学博士阶段，相对法律硕士除了法学专业的知识积淀外，并无其他优势，同样得花费足够的精力获取学分并完成培养计划要求才能获得博士学位。

（三）二者就业的趋同化态势明显

法学硕士主要为高校和科研机构培养人才，但现在东部、中部地区的科研机构和高校基本只招收名牌大学的法学博士，高校对法学人才的需要基本也限于法学博士层面了，导致相当一部分法学硕士与法律硕士一样，只能选择到实务部门参加工作。面对严峻的就业压力和公务员岗位的持续"发酵"，法学硕士和法律硕士都为找工作做最后的选择和奋斗，都不约而同地选择司法考试和公务员考试，法学硕士的学术性动力逐渐消退，法律硕士的应用性大打折扣，法学硕士和法律硕士的就业取向和道路逐渐趋同。

五、法学硕士与法律硕士教育的完善思路

（一）法学研究生教育改革的总体思路

目前，我国法学研究生教育存在着很多缺陷和不足，已经使得法学研究生教育和市场经济的发展与社会的需求出现脱节，急需改革并调整发展思路。在这方面，我们应该充分借鉴国外法学教育给予的启示，借鉴国外先进的、成功的经验，努力把我国法学研究生教育办成具有中国特色的先进性、实用性教育。在初步分析法学研究生教育改革的必要性和基本原则的同时，充分参考和借鉴国外法学教育的先进经验的基础上，我们应当考虑如何进行法学研究生教育改革，以提出具体、可行、有效的改革措施。

1. 提高法学研究生的综合素质

进入研究生教育阶段后，一方面，培养单位要在提高研究生系统的知识结构、敏捷的法律思维、过硬的实践能力等法学专业素养上下功夫，强化专业素养的训练和养成，使学生在本科阶段所掌握的知识和能力，能够得到更充分的巩固和吸收；另一方面，法学研究生必须通过对自然辩证法的学习和研究，来深刻理解并应用辩证思维的原则和内涵，自觉地运用辩证思维的基本方法，从多角度、多因素、多视角去认识并解决科研和实践中的法学问题，促使自己树立能力素质、公正品质、法律意识和法律至上等综合素质，让自己的专业素质和综合素质等量齐升。进而助推法学研究生树立正确的世界观、人生观、价值观取向，最终推动法学不断前进，造福于社会。

2. 修正法学研究生教育的培养目标，从而优化课程设置

法学研究生的培养目标是要培养法学研究专家还是要为社会输送应用型的法学人才，一直都是一个有争议的话题，也是在教育实践中难以区分和界定的目标定位。同时，法学教育的宗旨关系着法学研究生教育的整体构建和设计。不能笼统地确定一个统一的培养目标，应该结合法学硕士和法律硕士自身的特点与教育条件，按照培养方案确立不同的培养目标，即法学硕士的培养目标应定位于培养研究型、学术型的人才，法律硕士的培养目标定位于培养应用型、复合型的人才。二者的目标不能错位，更不能混淆。同时，还需要加强与实践和法律职业的衔接。在课程设置方面，应坚持理论性与实践性、现实性与前瞻性、普适性与特色性相结合的原则，针对不同的教学对象，科学地确定授课内容，通过最适宜的课程设置方案构建科学合理的法学研究生课程体系。同时，应充分考虑法学研究生学习时限的实际，减少英语、政治等公共学科对研究生教育课时的占用，让学生能自我支配更多的时间和精力研究专业领域。

3. 加强法学研究生教育的教育资金投入和师资队伍建设

加大国家财政对法学研究生教育资金的投入，还应当扩大教育资金的来源和渠道。教育资金的及时、高效投入是保证教育资源充足的经济基础，只有保证更好、更优越的学习条件和研究设备，才能更好地保证学生把更多的精力和时间放在专业研究领域上。同时，加强师资队伍建设，严格导师遴选标准，完善导师遴选制度；扩大导师自主权，强化导师的职责意识，充分

发挥导师在研究生培养中的主导作用；加强对研究生导师的培养，营造良好的治学环境。法学教师自身应努力在参与服务社会的实践中提高自身实践能力，在科研创作中提高自身专业实践能力，在培养学生实践能力的过程中不断提高自身的实践能力。保证导师和学生的配备比例才能保证学生和导师的交流机会，也才能保证导师有充足的时间和精力培养、指导学生。

4.提高法学研究生教育的国际竞争力

伴随着经济全球化的进程，我国法学研究生教育必须融入并适应全球化的竞争和挑战。一是提高导师的素质，促使导师用全球化的视野改善知识结构，及时更新知识，提倡双语教学。二是培养学生的全球化的思维方式、国际语言交流能力和法律适用的国际操作能力。三是改善教学方式，大力推行案例教学、"诊所式"教育等先进的教学方法。此外，对教学理念、教学手段、教学管理等也要相应同步推进改革，提高我国法学研究生教育的国际竞争力。

（二）法学硕士人才培养机制改革的思路和举措

当前，国家和社会机构对法律实务型与复合型人才的需求，虽然可以通过法律硕士的培养得到部分满足，但是，法律硕士在实践层面并不能独当一面，实践中不少的用人单位对法律硕士的培养质量并不是很满意，甚至还有单位在招考条件中，明确提出要求仅招考法学硕士。所以，法学硕士的改革，在培养模式的定位上应当理顺并处理好和法律硕士之间的关系。

1.把好关口并控制好法学硕士教育的规模

在法学硕士的招生上就需把好第一道关口，为法学硕士的精英式教育选好学生。在招生的关口上改变目前大而全的基础性考察模式，侧重考察基础知识和专业知识的契合度，尽量突出法学硕士的专业背景和研究潜力。随着法学硕士研究生招生过度扩张导致的弊端不断阻碍法学硕士研究生教育的发展，进一步控制法学硕士的教育规模和法学硕士的培养单位的数量是法学硕士教育发展的必由之路。毕竟社会对研究型法律人才的需求低于对应用型法律人才的需求，而且控制数量和规模也是提高法学硕士研究生教育的重要途径。

2.积极探索并制定好法学硕士的培养机制

对于法学硕士的培养机制，目前没有统一的模式可以借鉴，只有鼓励各培养单位以社会需求为导向，学习借鉴国外先进经验，再结合自身实际，吸收周边高水平法学院的培养机制，制定科学、合理的培养机制。

首先，要定位好法学硕士的培养目标。随着法律硕士对法学硕士在法律实务人才市场构成一定竞争的现实凸显，以及法学硕士的就业市场发生实质性变化的现实，法学硕士研究生教育应该培养具有良好法学理论素养的高级法律人才，同时培养法学教育和法学研究的后备人才。

其次，要建立合适的课程体系。法学硕士的课程和学时应当适当精简，给学生足够的自学时间和消化时间。课程的分布应突出理论类课程的设置，重点突出培养学生的专业基础和理论基础。同时，也应当适时增加和强化法律实践教学，在丰富理论的基础上培养法学硕士的法律实务能力。在培养的学制上，继续稳定并贯彻执行三年的学制，保证法学硕士的学习时间得到充足的保障。

最后，构建严格的培养监督体制。在法学硕士培养过程中，对法学硕士的课程学习、文献阅读、实践操作、学期论文以及毕业论文等各个环节，培养单位应该加强引导和监管。

3.积极引导并提高法学硕士的创新能力

创新能力是民族和社会发展的原动力，也是学生立足本职、适应社会的必备条件。法学硕士毕业后，无论是从事法学理论还是法律实务工作，创新能力都是必要的基础条件，这是解决实际工作问题的基本要求。

提高法学硕士的创新能力，主要从以下两个方面着手。

一是着手培养法学硕士的创新理念、创新思维和创新环境。创新理念是基础的前期积累，理念的更新和树立是进行创新的基本要求，创新理念的树立才能开拓创新思维，才能让思维走上创新的轨道，只有形成并具备了创新理念和创新思维，创新环境才能在潜移默化中悄然形成。

二是建立法学硕士参加科研活动的鼓励机制。科学研究是实现创新的基本途径和有效载体，因此，鼓励法学硕士参加科学研究是提高其科研能力和创新能力的有效形式。首先，应该要求学生积极加入到导师的研究课题当中；其次，是鼓励学生参加各种学术活动。

4.严格把关并从严要求学位论文

学位论文在法学硕士的教育中具有举足轻重的意义。学位论文的写作可以全面锻炼和检验法学硕士的研究能力和创新能力，学位论文的质量是反映研究生培养质量和培养单位整体教学质量的重要参考依据。因此，应严格把关，严格要求学位论文，充分发挥学位论文在法学硕士教育中的积极作用。

一是强化导师的责任，导师在进行学位论文的选题、开题、起草和写作的各个环节，需要严格把关和督导，建立导师和学生学位论文的连带责任机制，让导师对学生的学位论文负责到底。

二是严格规范学位论文制度，对学位论文的要求尽量详细并且规范，让学生有据可循同时必须严格遵守，使学位论文工作不会在中途脱节。

三是从严要求学位论文的评阅，对所有提交的答辩论文都必须经过专业领域的专家或导师组成的践行"双盲"评审制度的评阅，即评阅人与指导教师和学生之间互相匿名，互不知悉。在学位论文的答辩中，应当严格设置答辩程序并严格执行到位，根据答辩组的评分和意见确定是否能进入最终的答辩环节。在答辩环节同样必须根据答辩组的最终评分和意见，确定论文是否最终通过答辩。在学位论文答辩通过后，还应当建立合理的学位论文抽查制度，通过组织专家评审，实现学位论文的全过程严格把关。

5. 与时俱进并加强导师队伍建设

在法学硕士的教育培养中，导师居于至关重要的位置。高质量的导师队伍是培养高质量的学生的重要因素之一。导师的质量、水平、责任心和爱心等因素直接影响研究生培养的质量。因此，有必要与时俱进，加强导师队伍的建设。

一是严格标准，选取具有较高科研水平和能力的教师担任法学硕士的导师。法学硕士研究生导师主要考虑教师的学术和科研能力，不仅要关注科研成果的数量，更应关注其科研成果的质量。

二是制定科学合理的考核评价体系，加强对导师指导工作的监管。对导师的教学活动进行评估和监控，对工作认真，成果丰硕、责任心强的导师给予相应的奖励，对不称职的导师进行相应的惩罚，甚至是及时进行调整。

（三）法律硕士人才培养机制改革的思路和举措

针对法律硕士教育在实践和理论中存在的问题与挑战，按照并遵循法律硕士专业学位的培养规律，突出专业学位特点，强化法律硕士的质量意识，规范法律硕士的培养环节，从教育模式、课程设置、教学方式、师资队伍建设等方面，着手改革培养机制和培养措施，致力于培养复合型、实务性的法律人才。

1. 调整课程设置并拓展学生素质

法律的生命在于经验和逻辑。所以，法律事务人才的培养，不能从纯粹的法律理论再到法律理论。应根据法律硕士培养的特点，一方面，在平衡基本的法律知识教育和职业教育的基础上调整课程设置。各单位根据自身的学科优势和教学特点修正选修课的比重，适当增加实务课程的设置。另一方面，编写适合法律硕士教育的教学大纲，制定出适合法律硕士实务型的教学大纲，并据此完成教学任务。课程设置的调整必须有利于法律硕士学生全面掌握法学理论。同时，能将所学知识在实践中加以运用，克服以往法学理论知识薄弱、理论与实践相脱节的弊病。

2. 完善师资结构并推进实践教学

法学是实用之学，法律硕士需要实践性的教育。教师除了要掌握深厚的法学理论知识之外，还需要精通法律实践，老师的实践经历是决定法律硕士培养成败的关键之一。所以，必须加强法律硕士教师的师资力量，特别是教师的实践能力。

建设实务型法律硕士师资队伍，可从以下三方面着手。

一是制定符合法律硕士培养标准的导师遴选制度。对导师的遴选，不仅需要有深厚的法学理论功底，而且还需要丰富的实践经历和能力。

二是由相关单位定期组织法律硕士教师进行业务培训，不断提高、丰富教师的教学能力和理论功底。

三是将教师队伍进行实务化转型，培养单位既可以择优推荐优秀教师到实务部门进行挂职锻炼，也可以直接聘请实务界人士担任导师，以便了解实务状况并丰富实践经验。

3. 转变教学方式并创新育人模式

法律硕士的教育必须摆脱传统的知识教育和智力教育的桎梏。从目前国内法律硕士的课程设置来看，普遍还是采取传统的课堂教学模式。虽然传统的课堂教学具有一定的优点，但是，单一化的课堂教学方式已经不适应现阶段法律硕士的培养需求。在采用课堂教学法的同时，还应当积极地采取案例教学法、诊所式教学方式、模拟法庭方式、观摩审判方式等，符合法律硕士实务型培养目标的教学方式，着力培养学生的思维能力、表达能力和理论联系实际解决问题的能力。对实务性、应用性的课程，应当聘请更多的法律实务界人士为学生上课，建立与实务部门的教学合作机制，为学生提供更多的法律实践机会。

4.建立实践模式并加强实践锻炼

法律硕士的培养目标和定位都要求其面向实务性。所以，建立有效的实践模式是法律硕士的内在需求。法律硕士建立实践模式、加强实践锻炼的前提是要打通学校与实务部门的联系、交流通道，为学生实践创造条件。法律硕士的实践可以分为定期实践和不定期实践。

定期实践由培养单位根据教学安排，定期组织学生到法院、检察院和律师事务所等法律部门跟班学习。学生不仅可以向实务中既有实践经验又有职业道德的法官、检察官和律师学习，还可以学习真正的法律实务的程序、过程。

不定期实践是指由培养单位在寒、暑假或者其他节假日，安排学生进行的社会实践活动，让学生深入社会、深入基层，直接面对错综复杂的社会关系，增长社会阅历，提高处理问题的实际应变能力。

5.完善管理机制并提高管理水平

管理机制和管理水平是完善法律硕士培养的最后保障机制，我们需要继续完善法律硕士管理体制，健全管理制度，提高管理水平。建立健全完善的教学管理制度和其他一系列制度。例如，制定招生录取、课堂教学、课程考核和成绩管理办法，以此来规范培养法律硕士研究生。

同时，学位论文的写作规范、学位论文答辩规范等流程性规范也必须及时统一制定，以此对法律硕士毕业的最后一道程序把好关。只有在招生录取、教学管理、学生管理和后勤管理等各项工作中严格按照健全的管理机制遵照执行，才能达到规范管理运行的目的。

第二节　基层法律人才培养模式

讲到法律人才，至少要有以下三个要件：一要有法律学问；二要有社会常识；三要有法律道德。只看法律学问而缺乏了社会常识，那是满腹不合时宜，不能适应时代的需要，即不能算作法律人才；有了法律学问、社会常识而缺少了法律道德，那就不免流为腐化、恶化的官僚政客，也不能算作法律人才；一定要有法律学问、法律道德和社会常识，三者俱备，才可称为法律人才。

一、基层法律人才与法律人才培养模式比较

改革开放以来，中国法学教育取得了显著进展。但是，由于与法律职业的要求之间缺乏制度性的联系，在主动适应市场经济发展、民主政治建设和依法治国的需要和纳入高质量、高层次、高效益及可持续健康发展的轨道等方面，还存在着两个明显的不足。

其一，高等法律院校（系）未能在强调学科建设和构建学术体系的同时，全面重视和充分研究法律职业的发展和法律职业对从业人员提出的基本要求，由此导致各地区法学教育的发展在不同程度上缺乏正确的引导和规范，使中国的法学教育成为世界上品种最多、形式最繁杂的教育。

其二，法律人才培养的全过程被人为地分割为一个个缺乏有机衔接的不同部分，难以整体优化法律人才培养的全过程，更谈不上充分发挥法律人才培养模式的整体效能。

下面主要针对上述不足，提出解决问题的思路。

（一）中东部发达地区法学教育模式比较

中东部发达地区的法学教育是在中国法学教育的发展背景下逐渐发展起来的。可以确定的是，中国法学教育的发展历程为中东部发达地区的法学教育奠定了基础。所说的中东部发达地区与西部地区仅仅是地理概念上的区分。事实上，中国的法学教育制度在地域上没有明显的区别，只是发展速度有快慢之分而已。

1.中东部发达地区法学教育的发展状况分析

中东部发达地区由于经济、文化的快速发展，其所创造出的优厚物质条件给法学教育提供了发展的基础。这里面的逻辑关系在于经济实力的强大，教育资源也随之丰富起来，法学教育自然也得到快速发展。因为教育基础设施完备、师资力量雄厚、教育管理科学，以及其他种种相关与不相关的因素都需要经济实力做支撑。所以，在马克思经典理论"经济基础决定上层建筑"的客观情况中，中东部发达地区的法学教育得以快速发展，发达地区高等院校的法科学生能够享受到更优质的教学资源。

以中国政法大学为例，作为全国重点建设的大学，它不但担当着培养优秀、高端的法律人才的任务，更是积极参加国家的立法活动，引领着国家法学理论的变革和法律思想更新，代表国家对外进行法学等领域学术交流。

类似此种专门性的法学院校一般都拥有上万名的法学专业学生，法学一级学科和重点学科比比皆是，从本科教育到博士教育一应俱全，甚至有些学校和其他国家的知名法学院校建立了合作关系，提供法学领域的对外交流活动。此类型的学校目标多数是把学校建设成为开放式、国际化、多科性、创新型的世界知名法科强校。由此可见，中东部发达地区的法学教育确实拥有比西部地区无可比拟的优势。

2. 中东部发达地区法学教育取得的成就

由于我国客观存在的地理区域性差异，中东部发达地区在法学教育方面形成了自己的特色，其取得的成就也就自然地带有区域特征性。

（1）培养高质量人才，国际化趋势增强

全国的重点大学大多分布在中东部地区，多数省份拥有不止一所重点大学，而这些重点大学中的法学院校不仅具备了地理优势，同时具备了培养高质量人才的优势。因此，中东部地区的法学院校在法学教育这方面发展较快，为国家培养了高质量的法律人才，而且这些院校，例如，北京大学法学院、清华大学法学院、武汉大学法学院、复旦大学法学院等，都与世界顶尖大学建立了教育交流关系，同时开设与法学专业相关的课程，培养的法律人才趋向于国际化。

（2）科研目标是争创世界一流法学院

这是中东部地区法学院取得的较为突出的成就，在该地区聚集了全国最优秀的法学家、法学教育家，学术团体强大。"天时地利人和"的中东部地区法学院校在各种优势条件共同作用下，培养高端的法律人才的目标在于争创世界一流的法学院。

（3）建立了完善的法学人才培养体系和学科体系

中东部地区的法学院校的人才培养体系较为完善。位于该地区的多数重点院校已经建成了本科—硕士—博士的法律人才培养体系，部分院校已经拥有法学一级学科博士授予资格，还有七个二级学科博士点等。这些成就在我国法学教育发展的进程中是中东部地区取得特有的成就之一，完善的法学人才培养体系，有助于法学教育的发展；同时，有助于推动社会法治发展。

（4）基础设施完备

中东部在发达地区一些主要法律院校都已经先后有自己独立的或相对独立的法学教学楼，或者部分正自筹资金，建设或筹建独立的或相对独立的法学楼。可以预期，法学院的教学条件、办公条件都会有进一步的改善，而且这些法学院尽力保证每位教员（如北大）或每位教授（如人大）有独立的办公室。并且，该地区的法学院甚至有独立的法学图书馆或者法学资料室，资料方面相当丰富，为科研与学习提供了一流的基础设施。

（二）西部地区法学教育概述

1.发展西部地区法学教育的重要性

西部地区特殊的地理位置在于接壤的国家多，丰富的矿产资源与农牧产业使西部地区具有强大的发展潜力，旅游资源得天独厚的优势，应该可以使经济发展起来。但是，高原气候，地势险峻，交通不便等因素，使得经济发展一度受阻，教育文化事业也随之受影响。发展西部相当重要。一方面，由于特殊的地理位置，西部地区需要稳定的法治环境；另一方面，我国的政治制度为西部地区的发展提供了政治基础。但是，促使西部地区经济与文化事业的发展，不光是嘴上说说的功夫，最重要的是"落实"，并且要以"抓铁有痕，踏石留印"的决心落实。那么，发展西部地区的法学教育，培养适合西部地区发展的法律人才，就显得极为迫切。

2.西部地区法学教育的成就

西部地区虽然是我国的经济、文化教育的薄弱地区，但并非没有任何发展，在恢复法学教育的几十年中，法学教育取得了一定的成果。

（1）形成了多层次的法律人才培养体系

西部地区早已存在专业性的政法院校，西北政法大学与西南政法大学就是其中的突出代表。它们是培养法学人才的重要场所。综合性大学里也有法律院系，法学教育资源丰富，软硬件设施比较完善。专业性院校和综合性大学里设立的法律院系都是西部地区法学教育的中坚力量，它们的招生条件要求相对较高。在划定为西部地区的十二个省区中，其中有九个省区的院校具备法学硕士培养点,少部分还有法学博士培养点,培养人才的综合实力强。西部地区的高等院校在培养法律人才上已经形成了专科、本科、硕士、博士的培养层次,为从事教学研究的专家、学者提供了重要的平台。这表明西部地区在法律人才培养上取得了实质性的进步。

（2）具有特色的法律人才培养模式

西部地区在培养法律人才的过程中,基本上遵循国家统一的法律人才培养方案,大学本科是四年制的法律知识学习,教学内容以教育部确定的十六门核心课程进行教学,课程以考试与考核结合的方式检验教学效果。由于西部地区的十二个省区有些地区与其他地区相比有着较为明显的差异性。因此,在少数民族聚居的地方,就必须培养适应少数民族地区发展的法律人才,对民族知识有相当程度的了解。大部分高校在这方面发挥了良好的作用,培养出的少数民族司法工作者深受当地少数民族的欢迎,对维持民族地区的稳定起着重要的作用。在民族地区,双语教学是地方高校的一大特色。例如,内蒙古大学的双语教学已成为该校颇具特色的内容。

（3）学术成果突出

因为特殊的地域环境和民族历史等因素,西部地区有着丰富的法律文化研究原始材料,许多法学院系在确立学科发展方向时,往往结合当地的文化特色,优先研究民族习惯法。历史资源的丰富使西部高校巧妙地结合古代史与近代史,大力发展法律史学科,培养了一批专业的法律史研究型人才。至于西部的其他高校获得的科研项目、省部级奖励,数量也是相当可观的。

（三）法律人才与基层法律人才的异同

1. 法律人才的概念

法律人才是一个广泛的概念,按照当前我国的法学教育培养类型来分,一般高等院校的培养类型有复合型、应用型的法律人才。另外,对法律人才的培养类型还有别的称谓,例如,"通才型人才""专业型人才""精英型人才""涉外型人才"等。如果在社会分工越来越细致的基础上,还可以细分为各个部门法的法律人才。总之,法律人才囊括的人才类型很多。

2. 基层法律人才

"基层"是指各种组织中的最低的一层,它跟群众的联系最直接。在政治领域里的含义一般是指与人民群众接触密切的组织。基层法律人才需要发挥的作用是直接解决人民群众关于法律方面的难题。例如，基层法院、检察院。这方面的法律人才更倾向于实务型，不需要对法律理论有十分深厚的学术功底，调解、沟通能力反而显得更为重要。所以，对于为基层服务的法律人才，出色的实践能力比满腹的法学理论实用。同时，基层的工作环境与中东部发达地区相比，条件较为艰苦，面对的琐碎事情较多，各种福利待遇与工作量不成正比。目前，我国的基层法律人才是比较紧缺的，特别是在西部地区，有些县竟然连一位律师也没有，法院、检察院的工作人员的更替也出现了问题。人才的短缺一直困扰着这些地区，慢慢发展下去，西部地区的法律人才将出现断层。造成这样的结果原因很多。一方面，是因为工作性质本身特别需要奉献精神，这是从西部地区自然环境与经济状况来说的；另一方面，不成正比地付出与收入使法律人才年年流失，在工作压力和生存压力的共同影响下，基层法律人才陷入了困境。

法律人才与基层法律人才的异同表现得相当明显。它们的共同之处在于，法律人才与基层法律人才有交叉的地方，法律人才包含了基层法律人才，二者都需要接受系统的法律专业知识教育，必须对法律体系有充分的了解，在实践中用法律手段处理事务。共同之处还在于，二者都必须有较高的法律素养，依法办事，不逾越法律界线，恪守法律职业道德和法律职业信仰。

法律人才与基层法律人才的不同之处在于，基层法律人才作为法律人才的一类，倾向于实务型的法律人才，主要处理基层民众的法律问题，必须了解人民群众的需要，在少数民族聚居的地方还必须积累相关的民族文化知识，了解少数民族的特殊需求。

同时，这类型的基层法律人才要对民族习惯有所了解，在基层，有时"摆事实，讲道理"比生硬地适用法律更有效，基层的案件虽然绝大部分事实清楚，但是，群众也注重"情理"，如何巧妙地处理基层群众的纠纷，也显示出基层法律人才的实务水平。而法律人才与基层法律人才相比，其处理的法律事务更为复杂，特别是复合型、涉外型的法律人才的工作性质与内容与基层法律人才有着较大的不同。

事实上，西部地区需要更多的基层法律人才，我们在认识清楚客观情况的基础上，应集中精力培养基层法律人才。但是在培养之前，还必须充分了解基层法律人才的特点，或者说是应具备的品质。

（1）基层法律人才具备的特殊品质

基层法律人才的工作环境与发达城市有很大的区别，基层的司法实践具有多样性与多层次性，多数是广大的农村地区、民族地区与艰苦偏远的地区，并且这些地区社情、民情复杂，社会矛盾依然比较突出。基层群众的纠纷很多时候都是事小影响大，在处理这类事情的时候需要智慧，需要创造性、综合性地分析情况、解决问题。因此，由于种种复杂的因素交织在一起，基层法律人才必然需要某些特殊的品质。

吃苦耐劳、艰苦奋斗，这些品质对西部地区基层法律人才来说，已经成为必备的品质，这是由当地的自然环境与社会环境共同决定的。在此谈及的特殊品质是淡泊名利，克服功利主义的思想。原因在于，某些法律人才选择到西部基层服务，仅仅是出于个人功利的目的，为以后的考试或就业升职提供证明而已，服务期一满就走人；有的呢，在西部倒是工作了好几年，但是，烦琐的工作加上一直没有盼头的升迁，到最后也离开了。

抛弃功利主义思想，是西部地区基层法律人才具备的一方面的特殊品质；另一方面，则要求这类法律人才具有"草根情怀"。草根情怀是乡土法律人服务基层和坚守这种服务的前提。这里所说的乡土法律人，是指西部地区基层法律人才，在基层社会的法律生活，法律人对民众的真实情感有助于他们养成正直的品格，而且个人品格在熟人社会中会被放大并影响社会的公众生活。所以，在某种意义上，乡土法律人的道德素养是国家有效治理乡土社会的国家财产。

（2）基层法律人才的职业价值观

法律职业体现着对公平、正义、效率、秩序等价值理念的追求，法律职业者必须具有宽容与理性的精神、刚正不阿与廉洁奉献的品质，而且，还必须具有忠实于法律、忠实于事实和忠实于社会的高尚情怀。这样才不至于因为精通法律而造成社会的危害，或是成为社会秩序的破坏者。基层法律人才职业价值观包括具备公平正义的理念，全心全意为人民服务的理念。事实上，只有树立了正确的职业价值观，才能在工作中乐于奉献，不迷失方向，有利于实现人生价值；只有坚持正确的职业价值观。才能在艰苦的环境中克服困难，成为"下得去，留得住"的基层法律人才。

（四）人才培养模式的理论争议

人才培养模式并非是新概念，在教育领域方面，各专业的专家都在探索适合自己专业的人才培养模式，当然法学教育也不例外。在国家推出的"卓越法律人才培养计划"后，法学教育界引发了"卓越法律人才培养模式"的讨论热潮就是一个例证。因此，关于人才培养模式的内涵是什么，该如何界定人才的培养模式等等这些问题，有必要进行一番探讨。

1.人才培养模式内涵的争论

人才培养模式的内涵在法学教育界并没有形成统一观点，大致上有"狭义论""广义论"和"中间论"三种代表性的观点。

一是狭义论的人才培养模式。培养模式是教育思想、教育观念、课程体系、教学方法、教学手段、教学资源、教学管理体制、教学环境等方面，按一定规律有机结合的一种整体教学方式，是根据一定的教育理论、教育思想形成的教育本质的反映。这类研究者对人才培养模式的范围只限定在教育领域和教学活动中，培养模式仅是整体的教学方式，使用"人才培养模式"的范畴较为狭窄。

二是广义论的人才培养模式。人才培养是在一定的教育思想指导下，人才培养目标、制度、过程的简要组合是为了实现一定的人才培养目标的整个管理活动的组织方式。它是在一定的教育思想指导下，为完成特定的人才培养目标而构建起来的人才培养结构和策略体系，它是对人才培养的一种总体表现。人才培养模式并不只是限于教育方面，它是管理活动的组织方式，也就是人才培养模式的范围是宽广的，但是，前提必须在教育思想的指导下。

三是中间论的人才培养模式。人才培养模式的内涵是指在一定的教育思想、教育理论的指导下，为实现培养目标而采取的培养过程中的某种标准构造样式和运行方式。人才培养模式如果仅限定在教育范畴，则过于狭窄。但是，如果扩大到管理领域，无疑又使培养模式过于宽泛，对人才培养模式解释不够精准，所以他们采取了折中的观点，认为人才培养模式贯穿于整个大学教育活动中。

综合以上的观点，人才培养模式的内涵可以表述为：人才培养模式是包括培养的内容、目标、方法，在一定的教育思想和理论的指导下，学校按照既定模式担负人才培养的责任。

2.通识教育与职业教育

法学教育以传授法律知识和培养法律技能为主要内容；注重法律理念、法律意识和法律职业道德的培养，是综合性教育，注重培养学生的实践能力。良好的法学教育制度有利于培养法治国家所需要的法律人才，是法治建设的重要保证。近年来，我国的法学教育发展迅速，法学教育事业相当繁荣。但是，长期的同一种人才培养模式使法学教育与法律职业存在脱节，所以，法学界开始对我国的法学教育的性质、培养目标展开了争议，由此关于法学教育是通识教育还是职业教育的争论不绝于耳。

（1）通识教育说

支持法学教育为通识教育的观点认为：法学教育是普通高等教育的一部分，在当代社会高等教育已经成为大众化、普及化的产物，高校提供的法学教育应该是一种通识教育。在本科阶段的法学教育更应该是通识教育，只有这样，才能培养出"宽口径、厚基础、强能力"的法律人才，而且为本科后的法学教育和职业教育提供优质的生源。法学教育应理解为通识教育，重点提高学生的综合素质能力，将法律知识与实践融会贯通，有利于分析与解决问题。

（2）职业教育说

职业教育说是多数人的观点，持这种观点的人认为：法学教育应该理解为职业教育。法学教育的目标应当是培养适应社会经济、政治、文化等方面发展的职业人才，充分发挥法律解决社会问题和化解矛盾的功能，它的最终目标是培养实践型的法律人才，并为此类人才提供科学而严格的职业训练。因此，法学教育的功能是进行职业培训，使学生掌握实践技能与操作技巧，以处理错综复杂的社会矛盾。

中国的法学教育还应以职业教育为基础，因为大多数法学毕业生所从事的还是法律职业，只有少数人从事教学研究，况且研究型的法律人才也需要以职业教育为主。

（3）折中说

法学教育界还存在一种观点：法学教育单纯就是通识教育或是职业教育，认为法学教育应该要融合这两种教育。

法学教育的定位应该是专业教育、职业教育与精英教育。法学教育应当与职业教育相衔接，整个的法学教育应该由法律职业来定向。中国的法学教育不能完全是职业教育，完全借鉴英美国家的培养模式也不现实。所以，较为科学的做法是结合职业教育与素质教育，综合培养社会各层次需要的人才。一般认为，我们不能像美国那样，把法学教育完全等同于职业教育，也不能像日本那样，把法学教育的学习时间定得过长，而应该在中国背景下，有机地结合通识教育、专业教育与职业教育。所以，对当前法学教育的重新定位是：法学教育不仅是高等院校中的法学专业教育，也是法律职业教育，是二者的统一。

根据以上对三种学说的分析，培养西部地区基层法律人才更适合于折中说，这是因为基层工作既需要专业知识与实践的有效融合，又需要以服务基层为目的，职业性较强，所以采取折中说较为合适。

（五）法律人才培养模式的新界定

1. 重新界定法律人才培养模式的理论根据

中国的法学教育按学历层次来划分，有专科、本科、硕士和博士，形式有全日制与成人教育、在职教育之分，可谓多种多样。专科的全日制法学教育主要培养法律辅助型人才，学制短，一般为三年；本科阶段在于培养应用型的法律人才，而研究生包括硕士和博士，以培养学术型法律人才为主。至于在职的法律教育性质更多倾向于普法教育，多数学生也只是出于获得文凭的需要。因此，应该如何重新界定法学人才的培养模式，可以根据以下几点来着手。

第一，以国家的教育方针、指导思想为基础。法律人才是法治国家的重要人力资源，一个国家的运转、社会的发展以及社会成员的行为都离不开法律规范。可见，法律在国家中的地位尤其重要。一国法学教育的得失，有关国家法治的前途。所以，轻视法学教育，国家也等于自毁前程。

第二，依据培养目标构建培养模式。培养目标的确立对法学教育具有重要意义，办理法律教育，应当认清目标，怎样的法律人才是中国社会所需要的，不要盲人瞎马，一味地提倡法律教育而不知法律教育的腐化，或一味地蔑视法律而不知法律的重要。并且在法学教育的不同发展阶段中，应适时调整培养目标，以便于适应社会的发展需求。考察现阶段的社会发展状况，应用型、复合型的法律人才应是必不可少的法律人才类型，随着中国与国际社会交往的频繁，培养高层次的法律人才必然成为主流。

第三，培养模式应多样化。用同一种模式培养不同类型的人才，这是不可能的。通过考察不同国家的法学人才的培养模式，将发现它们的人才培养模式各不相同。根据我国的具体情况，法学教育模式不能只是限定于某种具体的模式，特别是在中东部与西部区域差异性较为明显的现实情况下，单纯的特定模式并不适合中国法学教育的发展。而且现实阶段的中国，只需要简单的一种培养模式，例如，法律职业人才培养模式，对于一个法治水平并不高的国家并不适用。换句话来说，我们仍然需要通识教育的培养模式。同时，社会关系的复杂、分工的细化，决定了必须要有专业的法学教育，这样才能使社会充满活力。所以，精英化、"治理类"的法律人才将会成为社会必然性的需求。综合客观实际来分析，法学教育若要扭转失败的局面，适时选择符合社会实际的培养模式很必要，理性地思考人才培养内容、培养目标以及培养方式，避免在通识教育与职业教育之间争论过多而浪费不必要的资源。

2.法律人才培养新模式是区分中东部地区与西部地区

（1）区分的意义

正如以上内容所分析的，区分中东部地区与西部地区的法学教育只是地理概念。事实上，我国的法学教育制度在全国范围内是统一的，并没有实质上中东部地区的法学教育制度，或者说是西部地区的法学教育制度，这是由法的统一性决定的。不过，我们可以在全国统一的法学教育制度的基础上，适当区分中东部地区与西部地区法律人才的培养模式，何况这并不违背法治的统一性。这其中有着重大的意义：

其一，根据地域的差异性，从实际出发确定法律人才的培养模式，不仅有利于法学教育的长足发展，而且有利于为经济发展提供多种类型的法律人才，从而达到优化法律人才队伍的目的。

其二，这有利于社会的法治发展，为法治建设提供源源不断的法律人才，最终实现西部地区的长治久安。

（2）区分的法理学基础

立法者制定的法律是普遍的、一般的规则，这说明法具有普遍性。我国的法学教育制度是统一制定的，也就是说，关于如何开展法学教育有固定的体系。例如，在课程安排上，学生毕业事宜方面都有统一的规定。同时，法律应该规定禁止做什么，而不是规定应当做什么，而且禁止应当是例外。根据这一原理，在法学教育中，部分高校可以根据自身的地理优势以及学科特点，设立某些具有地方特色的法学课程，当然这必须仍然以教育部公布的核心课程为主。还有些高校灵活采用双语教学，这种情况多集中在少数民族聚居的地区。事物之间天然存在的差异性，致使不能按照一个模式完成所有事情，法学教育也一样，如果忽视地域的差异性，那么不仅浪费了本来可以充分有效利用的地理资源，而且会使法学教育的发展走向歧途。这其中的原理在于社会法律现象不是一个游离于社会整体系统的、孤立的、自满自足的系统，相反，通过法律形式的合理性的理性构建，是为了使法律制度能更好地为其社会目的和社会发展服务，以促进整体社会的进步和发展。

事实上，在中东部地区的某些高校，例如，复旦大学的法学院已经获准成为培养涉外法律人才的培养基地，而西部地区则不适宜培养此类型的法律人才。众多的分析已经证明，它是基层法律人才培养的合适基地。因此，区分中东部地区与西部地区的法律人才培养模式，并不与我国现有的法学教育模式相冲突。由于地域方面的巨大差异而有所区分，反而有助于完善我国的法学教育制度。

（六）适合西部地区的法律人才培养模式

西部地区需要的是基层法律人才，而这些基层法律人才又必须具备某些特殊的品质。例如，以上所论述的吃苦耐劳的品质、淡泊名利的品质等。那么，因为存在特殊性，适合西部地区的法律人才培养模式究竟是哪种类型的模式，只有科学合理地选择恰当的模式，西部地区的法学教育才能得到长远地发展。要解决这个难题，我们应首先从分析目前我国现存的法律人才类型着手。

1.三种类型的法律人才的培养模式

一般来说，科学的法学教育应当包括两类：第一类是普通高等法学教育，主要培养律师、法官与检察官，以法学本科教育为起点。除此以外，还有少数法律院校及研究所培养的学术型的法律人才，以法学硕士为起点。

第二类是高等法律职业教育，主要培养辅助类型的法律人才，最低层次以大专为起点，接受三年的法律职业教育，才能从事法律辅助类职业。

（1）学术型法律人才

法学家所从事的主要工作是从经验、从特定的案件和问题中推出有现实效果的结论，并把这些结果整合为一个系统化的法律体系。学术型的法律人才通过创造出一整套法律语言、法律概念与法律原则，为实践活动提供一系列的法律知识。而且法律是抽象性的规则，往往需要解释后才能适用，学术型的法律人才在这方面的研究颇为得心应手，他们进行的解释法律活动为法律实践提供了丰富的资源。另外，学术型的法律人才一般充当"社会的良知"，关注公平与正义，是建设法治国家不可或缺的人才。

至于如何培养学术型的法律人才，首先考虑的是生源问题，学习的起点从法学硕士研究生开始较为科学。一方面，是因为在本科法学教育阶段已经接受了完整的法学教育，对中国的法律制度有全面的了解。另一方面，学术研究本身是枯燥乏味之事，本科生刚刚脱离中学教育并不具备做研究的条件。其次是学术型法律人才的培养，在课程设置方面要突出研究性知识的安排，课程内容可涉及前沿问题与国外相关领域的发展动态。

（2）实务型法律人才

法学的特殊性表现在兼备了较强的政治性、社会性与实践性，它也属于一门应用型的学科。应用类法律人才，又称为法律实践者，主要指法官、律师、检察官以及立法人员、公证员等，这些法律人才共同为法治社会服务，国家也确实需要大量的法律人才。所以，法学教育其中的一个功能，是培养实务型的法律人才，为法律实务领域输送合格的法律人才。

对于实务型的法律人才培养需要与实践密切接触，因为社会对学术型与实务型人才的要求是不一样的。

培养实务型的法律人才一般放在本科阶段中，结合法律职业的特殊性，要求学生系统掌握国家现行的法律法规，对于相关的基础理论与基础知识也需要有所掌握，最重要的一点是，实务型的法律人才要熟练运用法律知识解决实践问题。所以，在课程设置方面可以增加实务方面的知识。例如，法律文书写作。在教学方法上，改变传统的以教师为中心的讲授形式，换之以灵活的案例讲析，模拟法庭教育。

（3）跨专业的法律人才

具有不同文化、阶层、民族、背景、工作及生活经验、兴趣、技能的学生所构成的群体，对法律教育是必要的。跨专业法律人才一般是指在学习法律之前已经取得了其他专业的学位，只是出于现实的需要，本身具备的专业知识不足以应对复杂的工作，所以学习法律成为必要。

这类型的法律人才通常是多元化的，他们学习基础性的法律理论，又掌握经济、政治、计算机、外语等专业的知识，择业方向并不局限于法律共同体领域，可以有多种就业选择渠道，多数为经济发展服务。随着经济的发展，社会对人才的要求越来越高，跨专业的法律人才可能成为继学术型人才与实务型人才的培养之后的一大趋势，一专多才的人才会更受社会欢迎。

2. 基层法律人才培养应选择恰当的培养模式

根据以上对现存的三种法律人才培养模式的分析，西部地区在某些特定区域，例如，经济发展的中心城市也需要较高端的复合型、跨专业型的法律人才。但是，需求量最大的还是应用型法律人才，划分得再细致一点就是基层法律人才。为此，在确定了法律人才需求类型的前提下，西部地区应当选择有别于以上三种法律人才的培养模式。

对于西部地区的基层法律人才培养，我们还需要立足于以下这些现实情况。西部地区的高等院校在培养法律人才时，多数采取"满堂灌"的方式，课堂以教师的讲授为中心，学生不断地做笔记，有些学生几乎一节课下来都在埋头记笔记。并且，延续了多年的法学教育模式逐渐暴露出多种问题。例如，法学教育的体系庞杂，从办学主体来看，包括普通高校、行业培训机构（如司法、公安、法院、检察院等）、科研院所、党校、军事院校、民办学校等。它们开展的法律教育又分为普通高校全日制教育、在职培训、函授、自学考试以及广播电视等学历教育或非学历教育形式。从受教育的程度上看，包括中专、大专、本科、硕士、博士五个学历层次。从满足社会不同需要的人才规格上看，又分学术型法律人才培养和职业型法律人才培养两种类型。在这一体系下，法学教育的培养目标越来越模糊，慢慢地演变为某些人获得文凭的方式，至于学没学到相关的法学知识一点儿也不重要。事实已经证明，有着复杂体系的法律人才培养模式是不科学的，建立分类培养的人才培养模式，才可能有效地解决现实中的突出问题。那么，在以上提及的三种类型法律人才即学术型法律人才、实务型法律人才与跨专业型法律人才中，只有实务型法律人才较为符合西部地区现实情况。

从现实情况出发，正视西部地区在培养人才的过程中出现的问题，这样才能对症下药，探索出适合西部地区人才培养的模式。一是必须对西部地区的法学教育进行全面的了解，有针对性地培养法律人才；二是需要明确西部地区也分中心城区和边远地区，对于占多数的边远地区来说，需要大量的基层法律人才。根据实际情况，西部地区的法学教育应当明确人才培养目标，以培养实务型的基层法律人才为主，注重学生的实践能力，让学生深入基层、扎根基层。只有结合当地实际选择恰当的人才培养模式，才能解决西部地区法律人才稀缺的问题。

二、构筑基层法律人才培养模式

由于近年来国家对西部地区基层法律人才培养的重视，越来越多的专家、学者开始探索西部地区法律人才的培养模式，改变西部地区的法律人才现状。而这应该从改革方面着手，只有改革，才能深度地解决问题。

在呼吁法学教育的制度改革、课程体系改革等一系列涉及改革的背景下，避开单纯地谈改革，而是在现有法律人才培养模式的基础上，构筑西部地区基层法律人才的培养模式。

（一）从树立正确的培养理念着手

理念，指人们对于某一事物或现象的理性认识、理性追求及其所形成的观念体系。科学的理念在法学教育中能够发挥重要的指导作用，培养西部地区的基层法律人才需要树立正确的培养理念。

总的来说，这些重要的理念包括：服务社会的理念、素质教育的理念、培养法律思维的理念。

1.服务社会的理念

服务社会的理念是从高校的角度来说的，不管是中东部地区还是西部地区，高等院校的责任都在于培养合格的法律人才，而所有这些法律人才的最终目的是回归社会、服务社会，尽管部分法学专业的人才并不从事与法律相关的工作，但这并不妨碍他们为社会服务的目的。这是因为，在社会与教育的关系中，二者之间的关系是相互影响的。一方面，社会对教育有制约作用，主要表现在社会的生产力与经济条件决定了教育权利、教育目标、教育的规模、培养人才的手段。政治体制决定了教育的管理体制，社会文化的发展方向决定着教育的价值取向。另一方面，教育对社会的发展能够产生能动的作用，好的教育制度使文化知识有效传播，提高社会成员的素质，带动经济的发展，促进政治的民主化建设。因此，培养人才以此来服务社会，已经成为高等院校的责任，西部高校在西部大开发急需人才的大背景下，将承担更多的责任，培养足量的法律人才，以期实现西部社会的现代化。

西部地区的法学教育因为所处的社会经济发展水平与中东部地区有较明显的差异，因此在培养法律人才方面，应当注重与地方产业、行业相结合，深入当地社会生活的各个层面，根据社会的需求培养能够扎根西部、服务西部的基层法律人才。在西部地区，还有一个特殊之处在于，我们应该怎样为少数民族提供法律服务，如何处理少数民族产生的纠纷。这就要求我们在少数民族聚居的西部，服务社会的时候，需要结合少数民族的特点，研究各民族法文化传统，增加民族法学的知识，尊重当地的习惯法，协调各方的关系，这样才能保证社会稳定。

2. 素质教育的理念

素质教育的产生在于纠正应试教育只注重分数而忽视学生全面发展的缺陷。素质教育的本质在于：必须面向全体受教育者、促进学生全面发展、促进学生创新和实践能力提高、促进学生个性的发展，并要在教学过程、学习过程、管理过程、评价过程等活动中，体现和贯穿素质教育的理念。西部地区的高等院校对于法律人才的培养必须坚持素质教育的理念，从培养目标和培养过程两方面落实素质教育。

第一，培养目标。西部地区的政治、经济、文化有自身的发展特点，客观上需要多层次的法律人才，但需求量最大的是实务型的基层法律人才。因此，应以实务型的基层法律人才作为西部地区高等院校的培养目标，较为理想的阶段应以本科阶段为起点。一是因为法学知识很大一部分都较为晦涩难懂，法言法语很多，理论性知识、规则性知识等比较抽象；二是因为，在素质教育理念的指导下，法律人才应全面发展。除了具备专业性知识，对于民族文化的知识以及其他人文知识等，也要有所涉猎。西部的发展不仅需要优秀的法律人才，更需要能够在这片土地上埋头苦干而且能长期坚持下去的基层法律人才。综合这些因素，不宜把法学定在低起点来培养。

第二，培养过程。素质教育如何体现在培养过程中，与学校的课程安排、教学方式存在相当密切的关系。实务型法律人才在掌握了体系的法学理论知识后，需要在实践中不断学习。对于此类型的法律人才来说，实践教学比单纯地吸收书本的知识效果更好。而且必须承认的是，实践中处理的法律事件有时与书本上的理论知识并不一致，这就要求社会实践中往往要灵活地处理法律问题，加上西部地区有些案件的性质是案小影响大，在熟人社会中如果处理不当，则易产生严重的后果。所以，基于地区生活的特殊性，让学生接受实践性教学很有必要性。再者，这也是素质教育的要求。

3. 培养法律思维的理念

法律思维是指按照法律的逻辑推理，运用法律的原则、规范和精神，来分析和解决社会矛盾和纠纷的思维方式。法律思维的重要性在今天的法学实践中不言而喻，法律人作为法律的实践主体，必须综合运用法律原理，理性解读法律规定，遵从逻辑，恪守并阐释社会公正。同时还要综合考察千变万化、复杂多样的案件事实，最终通过社会矛盾和社会纠纷的解决，实现对社会秩序进行合理的建构。因而法律思维必然是在一定理性主义指导下的思维活动，与法律人的哲学观、价值观等理性认识和思考密不可分。在培养西部地区基层法律人才的过程中，要注重培养其法律思维，类似于"授人以鱼，不如授人以渔"，大学的法学教育应该侧重训练学生的法律思维能力，不仅是因为法律思维是推理和论证主要内容，而且在于适用法律的时候需要严谨的逻辑思维能力。可以说，法律思维贯穿于运用法律的整个过程。

如果法律职业家仅仅只懂得实体法，而缺乏法律思维和公平正义的理念，他们对法制文明进步是没有多少发言权的。因此，西部地区培养合格的基层法律人才，需要着重训练学生的法律思维，在掌握丰富的法学理论知识和理解法言法语的前提下，开设训练法律思维的课程，其中法律写作就是较为理想的选择。通过不同类型的写作，可以积极地、有针对性地提高学生运用法律原理的能力，对训练法律思维有极大的帮助。并且通过这种对法律文书更具批判性、更具想象力的阅读和写作，来整体提高作为律师所具备的阅读和写作能力。写作的广泛使用也会通过对学生个人提供更多关注，通过协调当代法学院学生中的各种不同的学习风格、角度、背景和才干，而使法学教育更具有民主性。

（二）设立特色学科，了解少数民族的特殊需要

对于西部地区这种少数民族聚集的地方，充分了解少数民族的法律人

才，才能促进当地经济、政治以及文化的发展。

1.设立特色学科的客观因素和内容

（1）客观因素

西部地区是少数民族聚居的地方，基层法律人才的培养应当切实符合当地的实际，设立特色学科是必要性选择。从客观条件来分析，一是因为全国5个民族自治区都在西部，30个民族自治州有27个在西部，119个民族自治县有80个在西部，西部地区聚居着全国80%以上的少数民族。少数民族如此密集地分布在西部，对基层法律人才提出了新要求。也就是说，西部地区的基层法律人才由于地理的客观因素在很大程度上是为少数民族服务的。二是因为少数民族的文化有其特殊性，社会秩序以经验和实践发展而来的习惯法来维持。保护民族的整体利益，促进民族区域经济和文化的繁荣发展，都与民族习惯法有关。而且，少数民族习惯法并不只是存在于历史中，它也属于未来的社会，已经根深蒂固的民族习惯法制约着当地人们的行为，是调解当地纠纷的重要规范。可以说，少数民族习惯法对和谐西部的构建和边疆的稳定乃至国家安全，都是至关重要的。综合以上论述的地理因素与人文因素，培养为西部地区提供法律服务的人才，设立特殊学科，将是构筑培养模式不可绕开的话题。

（2）特色学科的内容

西部地区基层法律人才需要特别掌握特色的人文社会知识、民族关系、经济社会发展、民族习惯法、村规民俗、民族语言、地方语言等。

第一，合理安排有关地理知识与民族文化知识的课程。地理知识与民族文化知识对基层法律人才的重要性是不言而喻的。这与入乡随俗有着同等的意义。要培养基层法律人才，学生学习法律知识是必备要件，把国家规定的十六门法学核心课程作为必修课，这是毫无疑问的。只不过，在学习法学核心课程的基础上，学校可根据实际情况安排地理知识和民族文化知识的课程。一方面，社会对法律人才的要求逐渐升高，法律人才是综合能力较强的人才，快速发展的经济社会往往需要多学科知识共同解决问题。另一方面，学习相关的地理知识与民族文化知识，有助于学生充分了解西部地区的地理环境与人文环境，对培养学生的西部情怀，也是有所裨益的。

第二，开设民族语言课程。这一点主要是针对西部地区以外的生源来提出的，因为像西部地区的高校在法学专业招生方面，并不只是限于当地学生报考，大部分都是以全国统招的方式，所以学生来自全国各地，如果这部分的学生在毕业后服务于基层，那么语言沟通能力则是一大问题。如果在大学的课程中适当开设民族语言的课程，将是西部地区基层法律人才模式的一大亮点。高等院校，特别是以民族研究为主打特色的大学，应该在这方面下功夫，开设有关民族语言的课程，讲授少数民族语言的特性，让学生对少数民族的语言有个大致的了解，这样不至于因为早期个人的主观因素对民族语言产生抵触感。

2. 鼓励当地学生报考法学院系

在西部地区尤其在少数民族地区，可以鼓励学生报读法学院系，该提议的可行性在于：第一，从新中国成立到今天，西部地区的教育事业已经得到了蓬勃的发展，特别是少数民族的学生数量正不断地增长，培养了一大批少数民族的高层次人才。第二，西部地区的教育中实行的双语教学是一大特色，以民族语言编写的教材正逐年上升，既保障了少数民族受教育的权利，又在民族语言之外学习汉语。因为掌握汉语、汉字相当重要，一来可以促进不同文化的交流与融合；二来以汉字记载的文献十分丰富，对于积累知识与法学研究具有重要的作用。

因此，鼓励当地的学生报读法学院系是具备基础的。如果吸收了优秀的学生学习法学，他们本身的乡土情结就会促使其回报家乡，较为重要的是"生于斯，长于斯"的学生对当地的自然气候环境与社会风土人情相当熟悉，语言沟通方面又无障碍。综合来说，学有所成，为家乡人民服务，也会获得相当大的满足感。当然也不排除学了三年或四年法学的学生毕业后到中东部城市发展。但是，所有事情都不能十分完美，我们只能在权衡利弊后尝试温和的试验，如果效果显著，可以继续推行。

（三）正确对待司法考试与课程学习

1. 西部地区的司法考试

（1）国家对西部地区司法考试政策的倾斜

在全国统一的司法考试中，中东部发达地区的考生一般不享受国家的优惠政策，合格分数线较西部地区高。即便如此，在该地区每年的司法考试中，多数法学专业的学生仍然能以高分通过。相反，西部地区虽然在司法考试中有一定的优惠政策，但是学生的司法考试通过率仍旧与中东部发达地区存在较大差距。

在民族自治地方组织国家司法考试，可以使用民族语言文字试卷进行考试。国家司法考试的实施，可以在一定时期内对民族自治地方和经济欠发达地区的考生，在报名学历条件、考试合格标准等方面采取适当的优惠措施，具体办法由司法部和最高人民法院、最高人民检察院确定。这两条规定体现了国家对西部地区司法考试政策的倾斜，具体的优惠政策是降低分数线与放宽学历。

（2）以户籍地作为享受优惠政策的标准的不合理之处

行政法规不可避免的局限性，使司法考试制度在实践中显示出不合理性。其中表现在以考生的户籍地作为享受司法考试优惠政策的标准，也就是说，考生的户籍地如果是属于放宽报名学历条件的，才能享受国家的优惠政策。户籍在放宽报名学历条件地方的申请人，考试成绩达到放宽合格分数线的，须选择在本人户籍所在地的市（地、州、盟）司法行政机关办理申请授予法律职业资格事宜。申请人大学毕业后户口迁回原籍，且原籍为放宽报名学历条件地方的，比照上述规定办理。

国家出于对西部地区的照顾，降低合格线，鼓励经济欠发达地区的学生报考司法考试，对壮大西部地区的法律人才队伍发挥了很大作用。但是，以"户籍"作为享受优惠政策的标准，其实也限制了西部地区法律人才的数量。在每年的司法考试大军里，多数是应届生，准备户籍证明等手续也耽误了复习的时间，无疑加重了经济负担和心理负担。

（3）修正司法考试制度的不合理之处

第一，以分数作为划分法律职业资格证书A、B、C证的标准。每年就读于西部地区高等院校的学生不在少数，而且很大一部分学生的户籍并不享受司法考试政策的优惠，他们中的有些人如果想在当地进入法律职业，那么只能考取A证，如果分数达到了C证的合格线，也不能申请，这样就把那些想为西部基层效力的法学专业的学生挡在了门外。所以，可以尝试以分数线作为A、B、C证的划分标准，达到相关的合格线就能获取对应的证书。

第二，以地区作为使用A、B、C证的标准。法律职业资格证的A证可以全国通用，这是没有疑问的。但是，对于考取了C证的学生，我们可以限定使用的地区。例如，在东部沿海地区的发达城市、西部地区的中心城市、地级市要求相对较高，而特别落后的地方，尤其特别缺乏法律人才的县、乡和边牧地区，那么，C证就可以使用。这样做的好处在于，可以吸引全国各地通过了C证的法学专业的学生到西部地区就业，以达到分流法律人才的目的，而且其他地区的学生到西部地区服务基层，也可促进信息与文化的传播，长远来讲，是较为理想的。

第三，适当提高法律职业资格证的合格分数。经过了多年的司法考试，我国的法律人才已经储备了一定数量，法律的特殊性始终会走精英化路线。而且，司法考试越难，越体现法律职业资格证的价值。当然，"难"的程度不至于产生零通过率，反而会促使法学专业的学生学习更认真，为此在学生中达成共识，通过司法考试并不是因为"侥幸"，而是在于扎实的"法律功底"。

2. 如何处理司法考试与课程学习的关系

在西部地区基层法律人才培养中，学生同样应具备扎实的法学知识，通过司法考试意义重大。一是因为这是对自己学习的肯定，是学习成果之一；二是法律职业共同体要求通过司法考试，已经成为必然性规定。

第一，以课程学习为主，司法考试为辅。我们必须清醒地认识到，法学教育与司法考试既有联系又有区别，法学院并非是司法考试的培训场所。所以，在培养法律人才的过程中，要正确处理教学课程与司法考试内容的关系。目前，全国司法考试的内容是统一的，西部地区的考试内容与中东部发达地区的考试相一致。为此，西部地区的司法考试也以法学专业的核心课程为考核范围。一般基础理论课学得扎实的学生较容易通过司法考试。可是，大部分学生并没有意识到专业理论课的重要性，很少认真对待课堂上教师的讲授，反而情愿自己花更多的时间报名参加各种各样的培训班，这样有点本末倒置了。所以，在培养基层法律人才的过程中，要引导学生认真对待理论课，重视理论课程的学习，认真学好每一门专业课，以备为司法考试打好基础。

第二，司法考试应立足于法学教育。司法考试"是一个关系到法律职业人才的选拔制度，其主要是将法学教育培养出的'社会产品'选拔到法律职业家队伍中"，具有筛选人才的功能。而法学教育既培养实务型人才，又培养学术型的法学家，无疑它的功能比司法考试要强大得多。为此，培养西部地区基层法律人才，要将司法考试作为法学教育与法律职业的桥梁，要遵循法学教育的规律，在考试科目、内容等方面要与法学教育相协调，避免成为法学教育的指挥棒。

第三，以法律思维为中心，实现课程理论学习与司法考试的良性互动。法律思维对于西部地区基层法律人才的重要性，对于法律人来讲，思维方式甚至比他们的专业知识更重要。因为他们的专业知识是有据可查的，而思维方式是决定他们认识和判断的基本因素，况且非经长期专门训练则无以养成。基于法律思维是法律职业的核心要素，司法考试应当侧重考察法律思维，以此实现课程理论学习与司法考试的衔接，提升基层法律人才的综合素质。

（四）正确处理理论知识与基层实践的关系

理论与实践的关系已经讨论了多年，多数人认为，目前我国的法学教育与法律职业脱节严重。由于受大陆法学系的影响，学校对理论知识的教授较为注重，而实践方面的内容，虽然设置了良好的实习制度，但往往处于虚置于放空的状态。如何构筑西部地区法律人才的培养模式，处理好理论与实践的关系，是培养人才的关键所在。

1. 注意学好具有民族特色的课程

对大学使用"清一色"讲课方法的做法表示诋毁，这是有道理的。但是，全面诋毁大学使用的讲课方法，肯定是不合理的。这里所说的讲课方法，是指中国大学课堂教师对学生进行理论的讲授，虽然这种方式已经被批判得"遍体鳞伤"，但是"把法律当作一种科学和艺术来讲授"，并非每个教师都可以做到。作为西部地区基层法律人才，只有在掌握扎实的法学理论的基础上，才能更好地为基层服务。由于区域的特殊性，西部地区多是少数民族聚居的地方，所以，还应当注意学好具有民族特色的理论课程。

在现阶段培养西部地区基层法律人才的过程中，并没有必要一再批判理论与实践相分离。由于一方面，关于理论知识的重要性，基层法律人才不仅要牢固掌握系统的法学专业知识，而且要注意学好与地理、民族密切相关的课程；另一方面，在于"人类社会的许多悲剧就是由于不先从理论上搞清楚、弄明白就贸然行事，犯下了无法弥补的错误

2. 在基层中实践中以正确的态度对待基层实践

学生们所学习到的关于法律职业能力本质的看法是错误的，是一些废

话。通过法律教育可获得从事律师工作可能性的看法，也是错误的，毫无意义。这话有其合理性，培养合格的西部地区基层法律人才，不仅要求掌握理论知识，而且要为以后的基层服务打下基础，实践的内容自然必不可少。所谓的法律推理与法律实践毫不相关，人们也不可能从中了解到真正实践的东西。这个过程使得学生面对将来的职责时，更显得无能，除非是在像法学院那样组织的律师事务所中当学徒，在一系列紧张的竞争和无所回报的状况下有年长的律师控制着内容和去政治化的技艺训练。学校恰恰不是对实践经验的介绍，而是传授理论知识的最佳场所。所以，培养合格的基层法律人才必定要求理论与实践相结合。

第一，让理论指导基层实践。法律的生命在于它们的适用与执行，适用法律的人必须使法律贯彻它的功用。对于法律人高尚品格要求自不待言，不过，仅有高尚品格以及对于正义的热诚态度，还是不够的，学识必须具备，这要从教育而来，从适用和解释法律的技术而来，并从裁判技术的经验中得来。学校与社会存在着明显的差别，西部地区更是有其特殊性，这就说明为什么要求西部地区基层法律人才应当具备某些特殊的品质。所以，培养西部地区基层法律人才，要在充分掌握理论知识的基础上，去实践、去基层、去感受基层群众的生活，这样才能真正践行服务基层的理念。

第二，让基层实践上升为理论。获取各种法律实务知识的最佳途径是积极参加到实践中去，并接受更有经验的专业人士的指导与反馈。在理论指导下进行实践并不是最终目的，一切实践的最终含义就是超越实践本身。培养西部地区基层法律人才，不仅仅在于教授学生理论知识，让他们下基层，而且要求他们在基层实践中善于发现问题，发现理论知识的不足，从而将过往实践的内容上升为新的理论，不断超越，不断进步。

3.沟通理论知识与基层实践

西部地区基层法律人才的服务对象虽然是基层的老百姓，处理的案件较少涉及错综复杂的法律关系，但是并不能因为工作难度较低，而降低对法律人才的要求。相反，西部地区基层法律人才事关西部地区的法治建设，事关西部地区的民主发展，不管什么时候，都不能忽视对基层法律人才的培养，降低对他们的培养要求。尽管对于中东部与西部地区法律人才的培养途径很多，例如，被提及最多的是教学方法的改革，引进案例教学法、模拟法庭或者诊所法律教育等。

在目前的课程设置的基础上，要培养西部地区基层法律人才，重视法律文书写作，这是一个较为现实的办法。中东部地区与西部地区的多数法学院校都开设了有关法律文书的课程，但从来没有得到足够的重视。虽然课程的内容涉及很全面，关于民事诉讼与刑事诉讼的程序需要的法律文书都有介绍，也有写起诉书与答辩状的方法与格式，但是，这么好的一门课程与其他课程一样，到期末考试时采取集中考核的方式，平时很少进行写作训练。似乎学校与学生共同忽略了写作能力对法律职业人才的重要性，都没有意识到写作教学是在主流教育中实现职业化改革理念的一个非常好的方法。写作提高或者说发展了思想，在一个无考试的环境下进行法律写作，能够向作者提供各种各样的机会去获得有关思想的反馈，而且这种写作在其成为习惯以后，将会是一种提高法学院学生掌握和运用理论知识和分析能力的很好方法。

培养西部地区基层法律人才，注重学生的写作训练，其中包括对本地区的一些特殊性法律现象进行思考，这本身就是一种学习，并且这一过程包括了对西部地区复杂的背景进行深思熟虑的选择。法律思维的提升都是建立在事实的思考与不厌其烦的重复训练中，西部地区基层法律人才通过对案例的分析、诉状与合同或其他形式的法律文件的起草，有利于提高分析与解释能力、运用法律的综合能力，并且积极的、有针对性的练习，有利于加强法律原理的学习与运用。这势必能够培养优秀的基层法律人才，西部地区法治建设的完善，也随之指日可待。

（五）基层法律人才职业道德的培养

法律是一个非常庞大、复杂并且不断变化的职业，它要求它的学生不但要具有专业知识、专业技巧和技能，还必须要拥有共同的价值观并承担应有的责任，以此来证明这一职业持续地享有参与法律事务的唯一权利的正确性。这里所说的共同的价值观表现为法律职业道德。而西部地区的基层法律人才，其职业道德因为现实地理条件的差异性，不仅要求具备与中东部地区法律职业人才同样的职业道德，并且还应当具有在热爱西部的基础上特别能吃苦，特别能奋斗，能够"下得去，用得上，留得住"的职业情操。

1.法律职业道德的内涵

法律职业道德从广义来分析可分解为以下两个层面。

第一个层面，是法律职业伦理，它也被称为法律职业道德规范。法律职业道德规范是在法律职业活动中形成的、反映法律职业伦理关系，并规制法律职业共同体的道德准则。不管是何种类型的职业，由于人们在特定的范围里长期从事有关专门业务与特定职责的社会活动，逐渐形成了独特的职业责任与纪律，从而产生了特殊的道德准则与规范，这对于西部地区基层法律人才也是同样的道理。所以，法律职业道德在法律活动中产生，并制约法律活动，而且法律职业要求法律职业者不受外部因素的干涉，保持自身的独立性与崇高的权威性。不过，这种独立性并不是说法律职业者可以凭借自己的兴趣爱好自由选择案件，西部地区基层法律人才也是其中之一，这必须要受一整套规范的制约，例如，法律职业道德准则。因此，西部地区基层法律人才毫无疑问，应具备法律职业伦理，并且这些法律职业规范在进行基层法律活动中形成服务基层群众的职业责任。

第二个层面，是法律职业者个人的道德品质，是在履行法律职责活动中内化了的法律职业道德准则，具体表现为个人的理念情操。西部地区基层法律人才选择为基层服务，本来就体现了个人的道德品性与道德选择，他们需要在毕业后抵制到大城市就业的诱惑，坚定自己的信念。

这些道德品质大致分为五个方面：道德认识、道德信念、道德情感、道德意志与道德行为。一般来说，道德认识是指人们处理个人与社会、个人与他人的关系，以及了解和掌握这种关系的理论、规范和原则；道德信念是指人们对某种人生观、价值观、行为准则和道德理想具有深刻的正义性的笃信；道德情感是指在一定道德认识的基础上，人们在现实中对道德关系与道德行为所产生的情绪态度，包括喜爱或厌恶、倾慕或鄙视；道德意志是指人们在履行道德义务的过程中，努力克服困难、障碍的坚持精神；道德行为是道德品质的外部表现形式，包括道德习惯、道德语言与具体的道德行动。因此，对于西部地区基层法律人才的职业道德培养，应当包括以上五个方面，使渗透道德的影响成为西部地区法学教育培养人才的必然趋势。

2. 课程与教学方法相结合

法学教育的目的不只是传授知识和法律技能，它的作用还在于必须培养学生的道德素质，这是因为"重塑道德感的希望主要在法学院"。

培养西部地区基层法律人才的职业道德，可从以下这些方面着手。

（1）设置法律职业道德课程

设置法律职业道德课程似乎是一个老生常谈的话题。在统一的法学教育制度下，不管是中东部地区还是西部地区的法学院校，在课程安排中都没有遗忘法律职业道德。只是，这样一门与民法或刑法相比显得分量较轻的课程，在实际中基本成了摆设。培养西部地区基层法律人才，基于这类法律人本身就该要求较高的道德素质，那么，该地区的高校不仅应当设置法律职业道德课程，并且应确保该课程的教授与考核。

我们应该有这样的意识：在道德滑坡的现实情况下，实现法律职业的目标有赖于法律职业道德教育。不论在中东部地区还是在西部地区，法律都是用以维护社会秩序，解决社会纠纷的，法律的至上性决定了人们把法律职业当成了保护权利、实现正义的最后防线，因此，法律职业道德则成为了实现司法公正的有力保障。在处理西部地区基层案件中，法官的判决不仅仅是对当事人的请求或犯罪嫌疑人依据法律所做的决定，更重要的是，所有判决都将对社会公平、正义产生了较大的影响。公正的判决有利于实现法律的正义，维护社会的稳定；不公正的判决将会对社会成员的心理造成重大的打击。所以，法官的自由裁量权，必须建立在法律职业道德的基础上。

另一方面，在于法学教育本身是一种"使人向善"的教育，法律职业道德教育在于让学生形成对美德学习的自然性习惯。培养西部地区基层法律人才，也是要使学生具备高尚的品德。为此，设置法律职业道德的课程可以帮助学生掌握法律职业伦理知识的体系，理解善的含义。并且法律职业常常被认为是很少利己专门利人的职业，甚至千方百计掩盖受金钱驱动的程度，基本上让外界认为，法律职业追求的是一种天职，智力上会获得丰厚的回报，人格魅力也得以强化。所以，无论是法官还是律师其内部早就酝酿着一种职业的荣辱感，进而发展为法律家的职业道德，它从集团内部维系着这个团体成员以及团体的社会地位和声誉。

（2）寻求合适的教学方法

传统的理论知识在教授的形式上，主要是在课堂上以口头讲授的方式进行。而法律职业道德与传统的理论知识在内容上有很大的区别，这就决定了法律职业道德课程不能只是简单地采取讲授的方式，而要主动寻找出合适的教学方法。

首先应该确定的是，课堂讲授法是法律职业道德课程的教学方法组成部分。也就是说，我们这里所探讨的教学方法无需放弃传统的口头讲述，目的在于让西部地区基层法律人才的培养对象——学生，掌握系统的职业伦理基础知识。然后在这个基础上增加其他的教学方法。例如，我们可以参考法律职业道德教育较为发达的国家。其教学方法包括渗透法、案例分析法、问题教学法、诊所式教学法等，不过以上列举的这些方法各有利弊得失，例如，渗透法。渗透法是将法律职业道德规范渗透到相关的课程，在其他课程的讲授中理解法律职业道德规则，这种教学方法的好处在于，可以促使各科教师对法律职业道德的关注，让更多的教师做正面的角色示范。但是，法律职业道德规范与特定的领域实体法存在多大的关系呢？况且，进行法律职业道德教育时，需以其他课程的安排来决定法律职业道德的课程，这样就难免影响了学生对法律职业道德的认知。因此，在培养西部地区基层法律人才的过程中，要善于借鉴各种教学方法。同时，可以大力促进中东部地区与西部地区在法律职业道德教学方法的交流。

西部地区与法律职业道德教育本身的特殊要求在培养基层法律人才中寻求合适的教学方法，而这样的教学方法肯定是多样性的，其目的不只是要求基层法律人才掌握系统的法律职业道德理论知识，最终是要促使道德规则的内化，促进道德人格的养成。

因此，根据道德教育的属性、态度性或情感性，较为理想的教学方法应该是讲授与示范、角色体验法的结合。这样，培养法律人才在体验法律职业者的角色时，面临实务中复杂的道德选择、两难的决定时，将会促使他们对职业道德的思考和反省，从而提供了积累情感经验的机会。长期进行的示范与角色体验式的教育方法，对于提高西部地区基层法律人才的职业道德水平具有不可估量的作用。

参考文献

[1] 杨力. 中国法学教育的"系统集成"改革 [M]. 上海：上海人民出版社，2016.

[2] 宋述贤，巩绪福，严苗. 高校法学教育与德育管理 [M]. 吉林人民出版社有限责任公司，2021.

[3] 李占荣. 浙江财经大学法学教育评论第 2 辑 [M]. 杭州：浙江工商大学出版社，2021.

[4] 周元. 法学理论讲义稿当前的法学教育使我们忽略了什么 [M]. 中国政法大学出版社有限责任公司，2021.

[5] 彭虹斌. 教育法学 [M]. 武汉：武汉大学出版社，2021.

[6] 吴彦，黄涛. 作为通识教育的法学教育 / 法哲学与政治哲学评论第 4 辑 [M]. 北京：商务印书馆，2020.

[7] 余雅风，姜国平，罗爽. 教育法学研究 [M]. 福州：福建教育出版社有限责任公司，2020.

[8] 刘亚臣，蔚筱偲. 卓越计划下高等教育人才培养模式探索与改革 [M]. 沈阳：东北大学出版社，2015.

[9] 刘定华，段启俊，郭哲. 法学教育研究第 5 辑 [M]. 北京：知识产权出版社，2019.

[10] 李和平. 地方高校法学教育与教学实践模式研究 [M]. 长春：吉林人民出版社，2019.

[11] 商文江. 新时代法学继续教育拓展研究 [M]. 成都：四川大学出版社，2019.

[12] 李勇. 大学生法学常识与法治素养教育研究 [M]. 北京：原子能出版社，2019.

[13] 韩大元.法学教育的人文精神 [M].北京：知识产权出版社，2018.

[14] 张莉莉，王伟伟.高校法学教育改革与法律人才培养模式研究 [M].世界图书出版西安出版公司，2018.

[15] 高鸿钧.中国比较法学比较法学的教育与研究 2017 年卷 [M].北京：中国政法大学出版社，2018.

[16] 唐波.法学实践教育模式研究与创新 [M].上海：上海人民出版社，2018.

[17] 黄明友.教育法学 [M].成都：西南交通大学出版社，2017.

[18] 强昌文.法律人才培养模式探索 [M].合肥：合肥工业大学出版社，2017.

[19] 蒙启红，龙迎湘.中国国际商务法律人才培养研究 [M].北京：中国商业出版社，2018.

[20] 安静，向前，李娜，姜勇.民族高校卓越法律人才培养模式研究 [M].成都：西南交通大学出版社，2019.

[21] 郑玉敏.地方理工科大学法律人才培养模式创新研究 [M].合肥：合肥工业大学出版社，2018.

[22] 屈茂辉.高水平大学卓越法律人才培养研究 [M].北京 / 西安：世界图书出版公司，2017.

[23] 夏正林.卓越法律人才培养研讨会论文选 [M].广州：华南理工大学出版社，2016.

[24] 张朝霞.法学教育改革与法学人才培养模式创新研究 [M].兰州：甘肃人民出版社，2011.

[25] 杜承铭.法学教育改革与法学实验教学模式探索 [M].厦门：厦门大学出版社，2011.

[26] 于雪婷，李雨时，徐博强.卓越法律人才培养实验课程系列教材刑法案例实务 [M].长春：吉林人民出版社，2017.

[27] 刘宪权.卓越法学集萃华东政法大学本硕贯通卓越法律人才培养成果汇 [M].上海：上海人民出版社，2015.

[28] 孙晓楼.法律教育 [M].北京：商务印书馆，2017.

[29] 郝艳兵.法治中国语境下的法律人才培养模式研究 [M].成都：西南

交通大学出版社，2015.

[30] 江凌燕，缪锌，杨帆，涂强 . 法学教育改革探索文集 [M]. 北京：知识产权出版社，2016.